[第三版]

解說教育

Interpretation Education

楊明賢◎著

張　序

　　觀光事業的發展是一個國家國際化與現代化的指標，開發
中國家仰賴它賺取需要的外匯，創造就業機會，現代化的先進
國家以這個服務業為主流，帶動其它產業發展，美化提昇國家
的形象。

　　觀光活動自第二次世界大戰以來，由於國際政治局勢的穩
定、交通運輸工具的進步、休閒時間的增長、可支配所得的提
高、人類壽命的延長及觀光事業機構的大力推廣等因素，使觀
光事業進入了「大眾觀光」（Mass Tourism）的時代，無論是國
際間或國內的觀光客人數正不斷的成長之中，觀光事業亦成為
本世紀成長最快速的世界貿易項目之一。

　　目前國內觀光事業的發展，隨著國民所得的提高、休閒時
間的增長，以及商務旅遊的增加，旅遊事業亦跟著蓬勃發展，
並朝向多元化的目標邁進，無論是出國觀光或吸引外籍旅客來
華觀光，皆有長足的成長。惟觀光事業之永續經營，除應有完
善的硬體建設外，亦須仰賴良好的人力資源之訓練與培育，方
可竟其全功。

　　觀光事業從業人員是發展觀光事業的橋樑，它擔負增進國
人與世界各國人民相互瞭解與建立友誼的任務，是國民外交的
重要途徑之一，對整個國家的形象影響至鉅，是故，發展觀光
事業應先培養高素質的服務人才。

　　揆諸國外觀光之學術研究仍方興未艾，但觀光專業書籍相
當缺乏，因此出版一套高水準的觀光叢書，以供培養和造就具
有國際水準的觀光事業管理人員和旅遊服務人員實刻不容緩。

　　今欣聞揚智出版公司所見相同，敦請本校前觀光事業研究

所所長李銘輝博士擔任主編，歷經多年的統籌擘劃，網羅國內觀光與餐旅相關科系知名的教授，以及實際從事實務工作的學者、專家共同參與，研擬出版國內第一套完整系列的「觀光叢書」，相信此叢書之推出將對我國觀光事業管理和服務，具有莫大的提昇與貢獻。值此叢書付梓之際，特綴數言予以推薦，是以為序。

中國文化大學董事長

張鏡湖

叢書序

　　觀光事業是一門新興的綜合性服務事業，隨著社會型態的改變、各國國民所得普遍提高、商務交往日益頻繁，以及交通工具快捷舒適，觀光旅行已蔚為風氣，觀光事業遂成為國際貿易中最大的產業之一。

　　觀光事業不僅可以增加一國的「無形輸出」，以平衡國際收支與繁榮社會經濟，更可促進國際文化交流，增進國民外交，促進國際間的瞭解與合作。是以觀光具有政治、經濟、文化教育與社會等各方面為目標的功能，從政治觀點可以開展國民外交，增進國際友誼；從經濟觀點可以爭取外匯收入，加速經濟繁榮；從社會觀點可以增加就業機會，促進均衡發展；從教育觀點可以增強國民健康，充實學識知能。

　　觀光事業既是一種服務業，也是一種感官享受的事業，因此觀光設施與人員服務是否能滿足需求，乃成為推展觀光成敗之重要關鍵。惟觀光事業既是以提供服務為主的企業，則有賴大量服務人力之投入。但良好的服務應具備良好的人力素質，良好的人力素質則需要良好的教育與訓練。因此觀光事業對於人力的需求非常殷切，對於人才的教育與訓練，尤應予以最大的重視。

　　觀光事業是一門涉及層面甚為寬廣的學科，在其廣泛的研究對象中，包括人（如旅客與從業人員）在空間（如自然、人文環境與設施）從事觀光旅遊行為（如活動類型）所衍生之各種情狀（如產業、交通工具使用與法令）等，其相互為用與相輔相成之關係（包含衣、食、住、行、育、樂）皆為本學科之範疇。因此，與觀光直接有關的行業可包括旅館、餐廳、旅

行社、導遊、遊覽車業、遊樂業、手工藝品，以及金融等相關產業等，因此，人才的需求是多方面的，其中除一般性的管理服務人才（如會計、出納等）可由一般性的教育機構供應外，其他需要具備專門知識與技能的專才，則有賴專業的教育和訓練。

然而，人才的訓練與培育非朝夕可蹴，必須根據需要，作長期而有計畫的培養，方能適應觀光事業的發展；展望國內外觀光事業，由於交通工具的改進、運輸能量的擴大、國際交往的頻繁，無論國際觀光或國民旅遊，都必然會更迅速地成長，因此今後觀光各行業對於人才的需求自然更為殷切，觀光人才之教育與訓練當愈形重要。

近年來，觀光學中文著作雖日增，但所涉及的範圍卻仍嫌不足，實難以滿足學界、業者及讀者的需要。個人從事觀光學研究與教育者，平常與產業界言及觀光學用書時，均有難以滿足之憾。基於此一體認，遂萌生編輯一套完整觀光叢書的理念。適得揚智文化事業有此共識，積極支持推行此一計畫，最後乃決定長期編輯一系列的觀光學書籍，並定名為「揚智觀光叢書」。依照編輯構想，這套叢書的編輯方針應走在觀光事業的尖端，作為觀光界前導的指標，並應能確實反應觀光事業的真正需求，以作為國人認識觀光事業的指引，同時要能綜合學術與實際操作的功能，滿足觀光科系學生的學習需要，並可提供業界實務操作及訓練之參考。因此本叢書將有以下幾項特點：

1. 叢書所涉及的內容範圍儘量廣闊，舉凡觀光行政與法規、自然和人文觀光資源的開發與保育、旅館與餐飲經營管理實務、旅行業經營，以及導遊和領隊的訓練等各種與觀光

事業相關課程，都在選輯之列。

2.各書所採取的理論觀點儘量多元化，不論其立論的學說派別，只要是屬於觀光事業學的範疇，都將兼容並蓄。

3.各書所討論的內容，有偏重於理論者，有偏重於實用者，而以後者居多。

4.各書之寫作性質不一，有屬於創作者，有屬於實用者，也有屬於授權翻譯者。

5.各書之難度與深度不同，有的可用作大專院校觀光科系的教科書，有的可作為相關專業人員的參考書，也有的可供一般社會大眾閱讀。

6.這套叢書的編輯是長期性的，將隨社會上的實際需要，繼續加入新的書籍。

　　身為這套叢書的編者，謹在此感謝中國文化大學董事長張鏡湖博士賜序，產、官、學界所有前輩先進長期以來的支持與愛護，同時更要感謝本叢書中各書的著者，若非各位著者的奉獻與合作，本叢書當難以順利完成，內容也必非如此充實。同時，也要感謝揚智文化事業執事諸君的支持與工作人員的辛勞，才使本叢書能順利地問世。

李銘輝　謹識

於文化大學觀光事業研究所

二版序

靜與動

日月星

山林流水風

享受自然，享受自我

世界有多大，心就有多大

　　隨著資訊網路的發展，知識的傳播縮短了時空的距離；而隨著接二連三的天災與警訊，環境議題受到全世界的重視，無論是生態議題、環境議題、能源問題等，每天在世界各地不斷上演著衝突事件。當《不願面對的真相》一片發行後，環境議題受到世界各國的重視，溫室氣體排放的管制、能源的開發利用等課題，更深入日常生活中；「永續發展」與「生態旅遊」成為時尚話題，也創造許多經濟效益與契機。在環境至上的聲浪中，自然保護區、地質公園、國家公園與世界遺產陸續增加成立，解說導覽相形下重要性日益增加；而隨著資訊科技的發達，解說導覽媒體無論在創意或運用上，也結合最先進的科技，連接網路即可展現影音畫面完整且精彩的導覽資訊，同時藉由GPS和PDA系統結合，解說導覽更超越以往時空上的限制。

　　國內在進入21世紀後，解說教育相關的資訊也較以往豐富。學界中，各大專院校環境教育研究所、地學研究所、博物館研究所等領域，在許多熱心的教授推動下，研究生針對解說導覽進行的研究論文愈來愈多；而中華民國環境教育學會、中華民國國家公園學會等社團也充分發揮其功能，經常舉辦學術

研討會或活動。政府部門，則在永續發展政策的引導下，無論是內政部、教育部、環保署或交通部等單位，也積極推動環境教育的措施；從環境教育數位化教材的建置、體驗教育的推動、節能綠化的推廣、志願服務法的訂定、休閒樂活觀念創新……等等，而更實際則為保護區、世界遺產及地質公園觀念的推廣，以及國家級風景區及國家公園的設立；也因此帶動解說導覽的重要性與發展，不僅從九年一貫開始即有相關課程的開設，高中職、大專院校開設的課程也愈來愈多，甚至民間社團也積極參與推廣相關活動。

基於社會環境變遷及資訊網路發展，在首版內容中有許多需要補充及修正部分；近年來個人繼續進修博士班，在中國文化大學地學研究所時，深受張鏡湖董事長在自然環境議題的啟發開導，加上所內各位師長的教導，鄭勝華所長、薛益忠教授、王秋原教授、臺灣大學王鑫教授、張長義教授及朱子豪教授，對於在專業領域的教導受益良多；同時在資訊的收集及實務操作中，從2001年起《國家地理雜誌》中文版是每期必充實的資訊，也是值得推薦的優良雜誌。之前營建署及各國家公園的同事，尤其是陳貞蓉學姐、金門管理處解說課陳隆盛先生、文化大學景觀系郭育任教授及永續研究室同仁等在實務操作與合作上，啟發了許多意見；而景文科技大學休閒事業系陳昭郎教授及全體師生、國內地學、環境教育及觀光休閒領域的各位前輩的互動，均讓我在此專業領域更加成長與成熟。基於個人對於解說導覽的熱誠，加上各界的期盼，希望內容能更切合實務的需求，也虛心希望各位先進不吝賜教。

最後感謝臺灣觀光學院李銘輝校長，無論在學習過程或生活上不斷的指導與提攜，感謝東華大學林玥秀教授及國立故宮博物院張明洵專門委員對於所著的《解說概論》，同意提供部

分內容供節錄；感謝這些年所經歷的事、所走過的地方、所遇見的人，對於個人在許多層面的啟發；感謝家人的支持與揚智出版社同仁的協助；使得本書改版得以順利付梓。

　　本書在內容上或有許多資料尚待補正之處，敬請各位學者專家不吝賜教；也希望藉由不斷充實發展的解說導覽系統的建置與環境教育觀念的推廣，讓我們有更清新的生活環境。

楊明賢　謹識
景文休閒系

三版序

> 慾念之水，淹沒清淨本性；
>
> 清淨之水，增長心靈慧命。
>
> ——靜思小語

自從二版修正迄今已近五年，期間科技的發展已經將人類的生活帶入雲端網路的世界；臉書、推特、微博的影響力，從個人的生活、社會的活動、甚而影響到地區與國家政治的發展；但相對的，最重要的還是人們彼此間心靈的交流。同樣的，環境的議題也隨著網路的進展，愈受到世人的重視。

根據國內環境資訊協會所作的2011年環境議題調查，我們可以發現到全球已經突破70億人口，帶來的將是土地開發、環境平衡、能源利用、糧食分配等問題；2011年也發生了多起大規模的天災，包括日本東北地區的海嘯與核災、泰國地區五十年來的水災，以及祕魯、萬那杜、紐西蘭的強震；全球最大再保險公司之一的慕尼黑再保公司（Munich Re）指出，人口稠密區毀滅性的地震與氣候災害，使2011年產生高達3,800億美元的經濟損失，比次高的2005年的2,200億美元高出三分之二，其中亞洲與北美的保險損失最大。

在南非德班進行的氣候變遷會議，針對京都議定書第二承諾期的談判，在未取得共識下將延五至八年。然而也有令人欣慰的消息，奧地利、克羅埃西亞、匈牙利、塞爾維亞和斯洛伐尼亞建立跨國的聯合國教科文組織生物圈保留區（Trans-Boundary UNESCO Biosphere Reserve），保護兩國位於穆拉河（Mura）、德拉瓦河（Drava）和多瑙河（Danube）沿岸的自

然資源和野生動物。澳洲則將自今年7月起開徵碳稅。

國內的十大新聞，除塑化劑風波外，國光石化不再興建在大城濕地、阿塱壹古道的保存、東海岸美麗灣開發案的環境衝突、土地徵收與農地保存等也都是全民關注的議題。2011年6月環境教育法的通過實施，象徵民間相關團體、政府各部門間對於環境教育有更深層的突破與發展，從立法上落實與推動全民環境教育認知。而節能減碳、綠色消費、綠色採購、綠色活動、綠色旅遊、碳足跡的認證等等，也成為環保署與其他部會施政的重點。至於中央政府組織調整、直轄市的單位整合、國家自然公園以及其他保護區的設立、農村再生條例施行、民間非政府組織功能的發揮、志工觀念的推廣、環保產品的開發、資源回收的落實等；未來將影響我們的生活環境。慈濟慈善基金會在去年發起「法譬如水」經藏演繹，以深入淺出的現代偈文，改寫了「法會」的傳統定義，推動「法譬如水潤蒼生，廣行環保弘人文」；從個人、團體、社區帶動整個社會環境與心靈的環保；尤其所帶動的資源回收及資源回收產品開發等活動，更具有顯著效益。同樣的，法鼓山基金會也將今年訂為「心靈環保年」，除了繼起聖嚴法師倡議心靈環保二十年來的團體使命和願景，並透過自省、落實、分享，共鳴心靈環保，希望帶給人間：人心淨化、生活幸福、社會祥和、環境安定的心法和利益。

近年來，個人除從事教職工作外，亦因專業領域背景，接觸國內外相關環境資源的產、官、學界，深深感受到環境教育與解說導覽的專業，隨著科技的發展，日新月異，如上海的世博會、臺北的花博，甚至國內各領域、各活動的解說導覽設施，在導覽設施中應用資訊科技呈現出互動式的導覽設施，或運用智慧型手機等功能進行解說導覽服務；同時也發現各單位

的旅遊資訊服務，有賴更多受過專業訓練的解說導覽人員或志工的投入；除了解說基本素材技巧外，尚需各專業領域的專家參與，健全整體的解說導覽系統與體制。在三版的修正方向，主要針對環境教育法的施行，以及強化非人員解說部分資訊的彙整，希望能夠提供更完整的解說基本概念。修訂過程中，除感謝內政部營建署各個國家公園的朋友外、任教各大專院校環境教育研究所、觀光餐旅休閒遊憩領域研究所等領域的師長，環保署及各單位推動環境教育綠色消費的同仁等等，均讓我在此專業領域瞭解更深。同時，《國家地理雜誌》、《經典》、《商業週刊》、《環境資訊報》、公共電視「我們的島」系列等專業期刊及節目，豐富了個人的知識，並提供不同思考的方向；環境資訊協會、中華觀光管理學會、國家公園學會、環境教育學會、臺灣休閒農業學會等也伴隨個人成長。

　　再度感謝臺灣觀光學院李銘輝校長，在個人學術與待人處事上的指導與提攜；感謝臺北教育大學環境教育研究所畢業的李兆程老師，其在農委會水保局委託的水土保持教育宣導活動與志工培訓計畫中的協助與付出，更在本次修訂版中鼎力的幫忙；特別感謝師大環教所汪靜明教授與陽明山國家公園管理處林永發處長、詹德樞副處長允將陽明山國家公園推動環境教育的豐富寶貴經驗納入本書；感謝家人的支持與揚智出版社范湘渝小姐的協助；使得本書改版得以順利付梓。

　　學而後知不足，本書在內容上或有許多資料尚待補正之處，敬請各位學者專家不吝賜教；也更期待經由解說導覽與環境教育的推動，讓我們居住的環境與地球更清淨美好。

楊明賢

景文休閒系

目　錄

張　序　i

叢書序　iii

二版序　vi

三版序　ix

Chapter **1**　解說概論　xvi

第一節　解說的意義　2

第二節　解說的功能　4

第三節　解說的目標　6

第四節　解說的要素　7

Chapter **2**　自然保育　12

第一節　自然保育的涵義　15

第二節　自然保育的目標　18

第三節　自然保育的策略　24

Chapter **3**　環境教育　34

第一節　環境教育的起源與發展　36

第二節　環境教育的定義與範圍　38

第三節　環境教育的教學目標與目的類別　42

第四節　落實環境教育的途徑與內涵　46

第五節　環境教育的教學設計與課程規劃　51

第六節　我國環境教育之發展現況　68

目

錄

Chapter **4**　解說內容　78

第一節　解說資源　80

第二節　解說對象與遊客心理　88

第三節　解說場所與時機　92

第四節　解說媒體的分類　93

第五節　解說的層級　102

Chapter **5**　人員解說　104

第一節　解說員的分類　106

第二節　解說員的工作要求　109

第三節　解說員應具備的特性　110

第四節　解說員的能力指標與教育訓練模組　112

第五節　解說員的工作內容　115

第六節　解說人力儲訓與運用　119

Chapter **6**　非人員解說　128

第一節　遊客中心及展示室　130

第二節　步道　138

第三節　解說出版品　148

第四節　視聽多媒體　154

第五節　標誌牌示　159

Chapter **7**　戶外教育中心與探索教育　170

第一節　戶外教育　172

第二節　何謂戶外教育中心　173

第三節　探索教育　180

Chapter **8**　解說原則與技巧　190

第一節　解說原則　193

第二節　解說技巧　199

第三節　據點解說　213

第四節　帶團解說　217

Chapter **9**　主題解說　222

第一節　景觀資源　224

第二節　地質、地形景觀　229

第三節　生態景觀　237

第四節　人文景觀　251

Chapter **10** 世界遺產　258

第一節　世界遺產的起源與定義　260

第二節　世界遺產的保護範疇與種類　264

第三節　世界遺產的條件與評估準則　270

第四節　世界遺產的發展與課題　274

第五節　世界七大文化與自然奇景　278

Chapter **11** 特殊團體處理　282

第一節　年長者　284

第二節　兒童　285

第三節　殘障者　289

第四節　外籍遊客　290

Chapter **12** 解說規劃　292

第一節　解說規劃的意義　294

第二節　解說規劃的目標與原則　294

第三節　國家公園解說規劃程序　298

參考書目　325

Chapter

1

解說概論

第一節　解說的意義

第二節　解說的功能

第三節　解說的目標

第四節　解說的要素

【關於解説】

　　解説是將特定區域內的自然和人文環境特性經由各種媒體或活動方式傳達給某些特定的對象。其目的在於引起這些特定對象對當地環境的關注與瞭解，經由欣賞與知性的接觸，提昇較高品質的生活體驗。

　　解説除了是一種服務外，也是一種管理溝通的方法。解説的目標包括幫助遊客得到豐富與愉悦的體會及領悟美好的回憶，鼓勵遊客對於資源的利用做更審慎的考量，經由對資源的認識、認知，促使該地區的資源得以保育等等。

　　無論在國家公園、風景區或博物館中，解說是透過不同的方式
將資源或資訊傳達給一般民眾，使其瞭解並衍生保育的心態，以達
教育的目標。本節從其意義、功能、目標及要素四方面加以探討。

第一節　解說的意義

　　解說是將某特定區域內的自然和人文環境特性經由各種媒體或
活動方式傳達給某些特定的對象（如遊客、學生等等）。其目的在
於引起這些特定對象對當地環境的關注與瞭解，經由欣賞與知性的
接觸，提昇較高品質的生活體驗，並經由新的感受與愉快的經驗產
生對環境保育的關懷，進而培養積極參與環境保育工作。「解說」
（Interpretation）或是「環境解說」（Environmental Interpretation）不
單只是一種溝通的技巧或形式（見表1-1），以下說明解說的意義。

　　美國國家公園署（National Park Service, NPS）成立於1916年8
月25日，隸屬於美國內政部，主要負責美國境內國家公園、國家歷
史遺跡、歷史公園等自然及歷史保護遺產。在其經營政策中提到：
「由於『國家公園』負有引導國民享用、欣賞、瞭解國家公園內資
源及其價值的責任，為達成此任務，各管理單位須詳實規劃與實施
遊客解說服務，其解說計畫應視為整體經營管理規劃之一項。」

　　我國「國家公園法」第二十二條亦規定：「國家公園管理處為
發揮國家公園教育功效，應視實際需要設置專業人員，解釋天然景
物及歷史古蹟等，並提供所必要之服務與設施。」可見解說教育的
實施，必須要由專業的機構及人員來擔任。又「發展觀光條例」第
二條第十四款專業導覽人員的定義：「指為保存、維護及解說國內
特有自然生態及人文景觀資源，由各目的事業主管機關在自然人文
生態景觀區設置之專業人員。」第十九條則明訂：「為保存、維護

表1-1 不同時期在「解說」或「環境解說」上的相關定義

年代	相關定義之說明
1920	「協助他人愉快地認識野外的生活與奇景……，具有啟發性及教育性」。（Enos Mills, 1920）
1957	「解說是一種教育性活動，目的在經由原始事物的使用，以揭示其意義與關聯，並強調親身體驗及運用說明性之方法或媒體，而非僅傳播事實的知識。」（Freeman Tilden, 1957）
1965	「解說是幫助遊客去感受解說人員所感覺到的一些事，如一種對環境的美、複雜性、多變性及相關性的敏感度；也是一種奇妙的感受、一種求知的慾望。解說能幫助遊客對周遭的環境產生一種賓至如歸的感覺；解說能幫助遊客發展認知。」（Harold L. Wallin, 1965）
1970	「解說是一種藉著解釋描述地區特性及特色間的相互關係，而使遊客對這個地區或這個地區的某一部分產生興趣、欣賞與瞭解的一種過程。」（英格蘭地方遊憩辭典，1970）
	「解說是一種溝通人與其環境間概念的過程或活動，以啟發人對環境之認知及其於環境中所扮演的角色。」（Ben Mahaffey, 1970）
1971	「環境解說是一種溝通環境知識之意識交流、手段及設施之綜合體，目的在引起人們對於環境問題的思量與討論，並進一步對環境產生改革行動。」（William Brown, 1971）
1972	「解說為一種說明的藝術，它說明了人類在環境中所扮演的角色，增進遊客及大眾對於這種重要關聯的自覺，並喚起民眾致力環境保護的慾望。」（Don Aldridge, 1972）
1976	「解說是遊客與國家公園資源之間的溝通管道。」（Grant Sharps, 1976）
1983	解說是將複雜的遊樂環境，尤其是將重要的特性傳達給遊客的工作，以激起遊客對環境的「注意」與「瞭解」，除獲得新的感受及新的愉快經驗之外，並由此產生對環境維護的熱誠，獻身於該項工作。（陳昭明，1983）
	將某特定區域內的自然和人文環境特性經由各種媒體或活動方式，傳達給某些特定對象的工作。目的在引起這些特定對象對當地環境的關注與瞭解。經由欣賞與知性的瞭解，提升較高品質的生活體驗，並經由新的感受與愉快的經驗，產生對環境保育的關懷，進而培養積極參與保育工作。（張長義、姜蘭虹、王鑫，1983）
1995	「解說是人類如何與文化和自然資源含義的交流。」（Douglas Knudson, Ted T. Cable, & Larry Beck, 1995）
1997	「解說是一種訊息傳遞的服務，目的在於告知與取悅遊客並闡釋現象，背後所代表之涵義係藉著提供相關的資訊來滿足每一個人的需求與好奇，同時又不偏離中心主旨，期能激勵遊客對所描述的事物產生新的見解與熱忱。」（吳忠宏，1997）
2002	運用各種媒體傳達溝通的一種教育性工活動，藉由許多媒介使訊息傳遞者與接受者有所互動。（張明洵、林玥秀，2002）

資料來源：李兆程整理。

及解說國內特有自然生態資源，各目的事業主管機關應於自然人文生態景觀區設置專業導覽人員，旅客進入該地區應申請專業導覽人員陪同進入，以提供旅客詳盡說明，減少破壞行為發生，並維護自然資源之永續發展。自然人文生態景觀區之劃定，由該管主管機關會同目的事業主管機關劃定之。專業導覽人員之資格及管理辦法，由中央主管機關會商各目的事業主管機關定之。」

第二節　解說的功能

　　解說可以提供前往國家公園、博物館、文化遺址、動、植物園等地區遊客的一些服務。無論是自然型態或人文型態、公部門或民間單位，或以何種型態經營的管理單位，均得透過解說系統讓來訪者體驗所轄區域的環境，而遊客們必須以尊重環境的心態來體驗，才能減低對環境的衝擊，達到生態環境保育的目的。

　　大部分遊客的動機雖然是為了放鬆心情，追求心靈上的解脫，但仍有許多遊客希望能夠獲得相關的知識與常識，去瞭解自然或人文環境生成的原因、演進的過程在環境中所扮演的角色，或者是特殊的歷史傳說等等。經由解說的過程，遊客不但可以充分獲得相關的資訊，也能夠從中體驗到關懷自然與環境的重要性。

　　此外，解說也是一種服務的工作，包括資訊的提供、導引的服務及啟發性的教育等等。它可以利用不同的媒介，在最適當的時機引導遊客去感受環境的多變性與自然之美，並可以讓遊客留下知性與感性的體驗。

　　總之，解說的功能可以概述如下：

　　1.對遊客的影響：

　　(1)對於充實遊客的體驗有直接的貢獻。

(2)可以使民眾在對於自然環境進行利用時做出明智的選擇。

(3)可以使遊客瞭解到人類在生物界中所扮演的角色,進而尊敬自然。

(4)可以增廣遊客的見聞,使之超出眼睛所看到的一切,對於資源有更進一步的認識。

2.對環境的影響:

(1)可以減少環境遭受不必要的破壞。

(2)可以將遊客由較脆弱的生態環境中轉移至承載力較強的區域。

(3)可以喚起民眾對於自然的關心,有效地保存具有重大意義的歷史遺跡或自然環境。

(4)能促使大眾以合理的方式採取行動保護環境。

鳥松溼地公園生態解說四景

資料來源:李兆程提供(2012)。

解說可以減少環境遭受不必要的破壞，改善公共形象、喚起民眾對自然生態的重視

3.對經營者或當地的影響：

(1)解說是改善公共形象和建立大眾支持的一種方式。

(2)可喚起當地民眾以自然或文化遺產引以為榮的自尊與感受。

(3)可以促進當地觀光資源做合理的利用，提升當地的知名度，並增加當地的經濟效益。

 第三節　解說的目標

解說主要是給予遊客一種新的認識、新的觀察與新的興趣，藉由解說人員詳盡生動、充滿熱忱的解說，或者是各種精緻媒體的傳遞，引導遊客更深入的瞭解環境。解說所欲達成的最終目標說明如下：

1. 就遊客層面而言：
   (1)幫助遊客脫離緊張與壓迫的工作環境感覺。
   (2)幫助遊客對於其所造訪的地區產生一種敏銳的體驗，並給予遊客正確的訊息，使遊客得到豐富與愉悅的體會，及領悟美好的回憶。

2. 就資源層面而言：
   (1)解說可鼓勵遊客對於資源的利用做更審慎的考量，以減少遊客不當的行為造成環境的破壞或對資源的衝擊。
   (2)經由對資源的認識，使遊客從而產生重視資源的認知，促使該地區的資源得以保育。
   (3)經由解說服務與遊客建立的互動關係，使資源的保育與利用得到更多人的關懷與注意。

3. 就環境經營層面而言：
   (1)可使遊客對於經營管理機構設置的宗旨更加瞭解，並將相關的訊息藉由解說服務傳遞給遊客。
   (2)解說亦可使當地的居民更進一步瞭解所居住的環境，進而發展出由社區主動發起關懷所生存的空間。

 第四節　解說的要素

　　解說除了是一種服務外，也是一種管理溝通的方法。解說的構成要素主要有「經營管理機關」、「解說資源」及「遊客」三方面，其關係可用圖1-1來加以說明。

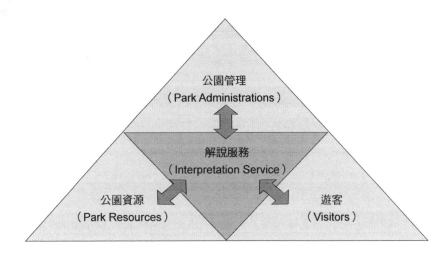

圖1-1　解說構成要素關係圖

資料來源：墾丁國家公園管理處（1994）。

一、對「經營管理機關」而言

對「經營管理機關」而言，可藉由解說促進遊客對資源經營管理目標的瞭解。包括：

1.對遊客大眾闡述相關的政策、法令與計畫。

2.使遊客大眾直接參與有關的資源經營管理工作。

3.作為管理機關與大眾公共關係聯繫的橋樑，塑造管理機關良好的形象。

4.對遊客大眾提供有關資源經營管理運作之資訊，從而促進遊客大眾有效之合作。

二、對「遊客」而言

對「遊客」而言，可經由下列二項來增進遊客獲得愉悅與安全

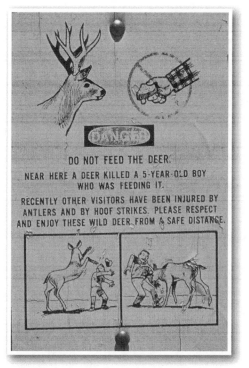

解說標誌的目的與功能是多面向的，除了教育的目的外，安全的宣導也是重要的一環

的遊樂經驗：

　　1.人員引導之解說，直接使遊客避開危險情況，保障遊客安全。
　　2.經由各種牌示的設置，說明潛在危險的環境，促使遊客注意安全。

三、就「資源」而言

　　就「資源」而言，經由適當的解說可使自然與文化資源獲得下列三項之保護：

9

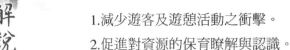

1.減少遊客及遊憩活動之衝擊。

2.促進對資源的保育瞭解與認識。

3.促進資源保育與減輕環境污染。

　　因此，就解說的構成要素而言，無論在解說媒體的運用、解說內容的設計規劃或解說活動的進行，均需對此三方面加以考量，才能達成解說活動的目標。

適當的解說可使自然與文化資源獲得保護（東眼山自然中心人員解說情形）

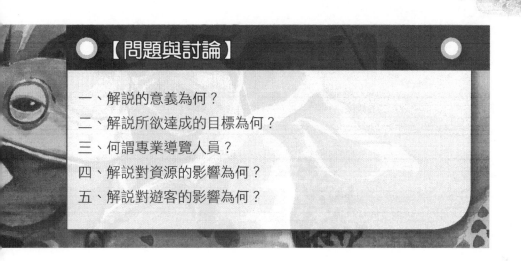

【問題與討論】

一、解說的意義為何？

二、解說所欲達成的目標為何？

三、何謂專業導覽人員？

四、解說對資源的影響為何？

五、解說對遊客的影響為何？

Chapter

2

自然保育

🦋 第一節　自然保育的涵義

🦋 第二節　自然保育的目標

🦋 第三節　自然保育的策略

【關於自然保育】

　　自然保育是指人類對自然環境及其資源所採取的保育行動，其目標包括維護基本之生態體系及其運作、保存遺傳物質的多樣性和保障物種與生態系之永續利用。為達目的，則有賴地方和社區社團參與地方性行動方案與規劃活動，並加以落實。

　　長久以來，人們對於自然環境與資源生態的保育概念，多未予重視與注意。人類濫用自然資源，也不保護賴以維生的生態環境。在多次的大自然反撲後，人們才慢慢體會到地球有限的資源已漸漸枯竭，世界各地的天候出現不尋常的現象，生態環境無限制的破壞，終將導致人類步向毀滅與死亡。

　　因此，自1992年在巴西里約熱內盧舉行的地球高峰會議後，世界各國開始注意到環境保育的迫切性，並逐漸形成未來應朝向「永續發展」的共識。在「21世紀議程」藍圖中，更標定了掃除貧窮、改變資源消費型態、控制人口成長，以及提升人類健康水準等四項人類生活品質的目標。根據臺灣環境資訊協會公布了2011年12月於「環境資訊中心」網站開放讀者票選國內外十大環境新聞票選的結果顯示，塑化劑風暴、反核再起、國光石化撤案、六輕工安頻傳、阿塱壹守護行動、東海岸開發、墾丁後灣蓋飯店、農民反土地浮濫徵收、食物浪費問題等議題最受國人矚目。國際方面，以福島核災、京都議定書談判、泰國水患、世界人口破70億、巴西蓋大壩毀雨林、世衛確定手機電磁波是「2B致癌物」、全球首創跨五國自然保護區、索馬利亞大饑荒、可口可樂汙染印度水源、澳洲實施碳稅等議題。除上述事件之外，讀者最關切的農地徵收、東海岸BOT等土地開發爭議與工業發展危害，占所有事件中將近50%；其次為氣候暖化與環境災害，占二成左右。

　　由上述環境議題可知，環境永續與人類永續生存的衝擊，不僅受到不同層面的關注，抗議行動的訴求也獲得網路讀者共鳴。為推動與落實自然保育，保護和改善環境不僅是全球人類生存和生活的當務之急，更需透過自然保育工作體系和環境教育管道來配合實施，才能相得益彰，而為達目的則有賴地方和社區社團，參與地方性行動方案與規劃活動來加以落實。

　　解說是實踐自然保育和環境教育的最佳途徑，透過各種解說的

方式，讓遊客及人們在直接接觸或潛移默化中感受大自然的種種神奇與變化，進而探索人類與環境間的關係，以取得生態間的平衡及永續發展。因此，在談解說教育之前，應有對於自然保育涵義、目標、策略的認知與瞭解。本章即從其涵義、目標及策略三方面來加以探討。

 ## 第一節　自然保育的涵義

自然（Nature）一詞，通常泛指自然界（自然環境）、自然萬物（自然資源），或天然（自然現象）等涵義。在科學的界定上，凡是出於天然，而不假人工造作者，皆可謂之自然。自然的涵義，融合了自由、自在、自形的三種現象。自然界的自生與自滅、自因與自反及自尊，正是我們自然保育思想的要素。

一、自然保育觀念的起源

西方的自然保育觀念到了19世紀才被提出，美國約在19世紀中才開始實施原生林的保存政策。1872年3月1日美國成立全世界第一座國家公園──黃石公園，當時主要是為了保存優美的景觀，目的在於遊憩及觀賞自然美景。

自然保育的觀念到了20世紀初才興起，到了1972年，聯合國通過了後來被稱為「綠色憲章」的「斯德哥爾摩環境宣言」（Stockholm Declaration on the Environment），自然保育工作才成為世界性的工作。期間因為人類大規模開發利用自然環境及動植物，引起對自然生態的破壞，造成物種消失，情形甚為嚴重，根據 *Conservation for the Twenty-First Century*（1989）一書估計，每年有

20萬平方公里之熱帶雨林被摧毀，約10萬平方公里之邊緣地淪為沙漠化，15萬平方公里之耕地淪為貧瘠，750億噸表土被沖刷流失，造成15%至25%之物種消失。

2002年8月在南非約翰尼斯堡召開之「永續發展世界高峰會議」（World Summit on Sustainable Development, WSSD）所揭露之情形指出，在全球已命名的180萬種物種中，由於人類之農業與工業活動，以及全球氣候變遷，已造成20%的淡水魚類瀕危或滅絕、75%作物基因多樣性消失；而於1970至1999年間，造成50%之濕地消失，肇至50%之內陸水域與濕地之物種消失，全球珊瑚礁系統三分之一遭摧毀，有24%的哺乳類及12%的鳥類遭受威脅。

由於人類破壞自然生態之後果嚴重，在先進國家有識之士的努力推動，以及聯合國有關機構的主導下，生態保育運動，遂形成全球性之運動。臺灣位處亞熱帶，雨量充沛，山巒青翠，溪谷交錯，產生複雜地形，孕育多樣性之物種，並有豐富之特有種，而由於人口密集，連年追求高成長率之發展，對環境造成破壞，如山坡地之破壞、河流之污染、地層下陷、海岸之消失、若干物種之瀕危、空氣污染、水資源之頻頻告急、廢棄物之難以處理等，身為地球村的一份子，更應當致力於推動與落實生態保育，營造永續生存及發展之環境，落實憲法所揭示之經濟科學發展應與生態環境兼籌並顧之目標，提昇國家地位，並為後世留下更好的品質之環境。

二、自然保育的定義

保育是人類為了謀求福祉，產生的一種環境管理行動。保育係講求明智合理的利用資源，促使資源能長久持續為人類世代所永續發展與利用。「保育」（Conservation）的英文字中，係源自於兩個拉丁文－con（共同）與serve（保護或保持），合起來

即為共同保護。為增進生活福祉，人類透過對環境的保留、保存（Preservation or Reservation）與保護（Protection），及對野生物族群的復育（Restoration）、棲息地的保護與改善（Improvement）、植被的復育、景觀或古蹟的復舊（Rehabilitation），以及進行環境法令與教育等方法或措施，以達資源永續利用之目的。

「保育」一詞在《世界自然保育方略》（*World Conservation Strategy*）中定義為：「對人類使用生物圈加以經營管理，使其能對現今人口產生最大且持續的利益，同時保持其潛能，以滿足後代人們的需要與期望。」因此，保育為積極的行為，包括對自然環境保存、維護、永續性利用、復原及改良。

生物資源跟植物、動物、微生物及其於生存環境中所依賴之無生命物質有關，故生態保育（Ecological Conservation）可泛指

自然生態的復育與保育已成為當今世界各國的趨勢

野生動物的保育工作及自然生態之平衡、維護；而「自然保育」（Nature Conservation）應指對自然資源和自然環境的保存、保護、利用、復育及改良，現為當今文明世界之潮流與趨勢。簡言之，自然保育係指「人類對自然環境及其資源所採取的保育行動，包括自然資源與環境生態的保育之雙重意義。前者強調資源保護與合理利用；後者則強調環境的生態平衡與倫理。」自然保育的具體方法，共計有保留、保護、復舊、復育與教育等多種方式。

第二節　自然保育的目標

　　自然保育為一對自然環境以及資源所採取的保育行動，以達到資源的永續利用，目標在於維護基本生態系的運作，並保存遺傳物質的多樣性，達成生態系的平衡，同時也保障物種與生態系間的永續利用。綜合其目標可涵蓋下列三項：

一、維護基本生態體系及其運作

　　維護土壤之再生與保護，各種生態體系內養分之循環使用，以及水之正常循環與淨化，此為人類生存與發展的必要條件。農業生態系的生產力，不僅需依賴土壤品質來維護，同時亦有賴益蟲和其他動物棲息地的保護，諸如傳播花粉的昆蟲，以及害蟲之天敵與寄生動物。然而，大量使用殺蟲劑已傷害其他非防治目標的物種。森林除供應木材與其他產品外，也維持當地及區域性氣候的正常運作，並確保河川的水質清澈，以提供人類所需的水源，維護生態系的正常運作，對糧食生產、人類健康及生物資源的永續開發，均甚重要。

　　不幸的是，全世界有很多的優良農耕地均已被廣為開發利用，導致許多良田因興建建築物永遠無法再提供農業使用；此外，若土地侵蝕仍以目前的速度擴張，且未採取任何保護措施，則全世界有將近三分之一的可耕地將在今後的二十年間遭受破壞。

　　森林和樹木覆蓋將近三分之一的地球表面，除供應木材與其他產品，也維持當地及地區性氣候，並確保河川清水常流，提供人類所需水源，維護生態系的正常運作，對糧食生產、人類健康及生物資源的永續開發均甚重要。世界各地森林集水區正處於遭受摧毀的命運，尤其是世界最廣大的熱帶雨林流域，如南美洲亞馬遜河流域及印尼廣大的森林所面臨的危機與問題更嚴重。對自然林和人造林、木材製品和非木材製品進行永續森林管理，是實現永續發展所必須與不可少的，應在國家和全球兩層級實現永續森林管理，包括透過有關政府與利害相關者（如民營部門、原住民和當地社區及非

山坡地因不當開發，致地形裸露、植被環境遭受破壞

環境的護育需要不斷的努力宣導

政府組織等）形成夥伴關係，採取相關的保護行動。

目前全球有24億人口無法取得清潔用水，不潔的飲水造成死亡的人數遠超過愛滋病和瘧疾，其中情況最嚴重的地區是撒哈拉沙漠以南的非洲國家；而水和衛生危機不僅威脅民眾健康也阻礙經濟發展；因此該報告指出，八大工業國必須率先採取行動，以協助改善全球性的用水問題。

二、保存遺傳物質的多樣性

保存遺傳物質的多樣性，為永續性改進農、林、漁、牧業生產所必需，並為未來的各項利用需要預留後路，亦可緩衝對環境上有害的改變。有許多生物，今日我們無法預知它對我們的益處，但未來很可能會成為醫療藥劑等重要產品的來源，因此基於人類長期的

利益，應確保所有物種的生存。

人工栽培的農作物、樹木、家畜、水生動物及微生物，以及他們的野生親緣種中所含的遺傳物質，對於育種非常重要。育種使得產量、營養品質、耐久性、滋味、對病蟲害的抵抗力，及對各種土壤與氣候之適應性與其他品質上的改進得以達成，然而這些特性少有長久性者。人類若不保存傳統品種及其野生親緣種，品種之改良將無法進行。

世界上的動植物至今仍只有少量曾被作為醫學或其他藥物價值的研究，而現代醫學對其依賴甚重。無論就醫學的治療、疾病的預防，或作為健康食品而言，全球的動植物均尚有相當大的空間值得去研究。有些正在消失中而且顯得無關緊要的物種，經由遺傳生物科技的驗證可能突然變成有用的物種，造福全體人類。因此保存遺傳物質的多樣性，在保障農產品生產、藥品材料的供應，及促進科學與工業革新方面，均有非常大的貢獻。

1986年國際自然保護及生物資源聯盟（IUCN）編列受威脅生物紅皮書；依威脅程度可分為滅絕、極危、瀕危和易危四個程度。根據1997年公布的調查，受威脅植物最多為美國，另外前十名中有七名均有熱帶雨林；1996年受威脅動物中，五類的脊椎動物，印尼和美國列四類，中國、印度、巴西、墨西哥、菲律賓列三類。

物種所面臨的問題主要有以下五個因素：

1.棲居地的破壞：砍伐森林、開墾農田、建設水利工程均造成生物棲居地的破壞。厄瓜多西部森林原有八千種植物，每種植物可養育十至三十種動物，但自1960年後，全部森林砍伐被闢建為香蕉農場及聚落，造成五萬餘種生物滅絕。森林破碎、種子減少，樹種滅絕。濕地影響兩棲動物，而水利工程則對魚類產生嚴重衝擊。

2.過度捕獵與採集：象牙、犀牛角、虎皮、熊膽、鳥毛、羚絨均為價值昂貴的商品，哺乳類成了受威脅最嚴重的動物，珍稀植物品種也是國際貿易重要的項目。西藏可可西里的藏羚羊，因其毛皮在市場價值極高，每一隻羊可取毛皮120公克，市值15,000美元，因而在1980、1990年代時大量被獵殺。

3.環境污染：有毒金屬及化學物、殺蟲劑、廢棄物、輻射污染對不同動植物構成威脅，淡水魚即因河流湖泊的污染比海洋嚴重，致滅絕率高於遠洋魚類。

4.外來種的入侵與引進：有意或無意引進的動植物常造成原生地物種的滅絕。如1950年代，非洲維多利亞湖便引入了泥羅鱸魚，結果二百種魚類被掠食絕跡；西印度群島引進印度獴豹控制老鼠，結果其原生鳥類、爬蟲類和兩棲類都滅絕；加拉巴哥群島引入老鼠亦使海龜絕種。2001年，世界保育聯盟

有毒金屬及化學物、殺蟲劑乃至廢棄物造成環境的浩劫，
淨灘活動是有志者對環境愛護最簡明的訴求

列舉了一百種可能導致原生地區生態滅絕的其他生物的動植物，許多國家已明令禁止危害其國家生態的動植物之進口。

5.氣候變遷：地球增溫後，許多動物遷徙棲所，如極地的北極熊與企鵝。不過，像蝸牛等無法遷徙的動物，則可能遭受滅絕。另外，海水增溫造成許多珊瑚漂白或死亡；臭氧層的破壞導致紫外線輻射增加，威脅著包括人類在內的所有物種的生存。

三、保障物種與生態系之永續利用

人類生存所依賴的食物來源，包括動物、植物、魚類等等，以及其所生存的環境，如森林、原野、畜牧地，若環境或物種遭遇到破壞，使其減少或滅絕，將直接威脅到人類的生存。例如就食物鏈的關係而言，一旦最下層的植物因環境的破壞而慢慢減少時，其所賴以維生的低層動物，如鼠類、鳥類等將喪失其食物的來源，而可能會改變其覓食習慣或來源，甚至影響其族群的繁衍，經由一層一層相連結的關係，最後終將影響人類的生活。因此確保生態系或物種的利用，對人類長遠的生存非常重要。

對於生物資源的過度使用必然會導致資源的枯竭，因此要知道如何以有科學依據的資源管理方式，讓生物的生態達到平衡，以維持量之最大，又不危害永久之利用，即所謂最適持續產量的原理。唯有如此，才能保障物種的永續利用。

世界主要生態系就生存的空間而言，陸地占80%以上，海洋生物則包括十八萬種動物和二萬五千種植物，物種分布的多樣性，自低緯度向高緯度寒冷地帶遞減，自潮溼區向乾旱區遞減，自淺海區向深海區遞減。島嶼生物品種與其面積成正比。熱帶雨林和珊瑚分別是陸地及海洋最富生物多樣性的區域，二者面積僅占9%，但卻

表2-1　世界各類生物種類最多的國家

植物	哺乳類	鳥類	爬行類	兩棲類	魚類
巴西 （55,000）	印尼 （515）	哥倫比亞 （1,721）	墨西哥 （717）	巴西 （502）	巴西 （3,000）
哥倫比亞 （35,000）	墨西哥 （449）	秘魯 （1,701）	澳大利亞 （686）	哥倫比亞 （407）	印尼 （1,300）
中國 （30,000）	巴西 （428）	巴西 （1,622）	印尼 （600）	厄瓜多 （343）	中國 （1,010）
墨西哥 （25,000）	薩伊 （409）	印尼 （1,510）	印度 （383）	墨西哥 （284）	薩伊 （962）
原蘇聯 （22,000）	中國 （394）	厄瓜多 （1,447）	哥倫比亞 （383）	印尼 （515）	秘魯 （855）

資料來源：張鏡湖（2002）。《世界的資源與環境》。臺北：中國文化大學出版部，頁66。

擁有世界80%的生物種類。世界植物、哺乳類、鳥類、爬行類、兩棲類和魚類最多的十個國家（如**表2-1**），以巴西、印尼、哥倫比亞、秘魯、印度和中國為各種生物種類最多的國家。

第三節　自然保育的策略

一、世界自然保育策略

　　為保護地球環境與保障人類生活福祉，1980年時，國際自然保育聯盟（IUCN）、世界野生動物基金會（WWF）、聯合國環境計畫組織（UNEP）等國際保育組織合作研訂「世界自然保育方略」（World Conservation Strategy），由各國經濟發展的階段、生態系類型及自然保育實務，分析世界資源保育問題，揭示自然保育的目標，並提出全球性、區域性與各國之自然保育策略與措施。此方略

重視資源保育之效率與開發之整合，並特別強調生物資源保育的三大目標：

1.說明保育生物資源對人類生存及永續性開發的重要性。
2.確定生物資源保育問題之優先順序及解決規定。
3.提出達成自然保育目標之有效方法。

世界自然保育方略建議，各國應確保其全國性及地方性保育方案，以整合政府機關及民間保育團體的力量。1992年6月初在巴西里約熱內盧舉行的聯合國環境與發展會議——地球高峰會議，即是領悟到地球是全人類共同的資產，需加以保護，而尋回地球的生命力，正是21世紀環境復興運動的重要議題。在此次高峰會議結束時共同簽署了：「21世紀議程」、「氣候變化綱要公約」、「生物多樣性公約」、「森林原則」與「里約宣言」等五項影響地球的重要文件。提供各國作為發展各項環境生態保育之依據及參考。

「里約熱內盧宣言」（The Rio Declaration on Environment and Development）根據永續發展的原則訂定二十七條條款，其中最重要為第二條：「各國有責任確保在其管轄範圍內的活動不危害鄰近國家的環境。」「21世紀議程」中包括四部分：第一部分，敘述社會經濟要素的內容，如貿易與環境、國際經濟、貧困問題、人口問題及人類居住問題；第二部分，討論資源的保護和管理；第三部分，探討婦女、兒童、青年、原居住民、工人、產業界、科技團體、農民及政府所扮演的角色；第四部分，論述實施的方法，包括資金問題、技術轉移、科教培訓、國家競爭力、提升法制及資訊。

1997年聯合國「氣候變遷綱要公約」在日本京都召開「第三次締約大會」，通過具有法律效力的「京都議定書」（Kyoto Protocol），要求各國對溫室氣體排放量做出具體減量的承諾，工業國家應於2008至2012年間，將溫室氣體排放量控制在1990年水準

以下的5.2%，已開發國家並應每五至十年檢討修正減量目標。雖然
1997年通過了「京都議定書」，但由於美國（CO_2占36.1%）與澳
洲（CO_2占2.1%）退出，一直到關鍵的俄羅斯（CO_2占17.4%）批准
後，「京都議定書」終於在2005年2月16日才開始生效。

2011年12月於南非德班召開氣候會議的代表達成協議，將原訂
2012年到期的「京都議定書」延長法律效力五至八年；各國也決議
整合既有的談判框架，由新成立的「德班行動平台」繼續執行協調
談判工作。

二、我國自然保育政策與法令

我國的自然保育政策，主要是由政府、學者專家及保育團體，
依據國際性及我國環境等相關法令與民意共同研訂。第二屆國民大
會臨時會於民國82年通過憲法增訂條文，明列「經濟及科學技術發
展應與環境生態保護兼籌並顧」。這是我國環境保育的基本政策，
也是我們自然保育永續發展的最高指導原則。行政院於民國73年核
定「臺灣地區自然生態保育方案」，76年頒布「現階段環境保護政
策綱領」，以及陸續頒訂之「現階段自然文化景觀及野生動植物保
育綱領」和「加強野生動物保育方案」等，先後成為我國推動自然
生態保育與生活環境保護的重要施政依據。而在自然生態保育方案
中，所訂定的保育政策計有以下十一項：

1.調查建立臺灣地區自然生態資料系統。
2.保育臺灣特有種及亞種珍稀野生動植物。
3.加強公害防治，建立都市下水道系統。
4.加強山坡地水土保持，充分發揮水資源。
5.合理規劃利用土地資源，加強土地之經營管理。
6.長期全面推行綠化運動。

7.建立環境影響評估制度。

8.積極宣導及推廣生態保育觀念及知識。

9.設立國家公園,並加強海岸地區自然環境及資源之保護。

10.確立生態保育權責機構並修訂統一有關法令。

11.響應國際生態保育工作,參加國際保育組織。

另外,行政院經濟建設委員會鑑於落實永續發展的理念,於民國85年8月設置「國家永續發展論壇」,提供各界共同參與,研訂適合我國國情及符合國際趨勢的永續發展政策綱領,供政府研訂相關政策與措施之參考。而經由廣納各學者專家意見後,於民國86年底研訂「中華民國永續發展策略綱領」作為國家未來發展之主要策略。內容含括經濟、環境與社會三大領域,其中與環境相關的議題又分為全球環境變遷與永續能源、永續水土資源保育、永續生物資源保育、永續環境技術等四個工作小組。而對於環境方面發展的重點項目則包括:

1.對自然資源分布現況與承載量進行調查,並制定合理利用指標,妥善保育管理,以符合永續發展目標。

2.維護生物多樣性,加強保育原生物種及棲地,並強化自然資

野柳的地質公園平面圖與為保護地質資源與遊客安全的禁制告示

源保育之立法與執行工作。

3. 加強水量與水質保護，並維護河川生態功能。水資源利用應合理的計價、公平分配及綜合管理，並提升使用效率及節約用水。加強地下水調查與抽取管制，並進行回復補注工作。

4. 防止土壤遭受農藥及重金屬污染，維護土壤生產力。

5. 山坡地及山地之道路、休閒設施等開發行為應考量其必要性，並辦理環境影響評估。

6. 研訂整體性之臺灣海岸管理計畫，以確保海岸及海洋資源永續利用。

7. 加強熱帶及亞熱帶建築環境控制系統之研究，以節約能源。

8. 積極興建環境基礎設施，尤以廢棄物處理設施及衛生下水道系統應優先辦理。

9. 積極採取有效措施，抑制溫室氣體排放，善盡國際社會成員責任。

經濟部與環保署分別於民國78與80年成立「蒙特婁議定書專案小組」，其後經數度擴編整合，而於民國86年成立「行政院國家永續發展委員會」，其設置的目標係加強保護環境生態、強化社會安全、促進經濟發展、建設綠色矽島，以提升生活者權利，追求國家永續發展。成員單位除增加至十二部會之外，政府因應國際環保事務之態度，已從單純地減少對國內之衝擊，轉為積極參與並尋求國際認同。91年，行政院感於永續發展對臺灣的重要性，指示永續會進行改組，由院長親自兼任永續會主任委員，行政院副院長兼任副主任委員，聘請政府部會首長、專家學者及民間團體代表擔任委員。此外，為強化永續會之執行力，永續會置執行長一人由行政院政務委員兼任，以協調部會間意見及督導業務之推動。永續會下設置八個工作分組，分別為「永續願景工作分組」（經建會召集）、「國土資源工作分組」（內政部召集）、「生物多樣性工作分組」

（農委會召集），「生活與生產工作分組」（經濟部召集）、「國際環保工作分組」（環保署召集）、「健康風險工作分組」（衛生署召集）、「永續教育工作分組」（教育部召集）；秘書處業務由環保署兼辦。其任務如下：

1. 研訂國家永續發展願景與策略，審議國家永續發展相關重大議案。
2. 協調推動水土資源永續利用、永續城鄉建設及綠色生活，促進國人活動與自然環境之融合共生。
3. 協調推動生物多樣性保育及健康風險管理，以確保國人健康及生態系平衡。
4. 協調推動綠色科技及永續產業，促成高環境品質及永續經濟發展之共享。
5. 推廣永續發展教育宣導，提升政府與民間社區夥伴關係，全面落實永續發展工作。
6. 推動永續發展國際合作，積極參與國際環保及永續發展事務，善盡地球村成員之責。

為評估我國推動永續發展的進程，並且呼籲聯合國要求各國建立指標來評估推動落實永續發展的責任，行政院永續會積極推動國家永續發展指標系統的建置工作。該工作主要項目是發展指標系統，並建立永續指標統計、發布、檢討的相關機制，作為評量國家發展永續性的基礎，以發揮決策預警、決策檢討及決策導引功能。該指標系統係由經建會邀集相關部會組成「建立永續指標系統跨部會工作小組」，自民國87年起進行「永續臺灣的願景與策略研究計畫」的計畫，歷經四年努力建立一百一十一項永續指標。而後在考量資料取得之可行性、穩定性、公共政策之連結以及與國際接軌等相關因素後，選擇具有永續發展意義與代表性的四十二項指標，建

立「臺灣永續發展指標系統」，作為國家永續發展指標系統。經建會於民國92年、93年先後發布二次指標趨勢。由於永續指標建置之目的在於追蹤與檢討國家永續發展政策，因此行政院研究發展考核委員會在94年起，接續永續指標值與指標更新的工作，藉以監督臺灣各面向發展情況，並提供政府決策參考。

「臺灣永續發展指標系統」係根據壓力（Pressure）、現況（State）與回應（Response）的P-S-R架構設計。環境與生態資源面的「現況」係呈現環境品質惡化或改善的程度，而經濟與社會面的「壓力」係探討對於環境品質與永續發展造成破壞壓力的社會結構與經濟活動。至於政策與制度面的「回應」，則是瞭解臺灣社會在追求永續發展過程中，如何透過制度的調整來改善環境生態現況與減輕社經壓力。此外，鑒於臺灣本島有近80%的人口居住於都市地區，都市地區的發展與臺灣的環境品質息息相關，因此指標系統進一步區分：海島臺灣（Island Taiwan）與都市臺灣（Urban Taiwan）兩套系統。這兩個系統共包含：生態資源、環境污染、社會壓力、經濟壓力、制度回應，以及都市永續發展共六個領域。其中，「生態資源」領域的指標針對可再生資源的現況進行評量，以反映質與量的變化；「環境污染」領域的指標反映臺灣的氣域、水域、陸域污染現狀；「社會壓力」領域的指標，係以對永續發展施壓的社會面為對象，掌握造成壓力的來源；「經濟壓力」領域的指標，主要是探討經濟活動對臺灣的環境、生態所造成的影響，共分成消費型態、產業結構、能源使用三大範疇；「制度回應」領域的指標則是評估政府改善生態及環境的現況，減低社會及經濟對環境造成的壓力之制度量能（Capacity Building）；「都市永續發展」領域的指標係評估都市發展的生產、生活、生態與生命四個範疇的永續性，以突顯都市作為動態有機體的特性。該領域包括驅動力（D）、狀態（S）與回應（R）三大類型的指標。有關臺灣永續發

展指標內容及架構詳見圖2-1。

如前所述，為共商京都時期減量責任與全球暖化因應對策，特別於2011年12月11日在南非德班召開的「聯合國氣候變化綱要公約／第十七次締約國大會暨京都議定書第七次締約國會議」（UNFCCC COP17 / CMP7），該會議的重點除了通過設立「強化行動德班平台特設小組」（Ad Hoc Working Group on the Durban Platform for Enhanced Action），於2012年上半年開啟運作，其結果對我國政策走向的影響大致可區分為以下三點：

1. 新的減量協議影響層面及時程擴大：新協議生效與執行係訂在2020年後，顯見國際氣候談判時程已經安排到十年以後，況且本協議內容將可能涵蓋所有締約國，亦即已開發國家與開發中國家均可被納入；一般預計，後續談判工作將更加艱難。

2. 整合式多軌化的氣候體制形成：未來國際氣候體制，可能運用單一機制（議定書或協議）來整合不同減量模式。會議結論提及多國政府（涵蓋三十五個工業化國家）同意從2013年1月1日進入京都議定書第二承諾期；為儘速釐清，締約國在第二承諾期時，將從現階段「總體經濟目標」（Economy-Wide Target）轉換為「量化排放限制或減量目標」，並在2012年5月1日前提出審閱，此一轉換為提供一新減量目標模式。

3. 加強透明及持續性的溫室氣體減量工作：本次會議通過去年墨西哥坎昆會議所通過支持開發中國家套案（Package），包括成立「綠色氣候基金」（Green Climate Fund），成立一調適委員會協調全球行動，2012年將全面展開技術轉移機制，協助開發中國家建立減緩及調適技術等；在此結論中，特別強調透明且持續的重要性。

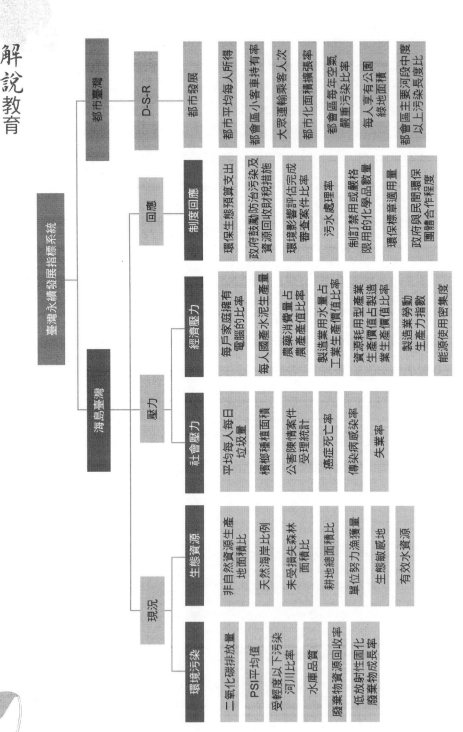

圖2-1 臺灣永續發展指標系統總圖

資料來源：行政院永續發展委員會。臺灣永續發展指標系統。http://theme.cepd.gov.tw/sustainable-development/graph.htm。

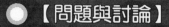

【問題與討論】

一、自然保育的目標為何？

二、生物資源三大保育目標為何？

三、我國近年來在臺灣地區的自然保護方案主要含括哪些？

四、京都議定書與德班會議重要的議題為何？

五、請探討臺灣永續發展指導系統之細項。

Chapter

3

環境教育

🦋 第一節　環境教育的起源與發展

🦋 第二節　環境教育的定義與範圍

🦋 第三節　環境教育的教學目標與目的類別

🦋 第四節　落實環境教育的途徑與內涵

🦋 第五節　環境教育的教學設計與課程規劃

🦋 第六節　我國環境教育之發展現況

【關於環境教育】

　　環境教育是運用教育方法，培育國民瞭解與環境之倫理關係，增進國民保護環境之知識、技能、態度及價值觀，促使國民重視環境，採取行動，以達永續發展之公民教育過程。不僅是人類對周遭環境日漸關心下的產物，也是對概念認知和價值澄清的過程，更是為關懷周遭環境與維護保育自然資源所激起的環保意識的教育方式。除了增進人類認知目標達成之外，尤其需要培養受教者正確的環境態度，且要能在日常生活中實踐負責任的環境行為，也是一種以行為能力為導向的教學理念，最終目的在於培育公民能具有「負責任的環境行為」。

隨著人類活動對自然環境衝擊的影響與日俱增，早已由地區性轉為區域性、甚至是全球性；而在自然資源的使用上，也將對後代產生影響。為使一般民眾瞭解人類與自然環境間的倫理關係，除了應加強污染防治及取締的工作，亦須採行友善的態度與行為，減低環境問題所帶來的衝擊，更需透過自然保育工作體系和環境教育與解說的管道來實施與配合，如此才能相得益彰。因此本章的規劃：首先，說明環境教育的起源與發展；其次，界定環境教育的定義與範圍；再者，瞭解環境教育的教學目標與其目的類別；第四，根據目標設定落實環境教育的途徑與其內涵；第五，個案探討，分析環境教育的教學設計與課程規劃；最後，說明我國環境教育之發展現況與面臨課題。茲說明如下各節：

第一節　環境教育的起源與發展

自從第二次世界大戰之後，工業化的社會為人類帶來更便捷舒適的生活，但也由於資源的過度耗用，帶來許多如空氣、噪音、水和土壤污染、放射性廢物及其他毒性物質的氾濫等環境問題。1962年美國海洋生物學者瑞秋‧卡森女士（Rachel Carson）在四十餘年前，經由嚴謹周詳的調查寫下一本《寂靜的春天》（*Silent Spring*），批判人類對環境污染的危害，如DDT藥品，引起了廣大的迴響。

書中提及濫用化學物品對環境造成的破壞與災害，今日不僅沒有改善，反而變本加厲。由此可知，人類長久以來始終存在着一種傳統觀念——人類是自然界的主宰者。人與自然的關係，是征服者和被征服者的關係。然而，肆無忌憚的開發，終於造成愈益加深能源、資源和環境衝擊及生態的危機。

　　為了幫助保存生態的完整性，環境倫理（Environmental Ethics）便被提出來，主要在於探討人與環境間如何和諧相處，意即人類與自然環境間相互關係的倫理責任（楊冠政，2011），人類對自然環境所具有的觀點、態度與作為的模式，即稱為「環境典範」（Environmental Paradigm）。人與自然之間的互動關係，隨著人類生存方式的發展而有著顯著的不同，唯有尊重自然、維持生態平衡，才能使地球上的生態永續發展。

　　1972年斯德哥爾摩的「人類環境會議」（Human Environment Conference）；1975年貝爾格勒國際環境教育會議提出的「貝爾格勒憲章」（Belgrade Charter）；1980年國際自然保育聯盟等所發布的「世界保育方案」（World Conservation Strategy）；1987年「西元兩千年後的環境展望」（Environmental Perspectives to the Year 2000 & Beyond）；1987年環境與發展世界委員會所出版的《我們共同的未來》（*Our Common Future*）等，終於孕育出聯合國環境及發展委員會（UNCED）的設立，以及1992年地球高峰會議（Earth Summit）的召開。這些會議均以全球的觀點引領著人類來探討環境問題，並且呼籲世界各國除了關心當地及日常的環境問題之外，更應建立寬廣的環保視野，以前瞻性的行動，關心全球的環境危機，並以「保育」與「永續發展」作為行動的策略與目標。

　　聯合國教科文組織（UNESCO）過去也透過「國際環境教育計畫」（International Environmental Education Program, IEEP）嘗試進行各式的環境教育努力與推動，其範疇似乎涵蓋層面甚廣，但在世界各國的積極努力推廣與支持之下，自2005年開始至2014年的十年間，推出了「聯合國永續發展教育十年計畫」（United Nations Decade of Education for Sustainable Development, DESD），更可見環境教育在國際間已有舉足輕重的地位，且也有愈受重視的趨勢。

　　而為了達到「保育」和「永續發展」的目標，可以透過自然資

源與環境的研究、保育教育、戶外教育、進步教育、資源使用教育與資源管理教育等方式進行環境解說的工作，幫助人們更瞭解他們所居住的世界（如圖3-1）。

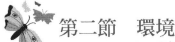 ## 第二節　環境教育的定義與範圍

　　由表3-1環境教育的相關定義可知，尊重自然儼然已成為當今自然生態保育的基礎，亦是環境教育的主要目標（楊冠政，2011）。環境教育除了重視知識及技能訓練外，亦重視覺知的知識與實踐的具體經驗，而環境教育法的落實與其重要性，更有助於環境教育目標的達成。在環境教育的實質過程中，它強調的是一種以環境知識為骨幹，以解決及實踐環境教育能力的實際行動，作為教學最終結果的教育方式；換言之，環境教育不僅是人類對周遭環境日漸關心下所產生對概念認知和價值澄清的過程，也是為關懷周遭環境與維護保育自然資源所激起之環保意識的教育方式。

　　至於環境教育的範圍，美國在1970年實施的環境教育法案中稱：「環境教育是教育過程，它涉及人與自然及人造環境的關係，包括人口、污染、資源分配與保育、運輸、科技，城市與鄉村的計畫與整個人類環境複雜問題的教學，它們是政治的、經濟的、哲學的和技術的。」

　　環教的內容，基本上以在校學生和社會大眾所關切的環境現象和環境問題作為軸心。因此，在環境教育過程中，除了應介紹有關環境科學和生態學等基本科學概念，和資源保育等環境管理方法外，並應探討環境公害和環境衝擊等問題。國內外學者專家歸納出環境教育的四大內容為：(1)生態概念；(2)資源保育；(3)公害防治；(4)環境衝擊。此四項即環境教育內容的要項。

圖3-1 環境議題和環境教育與解說之關係

資料來源:中華民國環境教育學會。

太魯閣國家公園環境教育與地質解說

資料來源:李兆程提供。

表3-1　環境教育之定義與說明

項目	定義與說明
聯合國自然資源保育聯盟（1970）	聯合國自然資源保育聯盟（IUCN）1970年針對環境教育做以下定義：「環境教育是概念認知與價值澄清的過程，藉以發展瞭解和讚賞介於人類、文化和其生物、物理環境相互關係所必須的技能與態度，以及為關懷生態環境所激起環境意識的教育方式。」IUCN亦說明環境教育的應用為：「環境教育也需要應用在有關環境品質問題的決策及自我定位的行為規範」。
美國環境教育法（1970）	美國環境教育法於1970年通過，該法案中稱：「環境教育是一種教育的過程，涉及人與自然及人造環境的關係，包括人口、污染、資源分配與保育、運輸、科技、城市與鄉村的計畫，與整個人類環境複雜問題的教學。它們是政治的、經濟的、哲學的與技術的。」
南斯拉夫「貝爾格勒憲章」（1975）	聯合國教科文組織（UNESCO）為訂定環境教育的發展方針，1975年在南斯拉夫貝爾格勒召開國際環境教育研討會中發表「貝爾格勒憲章」的內容闡述：「為培育每個人都能夠察覺與關心環境，並具備面對問題的解決能力，能及早防範可能發生的環境問題。因此，世界每一個人和團體，都需要給予必要的知識、技能、態度、意願及實踐能力，以期待對環境問題的處理與防範能獲得適當的解決策略。」自此以後，各國政府遂開始極力推行環境教育。
聯合國教科文組織「伯利西宣言」（1977）	聯合國教科文組織（UNESCO）與聯合國環境署（UNEP）1977年於蘇聯伯利西（Tbilisi）舉行跨政府國際環境教育會議（ICEE）中，所發表的伯利西宣言對環境教育作以下定義：「環境教育是一種教育過程，個人和社會在此程中認識他們的環境，以及組成環境的生物、物理和社會文化成分間的交互作用，得到知識、技能和價值觀，並能個別或集體地解決現在和未來的環境問題。」
希臘塞薩洛尼基「為可持續性的教育和公共意識」（1997）	聯合國1997年於希臘塞薩洛尼基（Thessaloniki）召開以「為可持續性的教育和公共意識」為議題的環境與社會國際會議指出：「環境教育不再是僅僅對應環境問題的教育，它與和平、發展及人口等各方面的教育相互融合，形成了一個總的（上位的）教育發展方向——為了可持續性的教育。」
楊冠政《環境教育》（1998）	我國環境教育之父——楊冠政（1998）於其《環境教育》一書中曾提出：「所謂『環境教育』，就是培養學生對環境的價值觀，並且具備適當的知識、技能、態度和動機，進而採取行動參與解決環境問題和預防新問題的發生，成為具有環境素養的公民。」

（續）表3-1 環境教育之定義與說明

項目	定義與說明
中華民國環境教育法（2010）	我國環境教育法第一章總則第一條即說明：「為推動環境教育，促進國民瞭解個人及社會與環境的相互依存關係，增進全民環境倫理與責任，進而維護環境生態平衡、尊重生命、促進社會正義、培養環境公民與環境學習社群，以達到永續發展，特制定本法。」並於第三條第一項載明：「所謂『環境教育』，係指運用教育方法，培育國民瞭解與環境之倫理關係，增進國民保護環境之知識、技能、態度及價值觀，促使國民重視環境，採取行動，以達永續發展之公民教育過程。」

資料來源：整理自楊冠政（1998）；王小龍、史嵩宇、周珂（2006）；吳鈴筑（2010）；行政院環境保護署（2010）。

　　環境教育推廣必須針對學校與社區環境問題，循序漸進，建立學校與社會生活共同體之環境倫理。因此，在環境教育目標達成上，應就學校與社會資源進行環境教育宣導；在內容上，尤應落實鄰里鄉土的範圍，包括：

1. 自然與文化資源保育：如氣候、地文、水文、土壤、動物、植物、礦物、古蹟、名勝、宗教、建築、風俗、地名等等。
2. 社經發展：如人口成長、經濟發展、農業、工業、服務業、休閒概況等等。
3. 地方公害防治：包括空氣污染、水資源污染、超抽地下水、噪音污染、土壤污染、濫墾、濫伐、濫捕、環境美質的破壞等等。
4. 地方環保計畫措施：如地方政府、民間企業及社團的環保組織和設施、監測系統和教育活動等等。

　　如此，環境教育才能透過因地制宜的方式，推動與落實環教工作。

第三節　環境教育的教學目標與目的類別

一、環境教育的範疇與目標

1975年聯合國教科文組織（UNESCO）在南非首都貝爾格勒召開國際環境教育會議，它同時也是另一個對於環境教育領域具有關鍵意義的里程碑。該國際會議提出了環境教育的目標（Goals）與目的類別（Objectives）等，為近三十年來世界的環境教育做定調。該會議所提出的環境教育目標如下：

1. 培養環境意識及關切在都市與鄉間有關經濟的、社會的、政治的、生態的相互關係。
2. 為每個人提供機會去獲得保護環境及改進環境所需要的知識、價值觀、態度、承諾和技能。
3. 為個人、群體和社會整體創造出對環境的新行為類型。

換言之，就是為了「促使世界人類認識並關切環境及其相關問題，具備適當的知識、技術、態度、動機與承諾，個別地或整體地致力於現今問題的解決與預防新問題的發生。」此一論述將個人的環境教育素養要項一一列出，包括知識、技術、態度、動機與承諾，明確地說明環境教育不僅是知識的傳遞，還注重態度與價值觀的建立與具體的行動及實踐。基於「教育是一種有目的性的活動，它能幫助每個人成長，使他們能有效地適應社會環境生活，教育內容則是達成教育目標的手段與方法。（王懋雯，1995）」

教育的功能不只是傳遞知識，更重要的是要能與生活結合，將所學應用於生活中，正如杜威的主張：「教育即生活，生活即教育。」為達成上述目標，環境教育的人力資源主要有三種基本參與者的類型，即供給者、中介者和接受者。在範圍上，環境教育的供

給者和中介者，涵蓋了政府機關、社教機構、環保團體、環教專家、傳播媒體、企業團體、學校社團、社區家長及民意代表；而接受者為在校學生和社會大眾。環教的內容，基本上優先考慮在校學生和社會大眾所關切的生活上的環境現象和環境問題。因此，在環境教育過程中，除了介紹有關環境科學和生態學基本科學概念和資源保育等環境管理方法之外，並應探討環境公害和環境衝擊問題。國內外學者專家依據該四大內容要項，預期達成的教學目標如**圖3-2**：

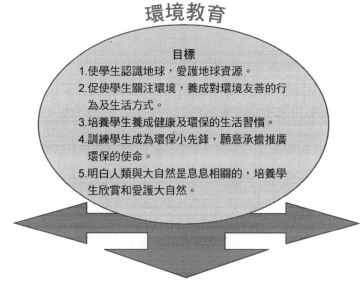

圖3-2　環境教育的目標

資料來源：中華民國環境教育學會。

　　由前述重要的事件中可知，與環境教育範疇與目標的相關論述甚多。如內華達國際環境教育學校課程工作會議中，便對小學生的環境教育內容範疇進行了界定，其中不乏地形、土壤、礦物質、大氣與宇宙、社會組織、美學、倫理與語言、經濟、區域、植物與動物、水、人群等主題（參考**圖3-3**）。

圖3-3　有機稻場──設立「環境學習中心」，落實環境教育與體驗（一）
資料來源：李兆程提供。

二、環境教育的目的類別

　　環境教育目標是在幫助學生成為具備環境意識、知識和全心投注的公民，為提升現在和未來世代所有生物的利益，和持續為環境品質而努力工作。茲另將1975年UNESCO召開的政府間環境教育會議中製定的環境教育目的類別（Categories of Environmental Education Objectives）或稱為分項目標，簡述如下：

(一)覺知

　　覺知（Awareness）或稱覺醒、意識，係指協助社會群體和個人對整體環境及其相關問題獲得覺知與敏感度（Sensibility）。換言之，即在協助學生發展辨識及認知刺激的能力，並運用以及擴展

這些意識，同時要求對自然及人為的環境存有美的感受。

(二)知識

知識（Knowledge）係指協助社會群體和個人獲得關於環境及其相關問題的各種經驗和基本瞭解，以及人類在環境中所賦予的責任與扮演的角色。換言之，即在協助學生具備對於自然環境的運作，人類活動對它運作的影響，以及人類活動和自然環境如何達到和諧等有基本的瞭解。

(三)態度

態度（Attitude）係指協助社會群體和個人獲得關切環境的一套價值觀，並承諾主動參與環境改進和保護。換言之，即在協助學生發展全球性的環境倫理觀，於此基礎之下，他們將會為了預防、改善和維持環境品質而持續行動。

(四)技能

技能（Skills）係指提供社會群體和個人獲得辨認和解決環境問題的公民行動技能。換言之，即在協助學生發展確認、調查和預防及解決環境議題相關行動等所需具備專業領域的相關技能。

(五)參與

參與（Participation）係指提供社會群體和個人有機會主動參與各階層環境問題的解決。換言之，即在協助學生從生態、政治、經濟、社會、美學和教育等因素，運用所需的覺知、知識、態度（環境倫理）、技能（公民行動技能）的過程，以及為了預防和解決從地區性到全球各層次的環境議題工作中學習與累積相關經驗，進而參與評鑑（Evaluation Ability）環境措施與決策教育計畫。

第四節　落實環境教育的途徑與內涵

　　因為各科的教材編撰與教學方法不盡相同，環境教育仍須掌握現實生活環境的教育原則，且依據課程與教材的性質因地制宜，將環境概念融入在各學科領域的活動。常見的戶內教育活動計有展示導覽、專題演講、研討或研習、多媒體節目、劇場節目、圖書開放、星象節目、科學實驗或演示、環保教材開發與外借、諮詢服務、出版品提供等等。常見的戶外教育活動則包括野營、天文觀測、大自然攝影、野外調查、自然物欣賞或標本採集等方面。

　　在環境教育的活動中，依據學習者的參與程度，區分為參與性（Participatory）和非參與性（Non-Participatory）兩類。所謂的參與性環教活動，是指學習者在整個教育過程中，主動參與研討活動，並與推廣者產生教學互動的關係，例如舉辦研討會、座談會、研習會、研習班。非參與性的環教活動，則指在這些環教活動中，學習者被動接受各種環境教育資訊，而缺少與推廣者間的雙向交流，如透過大眾傳播媒體（電視、廣播、報章等）的宣導活動，以及各種社教機構（如天文臺、博物館、動物園）的展示活動，若無推廣者從旁引導學習者討論，則這些活動歸類為非參與性。許多配合特定的紀念日（如4月22日地球日、6月5日世界環境日）或主題來進行的環境運動，亦屬於參與性環教活動。

　　早期環境教育的本質，在進步主義或稱為進步教育（Progressive Education）時期所推展的就是「戶外教學」或「田野教育」，當時主要的教育目的是為了促使學生接近大自然，單純地對自然環境生態作瞭解及視為研究的對象（如圖3-4）。

　　隨著工業革命的各種科技及經濟發展，環境教育的目標為了促使世界人類認識並關切環境及其相關問題，使民眾具備適當的

圖3-4　有機稻場──設立「環境學習中心」，落實環境教育與體驗（二）
資料來源：李兆程提供。

環境知識、技能、態度、動機及承諾，於個別地區或整體國際間致力於現今環境問題的解決及預防新問題的發生，以宣導全民達成關切自然保育、生態環境與人類生活環境為目標。巴爾斯（Le Von Balzer）認為，環境教育的內涵與範圍應具有環境的知識、環境的技能與環境的態度等三個層面；布魯（B.S. Bloom）等則是將人類知識能力分為三個領域，即認知領域（Cognitive Domain）、情意領域（Affective Domain）和技能領域（Psychomotor Domain）。因此，環境教育內容中的知識與智能屬於有技能或技藝等，列入技能領域，且須具備以下三項特質（王鑫，1991；王懋雯，1995；張明洵、林玥秀，2002；任孟淵、許世璋，2007）：(1)環境教育是一個認知教育過程；(2)環境教育也是一種情意教育過程；(3)環境教育是擬定自我行為準則的技能教育過程。

一、認知領域——環境教育是認知教育過程

環境對不同的萬物眾生，都有不同的意義與定義；環境中各種組成因子複雜，常會因時空環境而改變。人類的環境觀點，也常會隨著年齡成長、教育訓練、生活體驗、角色扮演等經歷，而改變對環境的相對觀。環境教育和所有其他的學科領域相關，而且實際建立在所有其他學科及領域的工作上。因此，它是一項整合的跨科間教育。其目的是促進人們對人與生態環境及自然資源有整體性的認知（Cognitive），並因此而能夠進行清晰與正確的思考。這些環境觀的澄清、建構與轉化，都是環境教育哲學者可以適時地引導的介入點；而這些環境的相對概念，也是環境教育者可以針對不同對象及環境事物建立環境教育主題活動的議題（如圖3-5）。

二、情意領域——環境教育是情意教育過程

近代我們對於環境的思考，不單是指自然環境而已，而是包含人文環境、歷史傳統及社會生活等的整個生態圈。以奧爾所提出的

圖3-5　環境教育是一個認知教育過程（飛牛牧場）

資料來源：李兆程提供。

「所有的教育都是環境教育」為命題，環境教育是教育，環境是內涵，應落實入教育的概念之中，我們可以說：「一切教育皆為環境教育。」環境教育強調以前述的認知作為基礎，並藉由教育的過程發展個人的道德倫理觀、生活價值觀，以及生命的信念等有關的意念、情意（Affective）及美感等內蘊情緒。因此，在設計、發展及建構環境教育體系時，就必須站在「所有的教育都是環境教育」的基本理念上（郭實渝，1999），重視課程的整體規劃，強調以「永續發展」的概念（王鑫，1999），引導民眾認識自然資源、合理使用自然資源，並保護資源及保育生態系的有限性，此即人類在21世紀永續發展教育的重要課題。（如圖3-6）

圖3-6　環境教育是一個情意認知教育過程（飛牛牧場）
資料來源：李兆程提供。

三、技能領域——環境教育是擬定自我行為準則的技能教育過程

　　環境教育期望使個人對環境抱持的價值觀及態度可轉化成具體的行為與行動。這些行為是透過個人對「人與環境關係」的認知及有關資訊的理性判斷（綜合考量政治、經濟、社會、科技等廣義文化層面中的各個部分），從眾多的替代方案抉擇後，做成決策並付諸實施的技能（Psychomotor）。所以，當地球環境受聖嬰現象、臭氧層破壞、溫室效應、資源耗竭等現象的影響，環境破壞情況日益嚴重，為了改善環境品質，人們必須徹底改變其習慣模式，而採取有利於環境的行為（如綠色消費、資源回收、節約能源、生態環境保護、自然資源保育、文化與資產保存等）。（如圖3-7）

　　上述除了增進人類認知目標達成之外，尤其需要培養受教者正確的環境態度，且要能在日常生活中實踐負責任的環境行為（黃文雄等，2009），也是一種以行為能力為導向的教學理念，最終目的在於培育公民能具有「負責任的環境行為」（Hines, 1986；張怡萱

圖3-7　環境教育是擬定自我行為準則的技能教育過程（飛牛牧場）
資料來源：李兆程提供。

等，2011）。墾丁國家公園亦將國家公園手冊中與環境教育相關的概念列出六項綱領：(1)自然環境的基本概念；(2)自然資源的認識與保育；(3)自然景觀的認識與維護；(4)文化史蹟的認識與維護；(5)環境污染的認識與防治；(6)國家公園的認識與愛護。其中，第一到第四項綱領是認知領域的教學、第五項為技能領域的教學、第六項為情意領域的教學。

 ## 第五節　環境教育的教學設計與課程規劃

　　環境的生態教育，適用於引導人藉由探索、瞭解與讚賞的方法及態度，認知人類與環境（自然環境與人文環境）互動的生態關係。由於環境教育宗旨上，是瞭解、關懷、愛護臺灣自然及人文資源的教育，本質上具有科際整合及民眾參與等環境教育特性與理念。（如**表**3-2）

　　就實質而言，環境教育活動的類型，往往受限於推廣單位的體制和特色而有差異（如國家公園、社教機構、環保團體）。環境教育可以針對其資源特性，透過「為環境而教育」、「從環境中教育」及「教育有關環境」等三種人與環境的角度，來學習環境概念。

　　若以推廣單位整體特色為例，則以自然資源和景觀為特色的國家公園，適合於為環境而教育、從環境中教育，以及教育有關環境等學習活動模式。位於都會區的自然博物館或科學博物館，擁有豐富的自然物收藏品及展示品，適合採取教育有關環境、為環境而教育等學習活動模式，卻不適於單獨地從自然環境中而教育的方式。由此可見，這種在不同場所進行的環境教學，其教育活動之教育目標與方式，因環境教育資源的不同，而有所差別。茲列聯合國國際

表 3-2 　環境教育參考資料

書名	作者	出版年
《中學生鄉土環境調查手冊》	魏明通著	臺北：國立臺灣師範大學化學系，1998
《人與河流》	蔣本基總主編	臺北：教育部，1992
《環境教育》	楊冠政	臺北：明文，1997初版
《環境教育理論與實務》	陳王琨	臺北：淑馨，1997初版
《環境教育上網DIY》	賴進貴	臺北：教育部，1997初版
《高雄都會公園環境教育解說手冊》	國立高雄師範大學環境教育中心	臺北：內政部營建署，1997
《環境教育教學活動設計》	晏涵文	臺北：教育部，1998
《環境教育：就從老師開始吧！》	植原彰、邵明宗	臺北：行政院環境保護署，2000初版
《環境教育研究》	中華民國環境教育學會	臺北：五南，2003
臺北市立教育大學《環境教育學刊》	陳建志主編	臺北：臺北市立教育大學地球環境暨生物資源學系，2010
《環境教育課程規劃》	周儒、張子超、黃淑芬譯	臺北：五南，2008初版
《戶外教學》	周儒、呂建政譯	臺北：五南，2008二版
《環境倫理學概論》（上冊）	楊冠政	新北市：大開資訊，2011
《Get out！帶孩子去玩耍：150種親近自然&愛地球的好方法》	黃琪瑩譯	臺北：大好書屋，2011
《實踐環境教育：環境學習中心》	周儒	臺北：五南，2011初版
《你不知道的森林：240個非知不可的森林秘密》	錢麗安	臺北：遠足文化，2011

資料來源：李兆程整理。

環境教育計畫擬定之教學方法供讀者參考，並藉由陽明山國家公園環境教學資源，及「陽明山國家公園環境教學活動設計」環境教育模組等說明於後。

一、聯合國國際環境教育計畫擬定之教學方法

(一)教室內進行之教學

1. 小組討論：此種方式可由老師或學生主持，藉由學生之間的相互影響，可協助及指引學生的思考及加速其觀念之轉變與成長。尤其是具有爭論性議題所引發的環境問題之論述，可藉由小組討論，澄清某些錯誤的觀念。

2. 班級討論：全班參與討論，可以研討問題的各種面向，且同時可讓學生瞭解每個人彼此間對於問題看法的歧異，藉以引導學生獲得正確的觀念。倘若開始執行有些許困難，教師亦可指定若干善於言詞表達的學生進行發言。

3. 腦力激盪：藉由會議中的議題擬問題，讓學生在極短時間內提出解決方案，讓學生於練習中思考複雜的環境問題。

4. 辯論會：將學生分成兩組，一組支持論述的議題，另一組持反對意見。兩組輪流派員上臺發表意見，每人發言時間以不超過三分鐘為原則。該議題必須是現實生活中有爭議性的問題，讓每個人都儘可能的提出其觀點。

5. 角色扮演：從環境正義與衝突管理觀點探討「核能電廠或垃圾焚化場對於鄰避設施選址地點之論述」，藉由設置於何處的問題，讓學生扮演政府在經濟、環保官員、電力公司主管、核能電廠或焚化場設計供應的廠商、各級民意代表、民眾、反對或贊同團體代表的角色。在角色扮演過程中，讓學生體認在不同階層與職等背景的人員，對於同一議題的認知究竟為何。

6. 模擬遊戲：準備三、四十張卡片，由每位學生在卡片上寫出一種植物、動物、分解菌類或環境因子的名稱。邀請一位學生展示其卡片，然後問其他學生有誰可以吃它？或利用它？

循序漸進的追問下去，如此連續追問可構成生態體系中的複雜網絡。

(二)教室外進行之教學

1. 野外旅行：目的在蒐集資料以便在教室或實驗室供人使用，以驗證教科書中的原理或法則，利用現場瞭解環境問題的發生。

2. 環境小徑：規劃一條小路，沿途具有各種生態及地形，其目的可使學生：(1)認識自然生態環境；(2)瞭解生態系中各個成員的任務；(3)瞭解自然環境與人為環境的組成；(4)認識人對自然環境的破壞及其補救辦法。

二、陽明山國家公園環境教育推廣計畫

陽明山國家公園受到國家公園法嚴格保護，得以維持完整的生態體系與自然優美的環境，經由環境教育的過程促進國民瞭解個人及社會與國家公園環境的相互依存關係，以增進全民環境倫理與責任、維護國家公園環境生態平衡、尊重生命、促進社會正義，培養環境公民與環境學習社群，進而維護國家公園自然與人文環境的生態平衡及環境品質，以達到陽明山國家公園永續利用，再加上便利的交通與完善的步道系統及公共設施，正是大臺北地區學生最佳的戶外環境教育場所。

因此，陽明山國家公園積極推動生態資源整合暨環境教育推廣計畫，委託社團法人中華生態資訊協會汪靜明理事長及其團隊自民國100年起推動陽明山環境教育的推廣，成效卓著；該計畫的執行構想及方法與推動概念架構如圖3-8與圖3-9所示。

同時在推動上指出國家公園在環境教育所應扮演的角色，大致

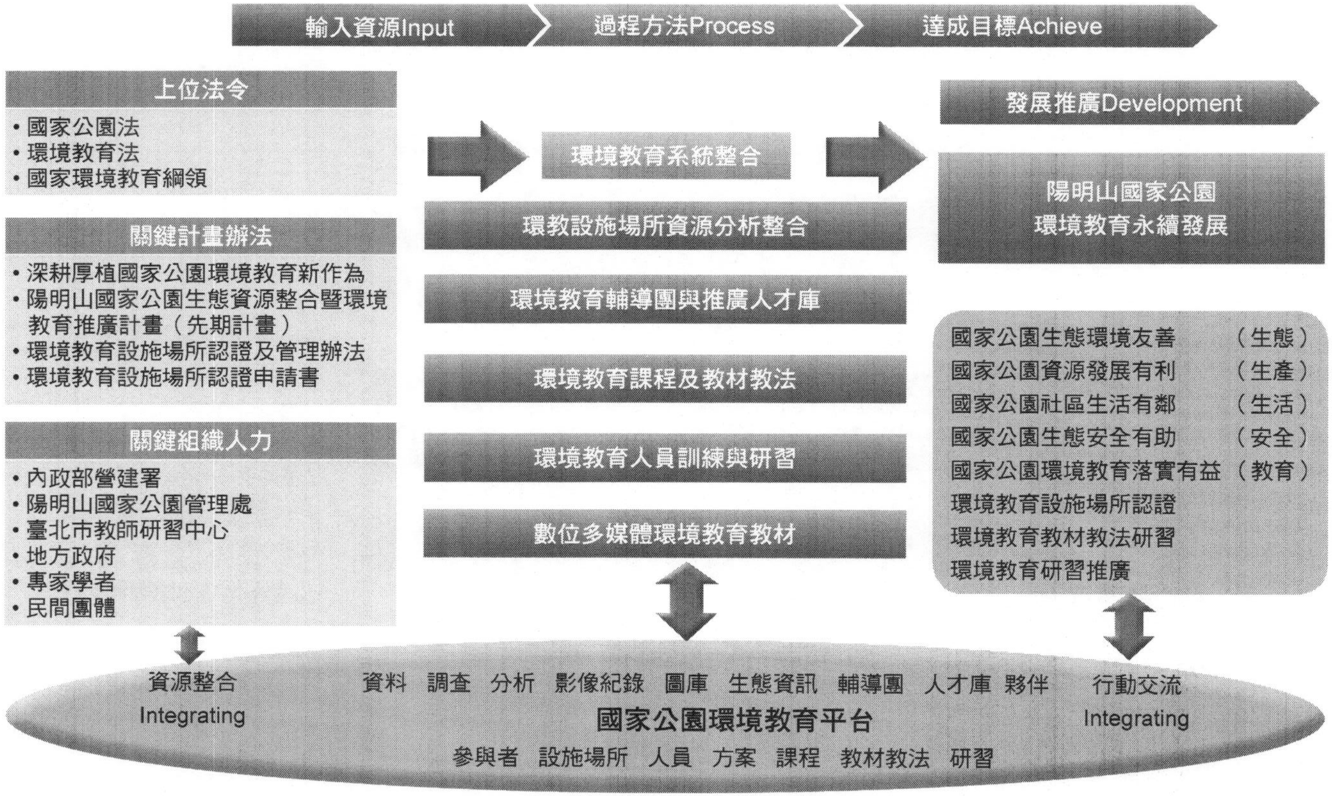

圖3-8 國家公園生態資源整合執行架構與方法

資料來源：汪靜明（2009）。「陽明山國家公園形象識別意象創意意象圖紋徽選活動之概念分析及其在環境教育推廣應用之初步規劃成果報告」，頁5。

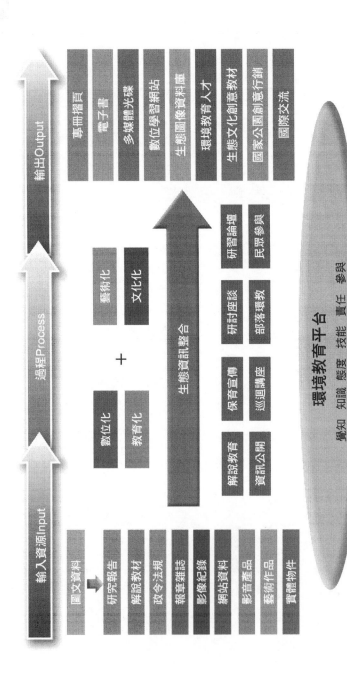

圖3-9 國家公園生態資源整合及環境教育平台推動概念架構

資料來源：汪靜明（2009）。「陽明山國家公園形象識別意象創意圖紋徵選活動之概念分析及其在環境教育推廣應用之初步規劃成果報告」，頁7。

可分為下列五個面向：（陽明山國家公園管理處，2011）

(一)場域提供

　　《國家公園法》第一條即開宗明義的定義：「國家公園成立目的為保護國家特有之自然風景、野生物及史蹟，並供國民之育樂及研究。故能夠成為國家公園之地區，均有其生態或人文史蹟上獨特且值得保存、認識之處。」除了保育與學術研究之外，國家公園在不違反保育目標下，另外兩大重要目標即為提供國民環境教育及景觀遊憩活動場所，以培養國民欣賞自然、愛護自然之情操。

(二)教學資訊傳達

　　傳統的傳達方式包括遊客中心解說展示、各類解說叢書、摺頁、研究報告、視聽室所播映的多媒體影片、步道上的解說牌示以及人員解說等方式，寬頻網路普及率提高之後，網際網路成為資訊傳播的重要媒介。網路資訊傳遞擁有快速、便捷且易雙向交流等特質，民眾透過網路獲取陽明山國家公園管理處資訊的比例愈來愈高。

(三)師資培育

　　優秀的師資群是推動環境教育成敗關鍵，陽明山國家公園管理處曾舉辦「繽紛的陽明山世界」教學活動設計徵選比賽，並將成果提供各界教師作為設計教案之參考。而為擴大推廣層面，自民國76年起陽明山國家公園管理處便開始定期招募、培訓解說志工，現有服勤中人力約四百餘名，這些具有各種專長的資深志工即為管理處推動環境教育重要的師資來源。這些志工不只參與相關活動之教案設計，並在活動中擔任天文、昆蟲、植物及地質等相關課程的講師，為保存史蹟教育貢獻心力。

(四)教育推廣

　　陽明山國家公園管理處提供了各機關、學校等單位預約的解說服務。且在遊客中心及各遊客服務站每日均派有駐站解說志工，為有需要的遊客進行駐站解說，亦有帶隊解說服務，配合各級學校的戶外教學活動，為來訪的教師、學生提供生態解說。另配合園區不同季節的特色，主動辦理各類教育推廣活動。如3月份辦理尋幽炭古訪大屯、5月份辦理天溪園蟲蟲交響曲、6月份辦理蝴蝶季——蝶舞草山系列活動，7、8月份則有兒童生態體驗營及青少年生態探索營，入秋後則辦理「古道秋芒之旅」等，而且逐年會加辦或更新各式活動。

(五)在地資源整合及推廣

　　如何促進在地居民參與及做資源上的交流整合，使陽明山環境教育發揮最大能量，需更多的智慧思考。陽明山國家公園管理處結合臺北市教師研習中心與園區內及周邊學校，推動陽明山生態學校結盟，並主動邀請園區內及附近小學的師生參與各類活動，如邀請區內及臨近的國小師生至管理處擔任一日保育志工，以共享環境教育資源。

三、陽明山國家公園環境教育課程方案架構

　　在環境教育課程方案的建構上，為配合不同層級與層次的需求，汪教授以ESTS科學教育的課程建構模式為基礎，結合生態議題融入科學、科技及社會等面向，期使學習內容能應用於日常生活上，達到「教育及生活層次」，使得學習者因認識而互動，培養學習者環境情意及環境倫理，進而關愛國家公園。在課程發展模式以環境教育綱領為計劃，透過行動方案、課程方案、教材教

山的禮物

青斑蝶

遊客中心解說展示

戶外教學活動

後火山活動

一日保育志工體驗之旅

圖為陽明山國家公園管理處所做的獨特且值得保存與認識的努力

資料來源：陽明山國家公園管理處（2011）。陽明山國家公園環境教育資源網頁，http://www.ymsnp.gov.tw/nweb/index.php?option=com_content&view=article&id=33&gp=0&Itemid=230，檢索日期：2012年4月11日。

法、教學活動及教學評量等，達到環境素養、環境學習與終身學習的目標（參考圖3-10），同時也擬定了課程方案建構模式（參考圖3-11）。

以下舉該模組中「陽明山環境主題（生物多樣性）教學活動示例——陽明山動物多樣趣」為主題進行的環境議題、教學理念、環境教育教學目標、九年一貫領域能力指標，以及環境教育與解說等教學活動流程說明如下：

(一)環境議題

生物多樣性的議題，現已成為全球多數國家所強調與重視，並有三分之二以上的國家制定生物多樣性國家策略或行動計畫，以推動生物多樣性之相關工作。國內配合國際生物多樣性公約之發展，也提出多項重要因應對策，「加強教育宣導工作，使民眾瞭解生物多樣性保育之重要性」即為其對策之一。唯有讓人類對「生物多樣性」的分布及價值有所認識，將保護的觀念融入自己周遭的生活中，才能真正落實維護「生物多樣性」。生物多樣性的保護是預防遠勝於補救，我們應該從各階段的教育中，使大家知道它是維持我們的和我們的子子孫孫生活資源甚至生存的必要條件，把這個健康的觀念灌輸給每一位未來的世界主人翁的心靈中。

(二)教學理念

陽明山國家公園蘊藏著豐富的生態環境資源，是極為適合社會大眾、學校師生寓教於樂及情境學習的場域，緊鄰大臺北都會區，是可及性最高的國家公園，不僅是許多人共有的記憶，也有「臺北後花園」的美名，尤其位於臺北都市近郊，是市民假日悠閒踏青的好去處，也是莘莘學子戶外教學的好場所。面積雖然不大，但在臺灣的國家公園中，卻極具代表性，除了涵養多樣的生態系與動植物

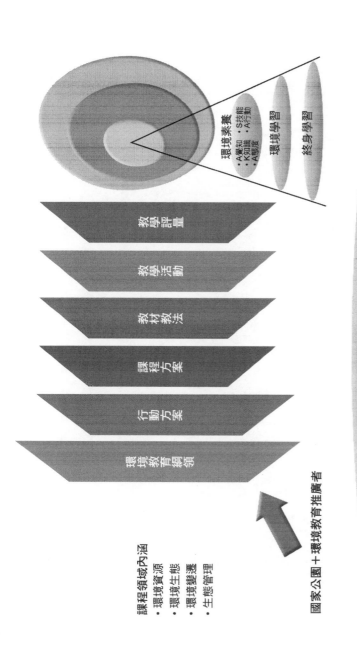

課程領域內涵
・環境資源
・環境生態
・環境變遷
・生態管理

國家公園＋環境教育推廣者

環境教育綱領　行動方案　課程方案　教材教法　教學活動　教學評量

環境素養
・A覺知　・S技能
・K知識　・A行動
・A態度

環境學習

終身學習

資源　・資料・設施・場所・人員・課程・教材・教學・活動・評量・資訊系統　交流

環境教育平台

圖3-10　環境教育課程發展模式示意圖

資料來源：汪靜明（2011）。「深耕厚植國家公園──環境教育新作為期中報告」。臺北：內政部營建署，頁26。

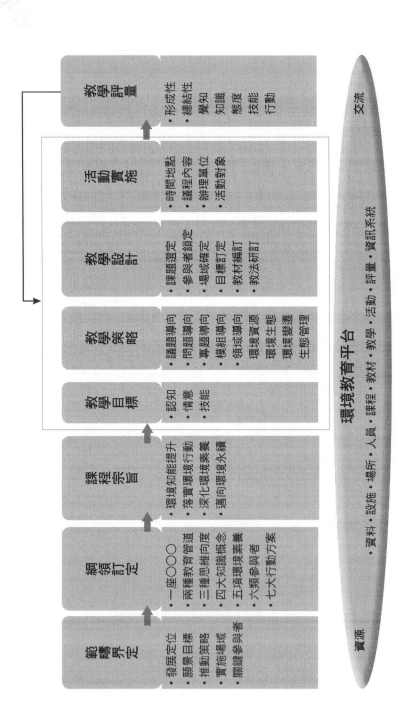

圖3-11 環境教育課程方案建構模式

資料來源：汪靜明（2011）。「陽明山國家公園環境教育課程方案發展」。臺北：陽明山國家公園管理處，頁27。

資源，更擁有獨特的火山地質地形與豐厚的人文意涵。

　　在教學的引導活動上，利用學生對於陽明山國家公園的不陌生與好奇心，乘勝追擊介紹園區內的各類動物，使其學習能與中年級學過的動物與昆蟲做連結與複習，加深加廣的說明一些常聽見的、常看見的和特殊的動物，讓學生對陽明山國家公園的生物多樣性有深一層的瞭解。也可試著提問一些關於園區動物的問題，例如陽明山國家公園內有大型動物（如老虎）嗎？這些小動物，牠們都生活在同樣高度的環境中嗎？這些動物都吃些什麼維持生命呢？諸如此類開放性的問題，由學生自由舉手回答，尚可追問並逐步引導至生物生態系統、食物鏈和適者生存的生物多樣性概念。

　　接著進行發展活動，當學生對於動物生態有些概念時，繼續拋出動物生存環境的議題，如動物祖先源自何處、動物數量的增減、動物生存本能的優劣、人為的關懷與保育等，生物學家把這些動物分類為特有種、特有亞種、外來種、常見種、瀕危種、已絕種和珍貴保育種等。如何對待這些動物是我們該學的課題，藉由角色扮演的生態遊戲，讓學生假扮動物，並用其運動方式行走於模擬的自然環境中，可能會覓食到什麼食物、遇到什麼危險、如何躲避或被吃掉等，讓學生感同身受，試著尊重動物的生存權，討論該如何幫助這些生存不易卻又不平凡的動物。小組合作學習是重要的教學方式，因為合作學習能發揮同儕互相觀摩、學習與提攜的效果。因此，將學生分成六組來進行討論工作，每組皆由程度、能力、性別等背景不同的學生組成，共同學習新知、分享經驗和完成討論，並一起獲得成果與獎賞。

　　最後在綜合活動時，可各組輪流上臺報告討論後的結論，一起提升對動物的關懷與相互影響產生行動力，並把這份熱忱散播至周遭環境或說服身邊的親朋好友一起來愛護自然環境中的動物，尊重牠們活著的權利與享有生命的尊嚴（如**圖**3-12）。整個教學活動架

構皆以學生為主體的問題導向模式進行，起於問題的產生，緊接著試圖尋找解決的方式，透過角色扮演的遊戲教學，讓學生在遊樂中體驗動物的生存模式與覺悟生物多樣性的重要，並能發自內心的意願為動物的生存環境盡己之能力。

(三)環境教育教學目標

「陽明山國家公園環境教學活動設計」之教育宗旨，在於學習者瞭解環境生態資源在生態系與人文社會中的重要性與相互的關連性，進一步探討陽明山國家公園所面臨的環境、生態、經濟議題及可持續的保育行動。從環境教育觀點歸納以下教學模組目標，共五大層次：

1. 環境覺知與敏感度：經由感官覺知能力的訓練（觀察、分類、排序、空間關係、推論、預測、分析與詮釋），引導學習者覺知與欣賞國家公園的自然環境和人文環境之美，以及對國家公園與人類面臨各種環境破壞及污染的敏感性。

2. 環境概念知識內涵：教導學生瞭解生態學基本概念、環境問題及國家公園自然資源對自然環境與人類社會文化的影響；瞭解日常生活中資源節約與再利用、簡樸生活、生態設計等環保機會與行動。

3. 環境倫理價值觀：藉由環境倫理價值觀的教學與重視培養學生正面積極的環境態度，使學生能欣賞國家公園生態之美和感激自然及其運作系統、欣賞並接納不同文化，也能關懷臺灣自然資源與環境生態之永續發展。

4. 環境行動技能：教導學生具辨認環境問題、研究環境問題、收集資料、建議並評估可能解決方法、環境行動分析與採取環境行動的能力。

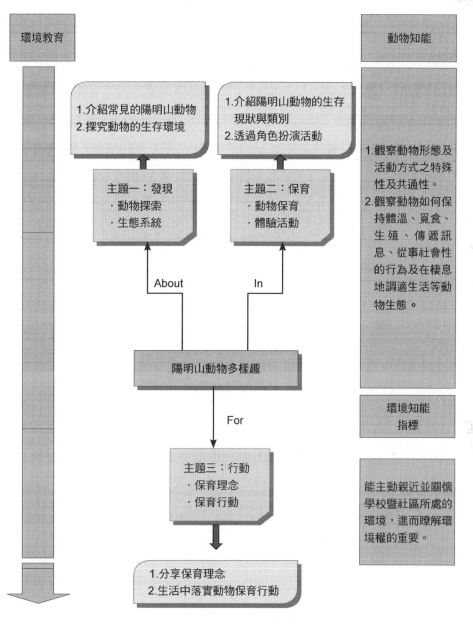

圖3-12　陽明山環境主題（生物多樣性）教學課程架構示例──陽明山動物多樣趣

資料來源：陽明山國家公園管理處（2011）。陽明山國家公園環境教育資源網頁，
　　　　　http://www.ymsnp.gov.tw/nweb/index.php?option=com_content&view=article&i
　　　　　d=33&gp=0&Itemid=230，檢索日期：2012年4月11日。

5.環境行動經驗：將環境行動經驗融入學習活動中，使教學內容生活化，培養學生處理生活周遭問題的能力，讓學生對社區產生歸屬感與參與感。

(四)九年一貫領域能力指標

1.領域能力指標：

(1)願意與同儕相互溝通，共享活動的樂趣。

(2)傾聽別人的報告，並做適當的回應。

(3)觀察動物形態及運動方式之特殊性及共通性。 觀察動物如何保持體溫、覓食、生殖、傳遞訊息、從事社會性的行為及在棲息地調適生活等動物生態。

2.性別平等教育：

(1)理解兩性均具有分析、判斷、整合與運用資訊的能力。

(2)學習兩性團隊合作，積極參與活動。

3.環境教育：

(1)能主動親近並關懷學校暨社區所處的環境，進而瞭解環境權的重要。

(2)瞭解並尊重不同族群文化對環境的態度及行為。

(3)能歸納思考不同區域性環境問題的原因與研判可能的解決方法。

(4)能運用科學工具去鑑別、分析、瞭解周遭的環境狀況與變遷。

(五)環境教育與解說

■第一階段：在課程發展活動的歷程中進行解說（In）

1.探索植物：

(1)教師播放陽明山國家公園自然風景影片，讓學生欣賞並感

受國家公園之美。

(2)教師提問學生在影帶中看到什麼？

(3)在影片中的植物，你生活中認識或看過的有哪些？

(4)到校園中找找有沒有這些植物？

2.發現動物：

(1)教師提問，在拜訪校園植物的同時，是否發現有小動物的蹤跡？是哪些小動物呢？

(2)教師提問學生是否知道哪些在校園中發現的小動物，在陽明山國家公園內也能看見？

(3)教師講解自製陽明山國家公園動物簡報，內容介紹常見的動物，本土特有、稀有、外來種和保育類動物。

(4)以團康遊戲帶領學生進入動物生態系統中，試著感受動物生存的努力。

■ 第二階段：從有關課程的引導活動中進行解說（About）

1.教師提問學生假日生活作息，是在家休息或是出外旅遊？

2.外出旅遊曾經到過哪些地方？

3.臺灣有幾座國家公園？曾去過哪些？印象最深刻的是？

■ 第三階段：為課程的綜合活動進行解說（For）

1.分組討論：

(1)教師將學生依不同性別、能力均分成六組。

(2)分組討論如何將保育的觀念落實在生活中，並能試著將保育理念宣揚，影響周遭的人。

2.分組上臺報告：

(1)教師總結，完成學習單（回家功課）。

(2)最後提醒有興趣的學生蒐集相關資料，以豐富內容。

第六節　我國環境教育之發展現況

　　環境教育的推動涵蓋的層面相當廣，近年來國內環境教育隨著「永續發展」理念的拓展，由社區與學校等基層開始落實實施；加上成為全民共識後，政府及立法部門制定了「環境教育法」，環境教育邁入新的紀元；本節將就國內環境教育發展背景及沿革、環境教育立法的重點、國內環境教育推動的現況等提出意見。

一、國內環境教育發展的背景與沿革

　　大自然原本具有淨化各項環境問題的能力，但是人為的公害卻遠超過了大自然所能負荷。我國自1980年代初期，也是為了解決層出不窮的環境議題與公害問題，成立了衛生署環境保護局與其他各縣（市）環境保護局，乃至於1987年將原有衛生署環保局升格成立為行政院環境保護署。面對許多有待解決的環境議題與公害問題所帶來的挑戰，政府也開始察覺到環境教育協助解決這類問題的能力，以及預防未來問題發生的重要性，遂逐步加緊推展國內環境教育的內化與提升。相關的政策則包括「臺灣地區自然生態保育方案」及其他的政策方案研析，近年來臺灣地區的自然保育工作主要有五大要項：

　　1.臺灣野生物資源之保育。
　　2.臺灣特殊地景之保護。
　　3.臺灣保護區之經營管理。
　　4.自然保育教育之規劃與宣導。
　　5.自然保育活動之推廣與交流。

同時，依據國立臺灣師範大學環境教育研究所汪靜明教授分析世界自然保育方略、地球高峰會議議題及我國環境保護與生態保育經驗，歸納自然保育之基本策略，主要包括以下七項：

1.檢討與確立國土環境開發與保育目標。

2.釐訂自然保育政策及法令。

3.實施區域開發生態環境影響評估。

4.研擬減輕不利地方生態環境之保育對策。

5.劃設自然保育及生態系相關之保護區。

6.加強推動自然保育教育宣導與訓練。

7.訂定生態環境監測計畫，並編列野生物保育行動計畫之人力與經費。

教育部於民國78年，訂定「臺灣地區公立社會教育機構推行環境教育五年計畫」，並規劃我國社會環境教育的推動網路；其計畫內容主要包括研訂社會環境教育方針、設置區域環保展示及自然教育中心、舉辦區域性環保教育研討會、戶外環境教育等研習活動。另外，自民國83年起，進一步辦理「我國自然保育教育計畫」，建立自然保育教育義工活動資料庫，以期整合政府與社會團體的資源，透過社會教育管理，落實有關自然保育的環境教育工作。

此外，行政院環保署與教育部先後輔導各師範校院成立環境教育中心，加強我國環境保育相關教育訓練與研習等工作。現階段分布在臺灣全省的十二所環境教育中心，於教育部環保小組計畫下，分區輔導就近之中小學環境保護小組之運作與評鑑。

為達永續發展目標，行政院規劃「挑戰 2008──六年國家重點發展計畫」，由教育部規劃的「永續校園推廣計畫」，建立一個進步、安全、衛生、健康、人性化的學習環境空間為主，改造校園環境成為具有社區特質的公共活動空間，結合校園綠色技術實施應

用，從而發揮永續臺灣，環境教育之積極意義與促成教育改革之目的。永續校園包含項目，在硬體方面含括「生態環境恢復與維護」以及「永續建築」兩大項目，從瞭解自身校園地域、文化、歷史與生態等特色，從而創造出完全不同且多樣的校園環境。而在軟體部分，配合九年一貫課程實行，各校可進行校園環境改造，創造出各校教學特色的教學教材，未來更可配合鄰近不同教育特色的學校，以形成緊密的環境教育聯絡網。

歷經公部門與民間各界二十餘年來的共同努力，國內環境教育在2010年終於在5月18日由立法院三讀通過「環境教育法」，同年6月5日世界環境日經總統公告，並於2011年6月5日正式實施。

二、環境教育立法的重點

目前國內環境教育相關法令主要包括2011年6月5日開始實施的環境教育法，以及2011年6月6日由行政院環保署訂定的環境教育法施行細則；而相關的法令尚包括國家環境教育審議會設置要點、行政院環境保護署環境教育認證審查小組設置要點、環境教育機構認證及管理辦法、環境教育設施場所認證及管理辦法、環境教育基金收支保管及運用辦法、環境教育法環境講習時數及罰鍰額度裁量基準等九項法令。

環境教育法主要分成六章，第一章為總則，敘明立法的目的與精神、主管機關、名詞定義，以及對象為全體國民、各類團體、事業、政府機關（構）級學校；第二章為環境教育政策，包括須擬定國家環境教育綱領，四年通盤檢討一次，依據綱領擬定行動方案，並由地方政府參酌地方特性，擬定地方行動方案，每年並應就執行成果作成報告和報中央主管機關備查。第三章為環境教育辦理機關之權責，主要明定各級主管機關應設立環境教育基金，及其來源、

管理及運用方向；並明定中央主管機關及中央目的主管機關應辦理環境教育機構及環境教育人員之認證；同時，中央及地方均應依規定遴聘專家、學者，及有關機構、團體代表等，設置環境教育審議會；各級主管機關及中央目的事業主管機關應指定環境教育專責單位或人員辦理環境教育之規劃、宣導、推動輔導獎勵等相關事項。第四章為環境教育推動及獎勵，主要明定機關、公營事業機構、高級中等以下學校及政府捐助基金超過50%的財團法人，其員工、教師、學生均應於每年12月31日以前參加4小時以上環境教育，並於翌年1月31日以前上網填報執行成果。第五章為罰則。第六章為附則。

環境教育法在政策上須制定國家環境教育綱領，並擬定行動方案；因此國家環境教育綱領可視為環境發展的上位計畫，並為最高指導原則。依據目前公布的草案內容中，可窺見主要的方向。在前言部分，說明綱領乃依據環境教育法第五條及參考我國憲法、環境基本法、聯合國教科文組織之聯合國永續發展教育十年計畫（2005至2014年）、2009年波昂召開之聯合國永續發展教育十年計畫中程會議宣言內容擬訂而成，為我國推動環境教育最高指導原則。願景方面，主要為增進環境倫理、培養環境公民；期透過環境教育的普遍實施，提供民眾、社區、學校、非政府組織（NGO）、非營利組織（NPO）、政府部門與企業完整而全面之環境教育資源、訊息與管道；讓每個人從認知、價值觀及態度上落實環境保護行為，以增進全民環境倫理與責任，進而維護環境生態平衡、尊重生命、促進社會正義，培養環境公民與環境學習社群，以達到永續發展。

推動目標上則說明環境教育政策發展應兼顧「環境保護」、「社會福祉」、「尊重生命」與「經濟發展」，以滿足現今與未來世代發展之需要；環境教育政策推動要實踐以「環境友善倫理觀」為基礎之節約能源、減少碳足跡及破壞生態之行動，讓全民、組織

與社會朝向實踐「具永續性的生活方式」。環境教育之對象為全體國民、各類團體、事業、政府機關（構）及學校，為普及環境教育，並以「資源整合、全民參與」、「教育永續、終身學習」為目標。主要做法包括：

1.提升中央及地方政府環境教育之專業效能。
2.規劃發展環境教育機構、人員、設施及場所之認證制度。
3.提供多元化環境教育計畫及落實國民環境教育。

推動原則則基於「高效能的整合」、「高品質的供給」、「高參與的學習」、「多元跨界的尊重」、「終身的學習」原則，聯結各學門領域及社會系統之永續發展環境教育。政策綱領部分，分成配套機制、負責單位及學習管道等方面來規劃：

1.指定環境教育之行政組織與配套機制：
　(1)建立環境教育法源、組織建構及計畫依據。
　(2)加強計畫執行、研究考核與評鑑獎勵。
　(3)提供配套機制與誘因。
　(4)加強環境教育之研究、國際合作與資訊分享。
2.規劃及執行環境教育方案、課程教材、設施、場所及專業訓練：
　(1)加強環境教育師資之培育。
　(2)充實環境教育之課程、教材、設施、場所及教學媒體。
　(3)強化環境教育之發展機制。
3.提供多元的環境教育訓練與學習平台：
　(1)建立多元之終身環境學習網絡。
　(2)提供多元環境教育訓練與學習管道。
　(3)加強環境訊息之傳播與溝通。

三、國內環境教育推動的現況

　　國內環境教育除以行政院環境保護署為主管機關外，因涉及層面廣泛，分屬不同的行政組織體系。近年來，我國的自然保育與環境教育，即是依循有關政策而執行。例如隨著資訊科技的日益發展與傳播，環境教育的人力資源或資料庫的建立，將有助於保育工作的落實。同時，透過電腦資訊網路（如網際網路、電子佈告欄系統、國際電子論壇以及全球資訊網路服務）的傳遞，將更有助於與國際間自然保育與環境教育相關資訊的交流，溝通保育的概念。

　　同時教育部為加強整合及建立環境教育伙伴關係，鼓勵政府機關、大專校院及民間團體或基金會推動環境教育相關活動，針對政府機關、公私立大專校院、教育非營利性相關民間團體或基金會，辦理環境教育相關活動或計畫推廣者，如生物多樣性教育、永續發展教育、綠色採購（消費）教育、海洋環境教育、節約用水教育、節約能源教育、再生能源及非核家園教育、生態保育教育、自然資源保育教育、特殊環境議題、廢棄物管理教育、動物保護教育、安全衛生教育等均提出相對的經費補助。

　　在九年一貫教育中，教育部教學資源網站中針對環境教育的數位學習教材共分成三個階段，每個階段均分為五大項，包括環境知覺與敏感度、環境概念知識、環境價值觀與態度、環境行動技能及環境行動經驗。而每一階段的每大項又依涉入及學習的程度有所界定，茲分述如下：

(一)第一階段

　　1.環境知覺與敏感度：
　　　(1)運用五官觀察探究環境中的事物。
　　　(2)藉由身體感官接觸自然環境中動、植物和景觀，啟發欣賞

自然之美，並能以畫圖、勞作和說故事的方式，表達對動植物、生態景觀的感受與敏感度。

2.環境概念知識：認識生活周遭的自然環境與基本的生態原則。

3.環境價值觀與態度：

(1)經由接觸而喜愛生物，不隨意傷害生物和支持生物生長的環境條件。

(2)具有好奇心，思考存在環境中萬物的意義與價值。

4.環境行動技能：

(1)能以清楚的言語和文字，適切描述自己的自然體驗與感覺。

(2)能運用收集資料與記錄的方法，瞭解、認識校園與住家環境問題，並能具體提出生活環境問題的解決方案。

5.環境行動經驗：

(1)能隨著父母或老師參與社區環境保護，或關懷弱勢族群生活的活動體驗。

(2)能規劃執行個人和集體的校園環保活動，並落實到家庭生活中。

(二) 第二階段

1.環境知覺與敏感度：

(1)覺知環境與個人身心健康的關係。

(2)覺知自己的生活方式對環境的影響。

2.環境概念知識：

(1)能瞭解生活周遭的環境問題及其對個人學校與社區的影響。

(2)能持續觀察與記錄社區的環境問題並探究其原因。

(3)能比較國內不同區域性環境議題的特徵。

3.環境價值觀與態度：

　(1)瞭解生活中個人與環境的相互關係，並培養與自然環境相關的個人興趣與責任。

　(2)能主動親近並關懷學校暨社區所處的環境，進而瞭解環境權與永續發展的重要。

　(3)瞭解並尊重不同族群文化對環境的態度及行為。

4.環境行動技能：

　(1)能歸納思考不同區域性環境問題的原因，與研判可能的解決方式。

　(2)能草擬一份社區環境保護行動計畫。

　(3)能分析評估國內區域性環境問題發生原因，並思考解決之道。

　(4)能運用簡單的科技以及蒐集運用資訊來探討、瞭解環境及其相關的議題。

5.環境行動經驗：

　(1)能具有參與調查與解決生活周遭環境問題的經驗。

　(2)能透過校園環保活動之規劃和執行簡單的環境調查活動。

　(3)執行綠色消費、節約能源、節約用水、廢棄物減量、環境保護及環境關懷行動。

(三)第三階段

1.環境知覺與敏感度：藉由觀察與體驗自然，以及以創作文章、美勞、音樂、戲劇表演的形式，表現自然環境之美與對環境的關懷。

2.環境概念知識：

　(1)能瞭解本土性（如非核家園）和國際性的環境議題（如永

續發展、全球變遷、生物多樣性）及其對人類社會的影響。

(2)認識經濟制度、傳播、政治組織與環境管理行為的互動。

(3)認識全球環境議題（如永續發展、全球變遷、生物多樣性）及其背後文化的差異。

3.環境價值觀與態度：

(1)瞭解人與環境互動、互依關係，建立積極的環境態度與環境倫理。

(2)學習關懷弱勢團體及其生活環境。

(3)能養成主動思考國內與國際環保議題（如永續發展、全球變遷、生物多樣性），並培養積極參與的態度。

(4)能關懷未來世代的生存與永續發展。

4.環境行動技能：

(1)在面對環境議題時，能傾聽（或閱讀）別人的報告，並且理性地提出質疑。

(2)能客觀中立的提供各種辯證，並虛心的接受別人的指正。

(3)能藉由各種媒體主動積極收集國內外環保議題與策略。

(4)能運用科學方法研究解決環境問題的可行策略。

(5)能運用科學工具去鑑別分析瞭解周遭的環境狀況與變遷。

5.環境行動經驗：

(1)參與學校社團和社區的環境保護相關活動。

(2)具有參與地區性和國際性環境議題調查、研究和解決問題的經驗。

(3)舉辦或參加學校及社區的社區環境保護、關懷弱勢族群活動。

(4)能與同僚組成團隊，採民主自治程序，進行學習，規劃解決環境議題。

【問題與討論】

一、環境教育與解說的關係為何？

二、環境教育涵蓋的範圍包括哪些？

三、環境教育的特質為何？

四、聯合國國際環境教育計畫擬定的教學法為何？

五、我國環境教育法立法的重點為何？

Chapter

4

解說內容

第一節　解說資源

第二節　解說對象與遊客心理

第三節　解說場所與時機

第四節　解說媒體的分類

第五節　解說的層級

【關於解說資源】

　　凡具有潛在價值，或具有保育及學術研究價值，得以為遊客做解說之景觀，即是解說資源。一般解說資源的分類有相當多的標準與方式，目前我國常用的分類有地質地形景觀、動物景觀、植物景觀、海洋資源景觀、天象景觀、歷史文化景觀及現今人類活動等七類。

　　解說可以讓遊客經由解說媒體的傳遞，體會大自然的美、複雜性及多變性，亦可幫助遊客對周遭的環境產生親切的感受。解說應針對不同遊客的特性建立不同解說層次和內容，以配合不同年齡層次及背景的遊客。

解說主要涉及的因素包括資源層面、遊客層面及媒介層面；意欲對解說有全盤瞭解，必須針對這三個層面來加以探討。本章先就資源的種類加以介紹、界定，並探討解說的對象與遊客心理、解說的場地與時機、解說媒體的分類，以及解說的層級亦一併在本章探討。

第一節　解說資源

聯合國糧農組織在其*Planning Interpretive Program in National Parks*一書中曾經定義過解說資源乃具有潛在價值之景觀（Feature）。所謂具有潛在遊憩價值者，即是能滿足遊客潛在之旅遊需求，也就是遊憩資源。依照這一定義，解說資源之認定是以遊憩資源為依歸。而在國家公園內，由於設有多處的保護區，禁止遊客進入，內部的資源無法由遊客親自體驗，便需透過解說媒體讓遊客瞭解。因此，可將解說資源界定為：「凡具有潛在價值，或保育及學術研究價值，得以為遊客作解說之景觀，即是解說資源。」

一、國外部分

國外曾有數個單位對於解說資源作過分類和選擇的研究，茲分述如下：

1.聯合國糧農組織曾把解說資源分成三類，並列其選擇之標準：

(1)地質景觀（Geological Feature）：

①具有代表性之地層。

②指示區域起源之地層。

美國大峽谷是極具代表性的地質景觀

③ 指示史前生命及其演進發展之地層。

④ 地形景觀：包括洞穴、冰跡、斷層、火山、瀑布、湖泊、河流三角洲等。

(2)生物景觀（Biological Feature）：

① 稀有或重要之動植物族群。

② 動物常出現的地方。

③ 表現重要生態關係的景觀。

④ 具有顯著性的景觀。如神木、色彩奪目的動植物。

⑤ 指示人和生物環境關係的景觀。

(3)人類歷史（Human History）：

① 顯示早期人類存在之景觀，包括史前遺跡的文化、建築等景觀。

② 現今土著之生產物。

③ 區域內最初移民之地點、建築或歷史事件。

具有歷史圖像意義的解說資源

④ 過去某一時間內曾經在區域內發生的資源利用景觀，
如採礦、伐木等等。

⑤ 具有歷史圖像或描述之地點。

2.美國國家公園署依解說主題之不同而將解說資源分為六類：

(1)現有的地貌（Landforms of the Present）。

(2)地質史（Geological History）。

(3)動植物之土地群落（Land Communities of Plants and
Animals）。

(4)水生生態體系（Aquatic Ecosystems）。

(5)歷史及考古景觀（Historic and Archeological Themes）。

(6)人類活動（Works of Humans）。

以上兩種分類方式，前者並未列明其選擇之依據為何，但從其
對解說資源定義觀點而言，其是以具有遊憩價值之景觀為依據。而
美國國家公園署的分類則以其具有之資源為基礎，基於解說主題之

需要而分類，以美國國家公園型態之多，涵蓋面積之大，故分類系統中亦未列有選擇標準，而且因其以主題為分類依據，相同之環境因不同之主題而分別於不同類別中；例如地質和地形各別分開，地形單元以靜態地形為主，地質則完全在解說地質史，其他構造如地層表現並未列入。

二、國內部分

國內臺灣大學地理系教授張長義在對墾丁國家公園的解說資源分析中，依據解說資源本身屬性的差別和解說主題的不同，將解說資源分為七類：

1.地質地形景觀。
2.動物景觀。
3.植物景觀。
4.海洋資源景觀。
5.天象景觀。
6.歷史文化景觀。
7.現今人類活動。

其分類原則主要在於地質與地形是互為表裡的現象，地形是地質的表現，對地形的解說常常以地質內涵為基礎，故兩者合為一類。而動、植物分開，主要是減少解說資源選取的複雜性，而由於其本身不同之特性會影響其解說媒體之選擇，故分為兩類，海洋環境與天象景觀各分一類，主要是其涵蓋資源自成獨立的一體。歷史文化以具有歷史、考古價值之景觀為範圍，而現今人類活動則以區域內之人文活動為範圍。至於此七種分類選擇依據準則列舉如下：

野柳的海蝕景觀是相當具有代表性的地質景觀

(一)地質地形景觀

1. 具有區域代表性之地層。
2. 具有化石可為地質史解說之地層。
3. 具有地質、地形演變之現象。
4. 表現主要地形營力作用之現象。
5. 具有區域代表性之構造地形。
6. 特殊而且有觀賞、學術價值之小地形景觀。

地質地形景觀如世界主要環洋斷層帶、美國大峽谷、黃石國家公園；中國桂林溶洞地形、五嶽高山地形、雲南遼寧及蒙古的考古遺址；義大利及夏威夷的火山地形；臺灣太魯閣峽谷、九二一地震斷層地形、澎湖桂狀玄武岩地形等等。

(二)動物景觀

1. 具有區域代表性之動物族群。

2.稀少或被列為保護之族群。

3.區域特有的族群。

4.動物可見性最高的地方。

5.具動物生態關係之現象。

6.受人為因素影響，族群或棲息環境發生改變之現象。

動物景觀如非洲水牛、長頸鹿、大象、獅子；極地的企鵝、北極熊；澳洲大陸的袋類動物；中國的熊貓、金絲猴、藏羚羊；世界被列為瀕危的動物族群、臺灣國家公園復育的物種，如墾丁梅花鹿、雪霸臺灣鱒；隨季節遷徙的候鳥等等。

(三)植物景觀

1.具代表性之植物群落（優勢植物）。

2.稀有或被列為保護之植物。

3.區域特有的植物。

4.具植物生態關係之現象。

5.受人為因素影響，植物群落發生變化之現象。

植物景觀如中南美洲亞馬遜的熱帶雨林地區、隨緯度或海拔而改變的溫帶闊葉林及寒帶針葉林、歐洲荷蘭的花卉生產、法國普羅旺斯的薰衣草花田、亞洲地區的竹林、中國大陸新疆地區的胡陽樹、臺灣淡水河河口紅樹林、沼澤溼地的植物、沙漠地帶的仙人掌等等。

(四)海洋景觀

1.海底較為特殊之地形地質景觀。

2.海洋生態景觀（動植物）。

3.海域所能從事之活動。

海洋生態多與經濟活動有密切關係

4.洋流及其影響。

5.海水之利用。

海洋景觀如澳洲大堡礁、法國南部蔚藍海岸、印度洋及太平洋島嶼的經濟活動與海洋關係、賞鯨豚的生態旅遊活動、中國杭州灣錢塘觀潮、世界各地魚種的分布、深層海水開發與利用潮汐發電等等。

(五)天象景觀

1.區域主要氣候型態及其影響。

2.區域內特有之局部天氣變化現象及影響。

3.天空雲彩變化現象。

4.天體運動造成之視覺美景，如日出、日落。

天象景觀如亞洲地區的颱風及美洲地區的颶風、美國的龍捲

風、沙漠地區的海市蜃樓、極地的極光及永晝永夜景象、中國佛教聖地的佛光景象、臺灣阿里山日出及墾丁關山夕照、閃電與彩虹等天象等等。

(六)歷史文化

1. 土著部落及其文化景觀。
2. 歷史遺留之紀念物（建築或文物）。
3. 區域開拓或殖民史。
4. 區域內某一時期曾經存在之資源利用方式。
5. 發生於區域內之歷史事件。

歷史文化如美國的印地安部落及文化、中國的少數民族及臺灣原住民的特有文化、列為世界遺產的城鎮、建築；埃及和中南美洲的金字塔；美國南北戰爭遺址；亞洲及非洲地區殖民文化、中國的萬里長城；臺灣的九份、金瓜石等等。

(七)人類活動

1. 區域內土地利用狀況。
2. 主要之經濟活動型態。
3. 區域內主要工程之功能及其影響。
4. 人造景觀和人為環境與自然環境的衝突現象。

人類活動如世界各國的經濟產業發展、農牧業發展的分布與特色、紐西蘭及澳洲的畜牧業、歐洲米蘭、巴黎的時尚、非洲的鑽石、中國的石玉、世界著名及重要的高塔橋樑水壩工程、觀光活動（如高山及海洋活動）產生的環境負面衝擊等等。

第二節　解說對象與遊客心理

　　解說的對象主要係指遊客而言，然而遊客的組成型態或其個人的社經背景等，皆影響解說活動必須採用的方式；而解說員亦須調整不同的心態加以因應，對解說對象及其心理有所瞭解，以有助解說活動進行。

一、解說對象

　　解說可以讓遊客經由解說媒體的傳遞而體會大自然的美、複雜性及多變性，亦可幫助遊客對周遭的環境產生親切的感受。遊客是解說所面對主要的對象，其年齡、性別、職業、文化背景的不同往往造成解說上明顯的差異性，如對於從事教育研究工作的人，對於解說程度的要求會比一般民眾要高；參加保育團體的人士對於管理及環境的敏感度將因其所受的專業訓練比平常人為高；工程背景的人所在意的則可能會針對各種設施的材質、實用性及對環境的衝擊較感興趣；這些遊客的差異性往往對解說員造成極大的挑戰。解說員應該針對不同遊客的特性，建立不同解說層次和內容，以配合不同年齡層次及背景的遊客。

　　解說員常是遊客和管理單位間唯一的接觸，其可能對於整個遊憩過程產生反應（如交通的便利性、公共設施的多寡、收費的標準、經營管制的措施、解說服務的需求等），因此一位盡職的解說員不僅應具有本身對於資源的認知與學術涵養外，亦必須對於整個管理單位的經營管理政策、相關的規定有最新的知識與瞭解。行政單位則是透過解說員得知遊客的意見與反應，這方面的資訊可作為未來政策發展之參考。

二、遊客心理

遊客來自不同的社經背景、年齡層，所以其不同的認知與體驗往往帶給解說員不同的挑戰，尤其每個人身處於不熟悉的環境，對於解說接受的程度也不一樣，有些人非常樂意接受解說活動，有些人卻避之不理，因此對於每個年齡層或不同遊客的心理特徵若能有預先的認識，將有助於解說活動的進行。

一般參與解說服務或活動的遊客，通常為社會教育層級較高或求知慾望較強，對於新奇事物接受的程度較高，而綜合其原因有以下幾點：

1.學習層面：

(1)只為了去學習一些新的事物或為了想學得更多。

(2)想和可傳遞知識訊息的解說員接觸。

(3)為了想習得更多特定專業知識。

2.體驗層面：

(1)為熟悉原本陌生的事物。

(2)想再經歷曾經有過的解說經驗。

(3)滿足好奇心。

(4)除了知識層面外，想體驗體能運動。

(5)為發掘新的觀點，印證所獲得的資訊。

3.感受層面：

(1)舒緩身心。

(2)感受大自然的美景。

(3)為了接觸、感動與啟示。

(4)為了追求靈感與心智上的啟發。

4.其他方面：

(1)為了能找到人，擁有歸屬感與參與感。

對家中有小朋友的遊客而言，讓孩子們高興片刻是他們的期望

(2)為了使孩子們高興片刻。

(3)為了與解說員合拍照片，以便回去向鄰人誇耀假期的渡過
方式。

(4)當作消遣。

瞭解遊客的不同期望並加以迎合，是成為優秀的解說員必備的
條件之一。根據美國國家公園署所出版的訓練手冊，或環境研究區
域報告顯示，在解說的過程中，有關學習的基本假設檢驗，亦有助
於解說活動中對遊客心理的掌握，以下即為學習的一些假設要點：

1.就遊客本身而言：

(1)當人們積極參與學習過程時，學習效果會比較好。

(2)儘量運用多項感官時，學習效果會更好。一般認為，一個
人記憶的程度，來自其聽到的只占10%，讀到的占30%，
目睹實情實物者占50%，若是親自做過的，則90%都會記

下來。

(3)每個人都有自己獨到的方法處理資訊及經驗。

(4)新的學習是基於既有的知識上。

(5)人們偏愛學些對於目前最有利用價值的事物。

(6)如果明白獲得知識的用處，會學習得更有效率。

(7)若人們所獲取的經驗與自己在時空上關係密切時，學習效果較好。

2.就解說員本身而言：

(1)有組織的介紹、表達，將比散漫無章更易於記憶。

(2)同一事情藉由許多不同角度讓遊客體會，更有助推演其中意義。

(3)有效的運用問題問答，可幫助遊客瞭解其意義。

(4)在解說活動開始前，如果讓遊客有所期待，有助於遊客集中注意力，並增進學習效果。

(5)解說員對於人們的反應與回答態度，會影響其學習。

3.就解說方式而言：

(1)由人們自己去發掘事物的真相，會產生特別的、鮮活的興奮與滿足。

(2)需要學習者親自參與活動的解說型態效果較高。

(3)友善的競爭方式可激發學習。

(4)來自第一手直接經驗的學習效果最好。

(5)使用不同的方法可增進其學習效果。

第三節　解說場所與時機

　　就資源層面而言，任何資源或環境皆有其解說價值，然若為達到解說的效益，解說場所的選定亦為重點所在，良好的解說場所宜選擇可吸引遊客聚集、增強解說效果的區域。至於解說的時機，一方面須視資源的特性而定，另一方面亦須考慮其相關的環境因子。

一、解說場所

　　解說是藉著描述解釋地區的特色與人群的關係，使遊客對該區的人文、自然現象產生興趣，進而瞭解的過程。基於此，解說需要尋求適合的時機與場所，俾求得較高的解說效益。

　　一般而言，遊客聚集的地方常是最好的解說場所，例如遊客中心、服務台、景觀瞭望點、步道、遊憩區、涼亭、露天劇場、史蹟遺址等等皆可設置解說人員或其他各類的解說設施，提供遊客對於環境得以較深入的瞭解。當然，在範圍較固定的場所，如動、植物園等地，對於解說的場所可以採用活動式的解說方式，像採用解說車的方式，以流動的方式配合不同的活動主題進行解說，以吸引遊客的參與；目前在許多國家為維護國家公園自然環境及景觀，均對車輛進行管控，私有車輛需停在園區外，園區內以電動環保車作巡迴及接駁，並由解說員在車上進行解說。這種方式尚需考量園區整體動線的規劃，以免產生遊客在單位時間內過於集中的問題。

二、解說時機

　　許多解說媒體所提供的資訊多為一般性質或是常識性質；而對於解說資源在不同時節所產生的變化，又正好是吸引遊客前往的主

要動機，遊客亦可體驗到另類的遊憩經驗。例如陽明山一年四季均有不同的氣象變化主題，春季時百花齊放、夏季時萬里晴空、秋天泛紅的芒草迎風搖曳、冬天的陽明山則時常籠罩在雲霧之中。又墾丁恆春地區每年10月初開始，往南避寒的候鳥成群經過滿洲上空，蔚為奇觀；珊瑚產卵的季節，則是海洋生態研究的最佳時節。金門國家公園則在8月23日前後舉辦活動，更能突顯出其歷史的地位。又動物園中，無論是主要動物的生日、新成員的加入，或配合保育活動所舉辦的活動（拯救蘭嶼角鴞活動）或電影《威鯨闖天關》的主角虎鯨將返回冰島家鄉所引起的熱潮，其實都是可以作為解說相當重要的主題。國內國家公園為營造其特色，在不同的季節均安排不同主題的與「國家公園有約系列活動」（如**表**4-1）。

　　當然，為配合不同的環境與地形，某些解說活動除視解說資源的特性與時節外，亦得考慮到其他的環境因子與其特性。例如臺灣位於亞熱帶，降雪的地點與時機不多，集中在冬季的高山地區，因此雪地的解說活動必須考慮到其安全性；又玉山八通關古道是國內深具歷史價值的古道，對於安排八通關古道的解說活動，亦得特別注意，必須閃開雨季或者是地震頻繁的季節，以免發生危險。

 ## 第四節　解說媒體的分類

　　在進行解說規劃之前，必須考量許多因素，除了環境因素的考量外，由於不同的解說媒體均有其不同的特性與優缺點，因此對於各項媒體的特點均須加以瞭解。本節僅作簡單的介紹，並將於其後的章節作詳細的介紹與分析。

表4-1 不同季節多元主題與國家公園有約系列活動

國家公園	主辦單位／系列活動
陽明山國家公園	【主辦單位】陽明山國家公園管理處 【系列活動】「尋幽炭古訪大屯生態之旅」、「天溪園蟲蟲交響曲」、「草山訪蝶蹤及越野路跑賽」、「古道秋芒之旅」
雪霸國家公園	【主辦單位】雪霸國家公園管理處 【系列活動】「白蘭美地賞螢生態之旅」、「竹林部落‧白蘭部落‧清泉之旅」、「雪霸森之約‧情鮭新武陵」、「武陵‧畢祿溪‧紅葉谷賞楓新秘境之旅」、「與臺灣櫻花鉤吻鮭有約」、「觀霧山椒魚」、「仲夏與觀霧有約」
太魯閣國家公園	【主辦單位】太魯閣國家公園管理處 【系列活動】「峽谷天籟－太魯閣部落音樂會系列活動」、「太魯閣環境教育中心環教活動－環境教育兒童成長營」、「春節太魯閣文化市集活動」、「行過松雪樓－回看合歡路」、「從地質學觀看海岸變遷與人群活動」、「自然教育的理念與實務」、「美國國家公園的學習之旅－Junior Ranger Programs」、「原住民解說員『傳統音樂文化訓練』」
玉山國家公園	【主辦單位】玉山國家公園管理處 【系列活動】「與玉山生態有約」、「玉山花季系列活動」、「『淨山－靜山－敬山－開山』玉山山祭系列活動」
金門國家公園	【主辦單位】金門國家公園管理處 【系列活動】「金門采風－古厝‧鸕鶿」、「金門回憶之旅」、「鎏金時光」、「金秋環境日－低碳綠生活，金門有看頭」
台江國家公園	【主辦單位】台江國家公園管理處 【系列活動】「台江自行車巡禮」、「台江的魚類」、「台江人文古蹟之旅」、「秘探水上森林－獨木舟自然生態體驗營」、「流金夕照‧低絮星語」、「海之湖溪之口－台江濕地豐美行」、「賞黑琵動手繪」、「台江的野鳥天空」
東沙環礁國家公園	【主辦單位】海洋國家公園管理處 【系列活動】「關懷臺灣海洋系列講座」、「國際海洋清潔日」
墾丁國家公園	【主辦單位】墾丁國家公園管理處 【系列活動】「風的故事－風吹砂巡禮」、「擁抱自然生態之旅」、「Youth Camp自然體驗營活動」、「阿朗壹古道探索」、「社頂說故事人文之旅」、「看誰在躲貓貓－昆蟲之旅」、「琅嶠鷹季的年度盛會－滿州賞鷹博覽會活動」、「LNT不留痕跡的生態旅遊系列－足印滿州蝶對蝶活動」、「海裡來的簡訊－認識海洋漂流物」、「花現墾丁－微觀世界」、「閩南式建築之旅」

資料來源：自行整理。

一、解說媒體選擇的考量因素

運用任何的解說媒體，最主要的是能夠運用最簡捷方便的方式，讓遊客在短短的時間內對環境有深入的瞭解，達到其最大的效果。所以，無論是在規劃解說活動或媒體時，均應針對不同解說媒體的特性及活動的性質加以考量，以下即為應予以考量的因素：

1.解說功能與標準方面：

(1)解說可服務何種性質的遊客？每次可以使用或服務的遊客數量？遊客的接受程度如何？

(2)它是用來代替目前已經使用的媒體，或是用來提供未來解說計畫所需？

(3)解說媒體是否能達到解說需求的標準？而產生的效益又有多少？

2.環境配合方面：

(1)解說媒體是否需要使用電力？展示的地方是否有電力來源供應？需要耗費多少電力？

(2)設置場所受哪些相關因子影響？例如戶外需要考慮到天候的變化、濕度及材質特性等；室內則需考量範圍、規模等等。

3.媒體特質方面：

(1)解說媒體的購置成本如何？維修、保養的費用如何計算？又維護保養的難易程度如何？是否可自行作簡易的保養？

(2)解說媒體是否需要人為進行操作？每次需要多少人力？操作人力是否需要具備專業背景？

(3)是否有其他的替代品可以使用？替代品的使用必須將成本、製作難易度等考量進去？

在考量上述問題後，就可以容易的瞭解所選擇的解說媒體是否合適。而有些時候，媒體的選擇還要加上一些從事解說工作的經驗與體會來一併考量。總之，解說媒體的選擇並無一套直接可套用的公式，均視管理單位依其目的、資源、所欲達成的目標而定。

二、解說的種類

凡是傳達某種內容的物理性媒介都可稱為媒體，而廣義的媒體則包括使用這些物理性媒介，去引起接受者反應的手段及方法。因此，對於解說媒體主要是指將解說訊息、主題，傳達給遊客的方法（Methods）、設置（Devices）及工具（Instruments）。

由於傳達解說訊息主題的方法、設置及工具繁多，中外學者對於解說媒體也有不同歸納。國內學者李久先、林鴻忠（1988）根據森林環境的特性，將解說媒體系統歸納為解說員、解說牌、解說印刷物、自導式步道、遊客中心等五類。

美國著名的解說學家Grant W. Sharpe在1982年所出版的《環境解說》一書中，將解說媒體分成兩大類，即人員（伴隨）解說與非人員（非伴隨）解說，其分類與特色略述如下。

(一)人員解說

所謂的「人員解說」（Personal or Attended Services）即是利用解說人員直接向遊客解說有關的各種資源資訊，通常又可分為資訊服務、活動引導解說、解說講演及生活劇場解說四種。

■ 資訊服務

所謂的「資訊服務」（Information Duty）是將解說人員安排於某些特殊而明顯的地點，以提供遊客相關的各類資訊、並解答遊客的問題。它是各風景遊憩區或公園最基本的一種解說服務，這項服

務的目的，除對遊客表達歡迎之意外，最主要是利用解說人員良好的解說態度及親和力，提供管理單位與遊客間的第一次接觸，藉此接觸給予遊客有關的基本資訊，並回答遊客的詢問與抱怨，進而讓遊客瞭解管理單位的設立目標及希望遊客遵守的各項規定。

　　資訊服務通常設置於公園或遊樂區的入口處、遊客中心、遊憩據點或遊憩區的服務中心、景觀景點附近暫設之服務站及巡迴服務站。

■ 活動引導解說

　　「活動引導解說」（Conducted Activities）是解說工作中最傳統、也最被廣為熟知的一種型式，在此型式中，解說人員伴隨著遊客、有次序地造訪經設計安排的地點、事物及現象，在解說人員的經驗傳遞中，讓遊客獲得實際的知識與體驗。活動引導解說最大的益處是，在優秀解說人員的引導下，遊客可同時得到「看、聽、觸、聞、嚐」的實物解說經驗，並可藉著與解說人員的雙向溝通，提升個人在環境中的觀察與欣賞能力。

　　活動引導解說通常可分為下列兩種：

1. 特別預約式引導解說：管理單位針對某些特殊性質的參觀團體的特殊活動或需求，以預約的方式事先安排解說人員的引導服務，例如針對動物系或植物系的師生主辦的生態解說之旅。
2. 固定出發式引導解說：管理單位針對某些景觀據點或是步道，安排一項整體的解說導遊，在每天或某些固定時間，於某些集合地點，以免費或收費方式，接受參觀遊客自由加入的引導服務。

■ 解說講演

　　「解說講演」（Interpretive Talk）是由專業的解說人員或專家

學者，針對某個主題進行演講；這類的解說服務相似於一般所說的講演，但由於希望能引導聽眾或遊客產生對環境的認識（敏感、認知、欣賞、熱誠），所以它強調的是「有效的解說是一種心靈溝通」的原則，在解說過程中，演講者運用「閱聽眾」的觀察力、良好的形象與親和力和適切的溝通，以達成此原則。

解說演講並非每天或固定時間舉辦，這類解說服務通常是管理單位針對某些節慶、或特別事件、或舉辦訓練營、講習會，而邀請相關專家學者或推派具專業素養的解說人員，擔任講座。

■生活劇場解說

「生活劇場解說」（Living Interpretation）又稱為生活解說，它是透過人員的活動表演，去模擬文化傳統生活或習俗的一種解說方式，它所強調的是一種運用解說功能去闡釋真實文化行為的方法，也是提供參觀者瞭解某些時代背景、人文史物的最佳途逕之一。根據美國學者Garrison的分類，生活劇場又可分為四類：

運用解說功能去闡釋真實文化行為的方法，可以使遊客對該區的人文、自然環境產生興趣（圖為麗江少數民族人文特色方面的展演）

1.第一人稱式生活劇場。

2.表演式生活劇場。

3.手工技藝表演。

4.文化性的民俗表演。

然而無論是哪種生活劇場，在設計時均需考量許多的因素，例如其是否具有良好的立地條件或場地？是否有足夠的研究或資料可以支持他們的表演？經費及表演者的來源是否充裕，而能維持一個高品質的設計？這些表演者是否可以很自然、生活化地表現實際的人文狀況？這些因素都是設計者必須事先加以完整考量的。

(二)非人員解說

非人員解說（Non-personal or Attended Services）即是利用各種器材或設施去對遊客說明，而不經由解說人員直接接觸遊客的解說服務方式。根據Sharpe的分類，又可分為視聽器材、解說牌誌、解說出版品、自導式步道、自導式汽車導遊及展示等六種。

■視聽器材的使用

凡利用影像或聲音傳達資訊的媒體，均可稱為視聽器材（Information Duty）。隨著科技的進步，現代化的視聽器材日新月異，為吸引遊客駐足欣賞、進而達到解說的目的，它們已被各相關單位廣泛的使用，成為最常見的解說媒體之一。

利用影片、錄影磁帶、幻燈片（組）、光碟片、配合投影機、電視牆、錄影機、光碟機等等，以及大型銀幕等硬體組合，運用於遊客中心、露天劇場或自然教室，不僅可服務大量遊客，也可減輕解說人員的負擔。

■解說牌誌

「牌誌」依功能可區分為解說牌誌及管理牌誌兩種。所謂的

「解說牌誌」（Signs and Labels）是針對特殊的資源、現象，如人文古蹟、植物及自然景觀等解釋其特性或演進過程等；而「管理牌誌」則可分為指示、警告、管制及意象牌誌四種。

一般而言，解說牌誌的設計除考慮經費預算外，其設置地點、訊息表達、色彩運用、造形規格、材質等因素均應謹慎列入考慮。其設置地點應以不破壞景觀為原則，與既有的設施配合，其餘方面的設計更應考量管理維護及是否能讓遊客充分明瞭的原則。

■解說出版品

解說出版品是將遊客所欲得到的訊息，或是管理處所欲傳遞給遊客的資料，經由妥善的規劃與設計，印刷於紙張，製成卡片、摺頁、手冊、書籍等的解說媒體，其可以在預算範圍內作適當的印刷，藉由精美的印刷將資訊傳送給遊客。

由於具有製作便宜、易於攜帶等的特點，解說出版品已成為最普遍的解說媒體。而除了無聲的出版品外，目前亦出現了有聲的出版品，利用錄音的技術將大自然的聲音，或具民族特色即將失傳的音樂錄製下來，成為保存文化的最佳解說方式。

■自導式步道

自導式步道（Self Guided Trails）藉由將資源作統合的整理，設計出完整的路線，讓遊客在遊覽過程中，藉著解說摺頁或出版品的配合，自行按圖索驥，親自有系統的去體會資源特色並與解說宣導品上的資料相互印證。又可區分為一般主題和特定主題兩種。

■自導式汽車導遊

自導式汽車導遊（Auto Tour）與自導式步道相同，唯利用汽車作為交通工具加以體驗。

■展示

　　展示（Exhibits）是運用公開性的展出空間，以專業的設置及技術，向遊客陳示管理區域內相關資訊的一種方式。它的目的除了藉專業展示人員的精心設計，表現對遊客的熱烈歡迎之外，並希望遊客在參觀之後，可以對管理區域的資源及管理方式，產生一個整體的概念。

　　展示通常被設計陳列於遊客中心、自然教室及某些特殊的地點，以二度空間或三度空間的展覽方式，或是生態造景及模型等方式，表現管理區域整體或某一特殊主題的相關資訊。

　　不同的解說媒體具有不同的特性，也相對的具有不同的優點及限制，例如人員解說方式具有可提供雙向的溝通關係、可協助維護遊客的安全、解說內容較具便通性及可以實地詮釋行為規範等的優點，但是良好的解說人員訓練不易，不易控制服務水準等則是其限制。

　　目前並沒有任何一種解說媒體是絕然對所有遊客具有吸引力，而且方便管理單位製作及維護，所以解說人員應針對不同解說資源，有效的運用各種媒體的配合，對於不同遊客層面，嘗試不同的解說媒體，觀察檢視其反應與回饋，而以實際的經驗提供遊客更具知性及感性的遊憩體驗。

　　近年來隨著資訊科技日新月異以及網路資源的廣泛運用，除了以上六種主要的非人員解說模式外，藉由地理資訊系統及全球定位系統的發展，現在的解說導覽已經邁向虛擬化及實景化的階段。民眾不需要前往遊憩據點，即能透過網路取得許多據點的解說導覽資訊；無論是使用電腦或是PDA或手機等設施，只要透過網路點選城市的導覽可讓遊客以自助式或自導式進行，博物館中的導覽亦可以各種語言事先錄製解說資訊，讓遊客租用；而網路攝影機的連線更縮短了世界的距離。

第五節　解說的層級

　　在解說教育發展的過程中，對於表達的方式約略可分為三個層級。愈低層級表達的方式愈是單方向及具象有形的，而愈高的層級則希望成為互動的模式，並且達到精神心靈的提昇，其應用性亦有所不同。例如以互動向度而言：第一層是單向的發信、第二層是雙向的收發信、第三層則是多向的互動關係。關於其概念可參考解說表達層級表（如**表4-2**）。

表4-2　解說表達層次

層次＼表達	第一層（單向）	第二層（雙向）	第三層（互動）
表達步驟或方式	聽我說	聽他說（問） ↓ 聽我說（問）	聽他說（問） ↓ 聽我說（問） ↓ 啟發、促行
肢體運用	用口放話	用耳收音 ↓↑ 用口放話	用耳、目 ↓ 用口 ↓ 用心
互動向度	單向（發訊）	雙向 收訊←→發訊	多向 澄淨 ┌→ 收訊 ←┐ 力 　　└→ 發訊 ←┘ 行
表達性質	具象（有形）	具象（有形） 抽象（無形）	抽象
關懷程度	當下	當下←→終極	終極
變化性	不變（刻板）	不變←→多變	多變（創新）
應用性	牌示、展示、幻燈、多媒體、超媒體、影碟等物（機）件解說，或隨車、節目開場解說等	戶外（或定點）引導	文化生態旅遊 荒野朝聖

資料來源：陳玉釧（1997）。「解說點線面體」，《玉山國家公園生態研習手冊》。

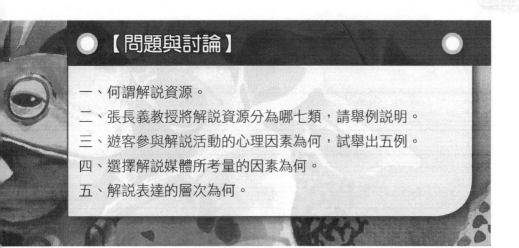

【問題與討論】

一、何謂解說資源。

二、張長義教授將解說資源分為哪七類，請舉例說明。

三、遊客參與解說活動的心理因素為何，試舉出五例。

四、選擇解說媒體所考量的因素為何。

五、解說表達的層次為何。

Chapter

5

人員解說

🦋 第一節 解說員的分類

🦋 第二節 解說員的工作要求

🦋 第三節 解說員應具備的特性

🦋 第四節 解說員的能力指標與教育訓練模組

🦋 第五節 解說員的工作內容

🦋 第六節 解說人力儲訓與運用

【關於解說員】

　　解說員是為遊客提供資源解說或相關服務的人員，分類的方式有很多種，可從工作或解說主題環境來分類，亦可就管理單位的職能來區分為正職解說員和義務解說員。

　　解說成功與否，除了專業知識及解說技巧可經由訓練來增強外，解說員本身的基本特質亦相當重要，如熱忱、愛心、自信心等等，具有這些特質才能取得遊客的信任，達到互動與溝通的解說效果。

　　解說員除帶團解說，替遊客解決問題外，更進一步是規範遊客，使其避免發生危險或做出破壞自然的舉動，從瞭解自然進而愛護自然。解說員的工作內容視不同性質的單位而有所差異，包括帶隊解說、據點解說、遊客中心或展示館內值勤、解說出版品的編撰等等。

人員解說是經由專業受過訓練的人員運用各種解說的技巧傳遞環境或自然的資訊給遊客,工作內容依解說地點的不同而有所區別,除提供解說服務外並提供一般的旅遊或服務資訊;因此,人員解說能夠與大眾面對面的溝通,達到互動的效果。而解說人員的招募與培訓亦成為各單位重要的課題。

國內與解說導覽人員相關的行業或名詞,依據發展觀光條例可分為領隊人員、導遊人員及專業導覽人員,其相關定義為:

1. 領隊人員:指執行引導出國觀光旅客團體旅遊業務而收取報酬之服務人員。
2. 導遊人員:指執行接待或引導來本國觀光旅客旅遊業務而收取報酬之服務人員。
3. 專業導覽人員:指為保存、維護及解說國內特有自然生態及人文景觀資源,由各目的事業主管機關在自然人文生態景觀區設置之專業人員。

就定義而言,此三種人員在執行業務過程中均需將相關的資訊提供或告知遊客,而其差異點在於空間上的不同,領隊人員主要係將國外旅遊景點的資訊介紹給出國的團員;導遊人員係將國內的旅遊相關資訊使用不同的語言介紹給來華觀光的旅客;而專業導覽人員則是屬於定點式的解說導覽服務,針對該服勤範圍內的資訊提供給前來的旅客瞭解。

 第一節　解說員的分類

解說員是為遊客提供資源解說或相關服務的人員,其分類的方式有很多種,可從其工作或解說主題環境來分類,亦可就其在管理機關中之角色定位來分類,茲說明如後:

一、依解說主題分類

可依解說資源的對象或解說單位特性加以區分如下：

1.生態自然解說員：自然生態史。

2.歷史解說員：歷史（地方性的、區域性的、國家性的和世界性的）。

3.考古解說員：考古學、史前史。

4.動物解說員：動物園環境。

5.植物解說員：植物園環境。

6.地質解說員：地質、洞穴環境、礦區、油田。

7.博物館解說員：歷史、考古文物和自然博物館。

8.藝術解說員：藝術品陳列館。

9.人文解說員：人類學、種族學之分類。

10.都市解說員：某特定城市，包括人為與自然部分，如德國

人員解說中的歷史解說（圖為武夷山世界遺產的歷史解說）

的佛萊堡歷史古堡轉變為再生能源城市。

11.政府法律解說員：國家議會、法院、行政機構、地方執法機關等。

12.工業解說員：工業經營自動化裝配工廠、核能廠與製造業觀光工廠。

13.農業解說員：食物的加工製成過程、休閒農業的導覽及體驗活動。

二、依管理單位之職能分類

(一)正職解說員

「正職解說員」係指依政府相關之組織編置核定之員額，經由國家考試資格合格而任用；或依聘用人員任用條例任用之專業人員。正職解說員需依規定固定於管理單位服勤，並依相關規定進行解說任務。

(二)義務解說員

基於解說任務之需要，管理單位招募社會上熱心之人士施以短期之專業訓練，或就社會各專業層面招訓，並依相關服勤規定安排於假日或平常日擔任解說服務工作之人員，稱「義務解說員」。

解說義工可以協助解說工作的推行，彌補管理機構解說人力之不足，並擴大一般民眾的參與層面，激發民眾熱心公益、奉獻身心、回饋社會的風氣，並使民眾瞭解管理單位資源的各項特色，進而對此社區產生關懷與支持。

義務解說員無法代替正式員工的職務，有時亦因其在社會上工作的關係，造成解說人員調度上的困擾，需要輔以其他的解說媒體，故許多單位採用招募已退休之教職員擔任義務解說員，得以全

心全力投入解說工作，尤其在假日或不定期活動期間，大量的遊客湧入，義工便可發揮其任務，達成解說效果。

　　國內目前公部門中受限於人員編制及經費的運用，在解說導覽人力運用上，除正職以及義務解說員外尚有二種方式存在：一為運用大專畢業生義務替代役的資源，招訓觀光休閒或各專業領域的替代役擔任解說導覽服務的工作；另外則是以委外經營的模式，委託民間公司進行解說導覽工作，而人員的要求與素養則以當地大專畢業青年為主。

 ## 第二節　解說員的工作要求

　　解說員的工作與任務相當繁雜，而且遊客的需求不盡相同，因此在工作上，稱職的解說人員工作之要求如下：

一、本身特質上

　　解說員除須具備專業知識外，另外在人格特質上應要求如下：

1.隨時保持整齊清潔的儀容，同時要愉悅且謙和的對待每一個人。以笑臉迎接遊客，保持良好的視線接觸。

2.熱愛工作，熱愛人群；奉獻自己，服務別人。

3.本身喜愛野外環境，會親身去體會大自然各種不同面貌，充實解說內容。

4.面對人群可以侃侃而談，並且主動的去接近遊客、幫助遊客。

5.態度誠懇，虛心求知，隨時接受新的資訊，自我充實。

二、工作表現上

對於解說活動的規劃與進行，解說員應注意下列幾點：

1. 事前與參與解說的團體密切聯繫，確定正確的集合時間、地點，並且需提早抵達集合地點。
2. 針對所帶的團體特性，以不同的語言、不同的面貌、不同的型態引導遊客探訪解說資源。
3. 縝密的思考與計畫，安排適合與最恰當的行程，並於解說過程中，隨時保持警覺性。
4. 將專業的知識轉化成通俗的語言，解釋讓遊客明瞭。
5. 時時考慮到遊客的需要。

 第三節　解說員應具備的特性

解說員是解說的靈魂，其與遊客之間的互動比其他的解說媒體更能作第一手與直接的接觸，而解說員所傳遞的資訊對遊客的影響亦較其他解說媒體深遠，故解說人員的素質在管理單位而言，相當重要。大部分的解說人員係經由國家考試合格，針對相關的職系加以分發，其他包括約聘僱人員、臨時人員或義務解說員，多由大專院校中自然、人文、語言等相關科系畢業，具專業背景訓練的人士中甄選。

解說成功與否，除了專業知識及解說技巧可經由訓練來增強外，解說員本身的基本特質亦相當重要，如熱忱、愛心、自信心等等，具有這些特質才能取得遊客的信任，達到互動與溝通的解說效果。

一、熱忱與愛心

　　熱忱與愛心有助於打開遊客冷默或害羞、孤獨的心，主動幫助遊客，瞭解其需求，才能夠和遊客作第一次的接觸。若以冷漠的態度或不友善的態度，甚至害怕與人接觸，在大眾面前講話，將難以開啟遊客的胸懷，而且解說員必須有面對失敗挫折的心理準備，因為畢竟並非所有的遊客都願意展開雙手接受解說員的服務，甚至有些會有排斥的心理，此時解說員仍需以微笑的面容、和悅的聲音和用熱忱與愛心與遊客接觸。

二、自信心

　　自信心來自本身對解說及專業知識上的認知，更來自於成熟穩健的人格，能以肯定的語氣傳達給遊客正確的訊息，將能獲得遊客的信賴，且在表達的過程中宜聲音清晰、明白，能將解說的主題正確的說明讓遊客明瞭。

　　在解說的過程中，針對遊客所提出的問題有不明瞭的地方，此時也必須用穩健的語氣坦然告訴遊客，並盡可能以學有專精、術業有專攻，謙恭誠懇的心態和遊客交換意見或詢問遊客，切勿用懷疑或不肯定的語氣回答遊客。一位有自信心的解說員，才能夠讓遊客對於其解說產生認同感。

三、豐富的解說知識

　　任何人對於環境的認知，自無法要求其上知天文、下知地理、綜貫古今；因為每個人均有其專業的背景，或者是對於某種資源有較深入的研究，然而解說過程中，遊客所提出來的問題當然不可能完全是針對解說員的專業而提，所以解說員對於解說資源的各項知

識均須充實與瞭解，甚至對於一些緊急事件的處理或簡易的急救常識，也須學習研究。這些知識除了靠管理單位定期或不定期舉辦各項專業訓練外，更有賴解說員本身平時不斷的閱讀、學習與自我充實，在解說的國度裡，並無人文、自然的區分，必須融合各類的知識，才能表現出解說的專業性，帶給遊客豐富的體驗。

四、愉悅的外表與風采

面由心生，一個人的外表面貌是否姣好，並不能認定其將成為一位優秀的解說人員；然而任何一位優秀的解說員，必定可以看得出其隨時隨地都保持著愉悅的外表與風采。這些風采是由內在的氣質所散發出來的。有些人會有不經意的小動作、口頭禪或習慣，雖然自己無法自覺，卻可能令人感到厭惡或煩躁。因此，解說員必須隨時注意自己的儀容、外表、穿著，個人的儀態，擁有高興樂觀的心情，抱持著助人為快樂之本的心態，自然就會產生愉悅的外表與風采。

第四節　解說員的能力指標與教育訓練模組

為建構國家公園解說專業人員專業能力指標及課程架構，內政部營建署委託國立臺灣師範大學周儒教授和蔡慧敏教授進行規劃研究。在參訪各國家公園管理處後，邀集解說方面的專業人員進行專業訓練，並且徵詢國家公園系統以外的學者專家與專業人士的意見，然後綜合國家公園內部與外部專家的意見，建立我國國家公園解說專業人員的專業能力指標及專業訓練課程的架構。

專業基本能力方面，在參考美國國家公園署所建立之架構

及與國內專家訪談結果後，歸納出我國國家公園解說員基本能力（Competencies）在環境教育與環境解說方面的能力指標，並依照這樣的指標，建議發展對應這些能力指標的專業訓練課程。

所謂的專業知能，一般指知識、技巧與能力三個方面，而在國家公園領域中，解說員之基礎專業知能乃是指：「解說員在國家公園職領域中，不可或缺的知識（knowledge）、技巧（skills）與能力（abilities）。」並將解說專業知能分成三個層級。茲將這三個層級的定義及其課程模組架構敘述如下（參見**表5-1**）：

一、初級

初級主要對象為新進之解說人員，為解說領域的入門。在經過基本的職前訓練後，能於解說領域中具有適當學術基礎準備，不過在實務工作方面的經驗，則不太具備或僅只有少數經驗。

二、中級

中級為初級人員的進階級。指解說員在解說領域中，經過初級的專業訓練與服務後，有一些或是具備有限的實務工作經驗，但已可以在其解說職業領域中掌握與處理所面臨的一些議題、情況或專業知能。

三、高級

高級專業知能的對象，主要是針對已於國家公園解說領域內服務甚久的資深人員，他們在解說領域中，經驗豐富，可以在其職業領域中掌握所面臨的大多數議題、情況與專業知能。

表5-1　國家公園解說人員教育訓練課程架構與層級

課程層級	能力指標	課程項目建議	相關教學模組名稱類型舉例
初級	1.能展現在非正式場合中與遊客成功的接觸 2.瞭解遊客的需求與特徵 3.準備與呈現有效的解說	1.國家公園之環境傳播、教育與解說 2.環境解說概論與實務 3.環境教育概論與實務 4.環境傳播概論與實務	1.國家公園使命與願景 2.國家公園解說服務之角色 3.如何與遊客接觸 4.遊客類型與解說、教育需求 5.有效的解說 6.如何閱讀地景（生態、文化、歷史面向） 7.環境傳播與溝通 8.公園中的環境教育機會
中級	1.準備並進行有效的引導活動 2.發現與避免解說及教育方案中的偏見 3.準備並呈現解說示範或其他的活動方案 4.有效的解說寫作 5.呈現一個有效的以課程為基礎的方案	1.解說資料之蒐集與建檔 2.解說活動規劃與執行 3.環境教育教學活動設計 4.環境教育教學方法 5.戶外教育原理與方法 6.解說步道規劃原理與方法 7.展示規劃原理與方法 8.視聽媒體操作與運用	1.解說資源調查分析登錄 2.解說資料撰述 3.解說資訊建檔與流通 4.解說活動引導 5.以課程為基礎的環境教育活動規劃 6.人員解說技巧 7.步道解說技巧 8.解說媒體運用 9.解說步道類型與主題建構 10.展示與解說運用 11.視聽媒體類型與解說情境 12.解說出版品規劃設計
高級	1.具備規劃能力 2.解說媒體的發展 3.領導解說員：訓練與教學 4.解說研究與資源整合 5.解說夥伴的建構	1.環境解說系統規劃、發展與經營管理 2.環境教育系統規劃、發展與經營管理 3.解說媒體規劃設計與發展 4.解說人員領導與人力規劃 5.環境教育夥伴關係建構	1.資源研究與解說資源整合 2.系統性解說及教育規劃 3.解說員訓練領導 4.解說媒體發展與整合運用 5.社區溝通與合作 6.環境教育夥伴與夥伴關係建立 7.環境教育種子教師訓練規劃 8.解說志工訓練與合作 9.服務精神與經營管理 10.國家公園公眾宣導規劃設計 11.評鑑與評估

資料來源：內政部營建署國家公園網站。

第五節　解說員的工作內容

　　一般人認為解說員的工作如同旅遊團體中的導遊，除了帶路解說外，還會在途中穿插些傳說或笑話。實則不然，因為解說員是擔負著遊客與管理單位之間的介面，除將資源知識傳遞給遊客之外，尚需與遊客作雙向的互動，並且將遊客的意見反應給管理單位。所以解說員除帶團解說，替遊客解決問題外，尚須進一步規範遊客，避免遊客發生危險或作出破壞自然的舉動，在活動過程中進行環境教育，教導遊客認識環境，進而瞭解環境、愛護環境。

　　解說員的工作內容視不同性質的單位而有所差異。例如在博物館內的解說員除定點與隨團解說外，其解說的主題多具有特定性或專業性，無論是藝術的展覽活動或是各種主題式的展演。動、植物園的解說則多以戶外實體的解說為主，並有其獨特性，例如動物園中對動物的介紹，除種類外其棲地、食物、群居模式、求偶、天敵與其他動物的關係等，均為解說的重點；至於像國家公園或遊憩區的解說人員，則解說的內容複雜性較高，除須瞭解每種資源的特性外，亦得瞭解資源間相互的影響或牽動關係，管理單位的政策及相關法令等亦需瞭解。以下為解說員的主要工作內容：

一、帶隊解說

　　帶隊解說是最基本也最直接的解說方式，工作又分為主動與被動兩種。被動的解說是由各團體事先向解說單位申請，預約安排解說員，按各團體所停留的時間安排行程。目前受限於各單位的解說人員有限，對於旅行社所安排的團體多僅提供多媒體解說的放映，而不接受帶隊解說的預約；至於旺季時，亦須義工的協助與幫忙。主動的帶團解說，則是由解說員依據特定對象、特定內容，設計活

領隊依特定對象與內容進行的解說服務（圖為鹿港龍山寺前的帶隊解說）

動內容（如知性之旅或生態研習營）傳達欲傳達的理念，其功能較為直接且有效。

二、據點解說

「據點解說」係針對遊客較多的地點或景點（如觀景台、遊憩區等地）所提供的解說員現場解說服務。由於這種服務需大量的解說人員協助，故於平日的時間較少提供，而多於寒、暑假期間招募大專臨時解說人員，視實際情況的需要而設置。

可設置據點解說的地方，如墾丁國家公園內社頂公園的眺望台，其為觀賞候鳥遷移最佳的地點；又如在東北角國家風景區內草嶺古道上的虎字碑或山頂的涼亭，亦可安排解說員解說古道的歷史與東北角的自然景觀等。

三、遊客中心或展示館內值勤

　　遊客中心或展示館通常為遊客進入特定範圍內第一個接觸的地方，在這裡遊客多需要諮詢的服務，如索取各項解說宣導的資料、旅遊相關訊息、或其他餐飲的服務等等，然而因為遊客在此的時間較短，較少有進一步傳達解說理念的機會。解說員於值勤時除了被動的接受諮詢外，亦可以配合廣播系統主動將館內的設施及欲遊客配合的事項告知，以達宣傳及服務的目的；另外並可主動引導遊客參觀展示解說設施，使遊客瞭解各項的展示內容，也須隨時注意，避免遊客不當的操作或蓄意的破壞解說展示品。

四、視聽器材多媒體的操作放映

　　為使解說資料內容以更生動的手法讓遊客瞭解，目前許多管理單位引用了許多視聽的設備與媒體，製作各種生態影片或幻燈片以提供解說服務。目前除了九機及十二機多媒體外，亦有所謂的環型劇場或立體動畫多媒體等新科技的產品引用，解說員要熟悉如何操作這些視聽器材及多媒體的技巧，瞭解其特性與簡易的保養維護方法。若有時間，亦得學會視聽節目及多媒體的製作。

五、解說出版品的編撰

　　解說出版品的編撰包括文字的編寫、美編及攝影等等細部的工作內容，解說員都必須瞭解或參與。解說出版品除了種類不同外，所欲表達的主題也不盡相同，有些是針對旅遊相關資訊的提供，有的是對某特定資源或活動的介紹，有的是全區性的介紹，有的則是環境解說教育活動的編製等等，藉由出版品的編撰，將訊息間接傳

遞給遊客。若能由解說人員親自參與出版品的編撰，就其專業的領域以及實際工作經驗的累積，更能瞭解遊客實際上所需要的資訊為何，才能提供更詳盡、更值得參考的資訊給遊客，同時也可解省管理單位的成本預算。

六、展示品的收集及整修維護

各展示館欲發揮其功能，除了原有的設計外，並需要不時的充實或者是不定期的作展示主題的更換，以持續其功能；而有些展示品因其稀有性或不可再製性，顯得格外的重要。解說員在向遊客解說之餘，對於展示館內的各種展示文物、照片、模型、圖示等等亦須注意其整修與維護。一旦發現任何的解說設施發生故障或無法運作時，簡易可修護者自行維修，若須送修則依一定的程序報修。

七、區外解說

解說的觸角並不完全侷限於區內或是特定的遊客，有時也可和鄰近的學校教育單位、社區，或者是特定的保育團體合作，將環境的理念或保育的觀念延伸擴展到社會上各個角落。管理單位可由解說員設計一些活動配合季節或需要來宣導，例如墾丁國家公園經常於8、9月時到當地的學校舉行愛鳥季的活動，以宣導保護候鳥的理念。同時，亦可舉行像繪畫比賽、攝影比賽或其他有關的活動，提高區外民眾、學生參與關心我們的環境與生態。

八、研究發展

解說人員除了擔任例行性的工作外，更須不斷的充實自己及研究發展，以擴展解說功能，提高服務品質。甚至充實學習不同的

語言能力，以最符合遊客的需求向遊客解說。一般而言，解說員的工作內容多樣且充滿挑戰性，透過與遊客直接的接觸與互動，其實會對解說員產生相當大的衝擊與感受。因為，一位解說員可能在收集資料與整理分析後，透過與遊客的互動時，才發現這些資料並非遊客所需；或者解說的方式無法迎合遊客的需求，如此下來，解說員可能會有相當大的衝擊或挫折，迫使自己去接受及充實更多的資訊與專業知識。真正的解說效果，並非解說員可以滔滔不絕的解說而不管遊客的反應，也不是背滿動植物學名的人；因為這些資訊可能隨著遊客的離去而忘記，最重要的是一位充滿愛心與細心的解說員，在短時間內瞭解所引導遊客的特性，技巧性的表達出來，讓遊客有「心」的感受。

第六節　解說人力儲訓與運用

　　解說人員因受限於單位組織的編制與經費，故正職的解說員經常無法滿足實際的需要；在此情況下，各單位均有不同的因應之道。例如最常見的方式便是招募臨時人員或者是義務解說員，訂定相關的訓練服勤規定與考核制度，或者是針對其他單位的人員，實施定期的專業訓練，以充分運用人力。若能針對社會上專業的人力資源加以充分利用，則解說人力不足的問題不但可以迎刃而解，同時又可在社會各階層普遍散播自然保育的種子。然而，此種人力的運用卻潛藏各類不確定因素，如服勤日期、服勤品質難以掌握，而其流動性之大，均是不容忽視的事實，故完善的制度建立，是各管理單位所需注意的。以下即就人力運用四層面加以分析：

一、甄選

(一)甄選對象

對於各管理單位而言，具有熱忱盡責的個性，對自然保育有所認知，擁有專業背景的中、小學教師及大專院校學生為最佳選擇，因為其在這些條件上較具優勢，不但符合管理處的要求，往後的訓練也比較容易。

然而，社會上還有一批值得開發的人力資源，如退休人員、兒女均已長大的家庭主婦等。雖然一開始可能要花費雙倍的心力來訓練，可是這些人的學習意願極高、人生閱歷豐富，足可彌補知識背景的不足。況且，一旦成為解說員，其出勤頻率、忠誠度及給年經一輩解說員在心理、行動上的良性帶頭作用，示範效果常令人為之激賞。只要這些人身體狀況許可，年齡上限及學識經歷無須特別限制。以成本效益分析，是值得投資的一群。

(二)初評

基本上在此是屬於將資料歸類的階段。管理單位依據應徵者寄來的履歷、自傳等基本資料，將其歸類，以便分批安排面談及轉備預定發問的問題。歸類的標準除了學經歷外，興趣專長及曾參加的社團，甚至曾任社團幹部等資料，均應特別註記。因為社團經驗對於往後解說計畫的研擬，與遊客間的互動關係，或違規勸阻等助益較大。

(三)面談

面談成員的組成以三至四人較佳，以聊天方式辦理。此時，可以技巧性的提出一些問題，驗證履歷自傳等文字記載資料的真實性，惟應避免應徵者有被測謊的感覺。此外，由於解說員的一言一

行均是遊客注意的焦點，亦關係到管理單位的形象，所以應徵者的
服裝儀容、言談舉止等均是評分的重點。在面談之後，即可篩選出
哪些人適合擔任解說員的工作，依需要而加以錄取。

二、訓練

解說的內容是將大自然的聲音轉換成人類的語言，讓遊客藉著
視覺、聽覺、嗅覺、觸覺等方式去感受、體驗。所以訓練課程的安
排必須依其實際的需要，或者是園區內解說資源的種類加以實施介
紹。然而職前訓練因時間有限，僅需就基本理念介紹即可，至於深
入詳細的探討可於日後舉行不定期之研討會或在職訓練。

解說員除了對資源的特性需瞭解外，亦能藉著軟性的訴求方
式，對遊客宣導政府政令、管理單位經營管理理念，爭取國民對國
家建設發展的支持。因此，有必要讓解說員瞭解管理單位各課室的
業務概況及未來發展目標。

除訓練課程外，亦需要實地的演練，增進學員的解說技巧。藉
由分組的方式，利用戶外課程認識園區各據點之際，模擬現場解說
可能發生的狀況，由學員自由發揮、自行演練，藉以驗收成果。在
訓練完成後，可安排隨著資深的解說員進行隨隊的見習，並於正式
的場合授予正式的義務解說員資格。

(一)案例一：雪霸國家公園管理處解說訓練課程

茲以雪霸國家公園管理處所設計的解說訓練課程羅列如後供參
考：

1.總論：

  (1)國家公園與自然保育。

  (2)國家公園理念與經營管理。

(3)國家公園法及其相關法規。

(4)臺灣的自然生態保育。

(5)雪霸國家公園各項業務概況及議題討論。

2.生態學：

(1)基礎生態學。

(2)島嶼生態。

(3)環境生態。

(4)森林生態。

(5)溪流生態。

3.地形地質：

(1)雪霸地形地質。

(2)大甲溪沿線地形地質。

(3)臺灣的地形地質景觀與現象。

(4)地圖判讀與定位。

4.植物：

(1)如何觀察雪霸國家公園植物生態。

(2)雪霸國家公園中高海拔之植物生態。

(3)雪霸國家公園高海拔之植物生態。

(4)雪霸國家公園步道沿線之植物景觀。

(5)雪霸國家公園特殊和稀有植物介紹。

5.動物：

(1)國寶魚櫻花鉤吻鮭生態環境及其保育對策。

(2)昆蟲認識。

(3)昆蟲行為與其生態意義。

(4)賞蝶入門。

(5)雪霸國家公園的哺乳動物。

(6)哺乳動物行為與其生態意義。

(7)雪霸國家公園的水棲動物。

(8)賞鳥入門。

(9)鳥類行為與其生態意義。

6.地球科學：

(1)地球歷史與地質年代。

(2)生命的起源。

(3)物質循環與能量流動。

(4)大氣概說。

(5)水的循環。

(6)風與風系。

(7)如何看雲。

7.天文：

(1)宇宙的起源與星球的誕生。

(2)如何觀察星象。

(3)武陵觀星。

(4)樂山觀星。

(5)中雪山觀星。

8.人文：

(1)雪霸國家公園的人文史蹟。

(2)泰雅族與賽夏族原住民簡介。

9.環境教育：

(1)環境倫理。

(2)自然教育與解說服務。

10.解說技巧：

(1)解說概論。

(2)說話訓練。

(3)解說服務與遊客心理。

(二)案例二：地區性解說導覽人員訓練課程

地區性的解說導覽訓練，茲以坪林鄉公所（現為新北市坪林區公所）委託世新大學觀光事業系所規劃的觀光解說導覽人員訓練為例，羅列課程如下：

地區性解說導覽人員訓練課程		
訓練班別： 觀光解說 人員班	人數：不限	訓練時數： 100小時
目的	使學員習得休閒產業從業者之基本知識與技能	
受訓資格	1.資格：對坪林鄉觀光發展有志之士 2.年齡：年滿18歲以上 3.性別：不拘	
上課地點	坪林鄉公所4F會議室	
上課時間	上課日下午6時至9時30分（中堂休息10分鐘）	
訓練方式	1.學科：包括基礎觀念、技能與理論課程 2.術科：包括實務演練與實習觀摩	
課程內容 編排	1.解說課程與時數：（40小時）＊室內課程	
	課程	上課時數
	(1)導覽解說之基本觀念	4小時
	(2)解說媒體設施之介紹	4小時
	(3)解說員之工作與考核	4小時
	(4)解說員之知能與技巧	4小時
	(5)遊客心理與遊憩行為	4小時
	(6)解說資源與環境設備	4小時
	(7)解說之安全與意外處理	4小時
	(8)遊客中心之服務與技巧	4小時
	(9)定點解說之服務與技巧	4小時
	(10)步道解說之服務與技巧	4小時
	2.行銷課程與時數：（40小時）＊室內課程	
	課程	上課時數
	(1)休閒產品行銷之基本觀念	4小時
	(2)行銷之工作性質、內容與範圍	4小時
	(3)行銷媒體、傳播與公關	4小時

	(4)坪林農特產品包裝與組合	4小時
	(5)坪林休閒產業之產品、定價與服務	4小時
	(6)坪林休閒產品之推廣與通路	4小時
	(7)坪林休閒產品之市場區隔	4小時
	(8)坪林休閒產品之市場定位	4小時
	(9)坪林休閒產品之整合行銷	4小時
	(10)坪林休閒產品之經營管理	4小時
	3.實地考察：（20小時）＊室內課程	
	課程	上課時數
	(1)宜蘭觀光景點解說環境	10小時
	(2)新竹縣休閒產品探討	10小時
考核方式	課程結束後參加學員每人抽題目作8至10分鐘的即席表達。聘請三位實務評審進行審查與考核。	

資料來源：整理修改自「坪林鄉觀光解說導覽人員訓練計畫」（坪林鄉公所，2006）。

三、勤務派遣

(一)服務意願調查

為了確實掌握可供調度的解說人力，可以月份為單位設計服勤意願調查表，供解說員填寫次月可前來服勤之日期，而且於每月的15日前收齊彙整為「服勤意願統計表」。

(二)勤務派遣

依據遊客參觀預約的情形及國家公園各據點解說人力需求，再參考「服勤意願統計表」，即可作成「每月服勤行事曆」，並於每月20日前寄發全體解說員，解說員即可按表前來服勤。服勤行事曆內容至少必須包括以下幾點：

1.參觀團體名稱、人數：讓解說員得以正確瞭解團體的屬性以及資料應準備的份數。

2.參觀日期、路線：根據據點和路線來規劃與安排整個行程及掌控時間。

3.參觀性質（屬於一般參觀動植物之旅或是賞鳥活動）：讓解說員得以針對其團體特性來規劃解說內容與方式。

4.領隊的姓名與電話：方便解說員與領隊在事先作最後集合時間、地點與人數的確認。

5.集合時間、地點：明確地標明集合時、地，以順利準時集合。

另外，須附註無法前來服勤者之聯絡或處理方式。

(三)服勤回報

解說員在帶隊服勤的過程，同時也進行著巡視的工作，舉凡如解說牌示說明文字遭塗損、觀景平台破損、蜂群威脅遊客、稀有動植物的發現等等，均可由解說員以電話或書面回報，加以列管追蹤改進辦理。

在勤務派遣的同時，解說員往返交通、食宿等問題也應列入考量，唯有妥善的安排，解說員才得以專心的服勤。

四、考核

考核的目的，除了獎勵優秀的解說員及淘汰不適任的解說員外，最大的目的在於凝聚解說員的向心力，延續並增強解說生命力。參加義務解說員的動機雖然不同，有的為了服務人群、回饋社會，有的為了吸收新知、教學相長，有的為了認識結交朋友等等，然無論何種動機，其解說品質對於管理單位的影響卻是深遠的，也因此公平、公正的考核是不可或缺的。

考核可分為平時及年終考核二種。平時考核可參考遊客在接受解說服務後的意見反應或管理處對員工平時的觀察。至於年終考核可以下列幾種標準加權為之：平時的考核點數、服勤意願點數、服勤次數點數、服務年資等。凡年終考核成績達某一點數者，在公開的場合予以表揚，又表現特別優異的，可列入榮譽榜的行列或報請上級單位提報全國志工獎。

義務解說員的儲訓與運用是挑戰性極高的工作，亦唯有研訂妥善的義解運用制度，才能解決解說人力不足的問題。

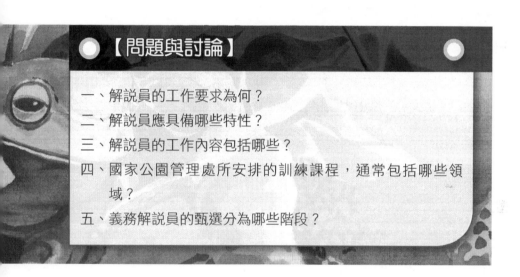

【問題與討論】

一、解說員的工作要求為何？

二、解說員應具備哪些特性？

三、解說員的工作內容包括哪些？

四、國家公園管理處所安排的訓練課程，通常包括哪些領域？

五、義務解說員的甄選分為哪些階段？

Chapter

6

非人員解說

第一節　遊客中心及展示室

第二節　步道

第三節　解說出版品

第四節　視聽多媒體

第五節　標誌牌示

【關於非人員解說】

　　非人員解說係採用除人員以外的其他解說媒體，包括遊客中心及展示室、步道、解說出版品、標誌牌示、視聽多媒體等類型。

　　遊客中心及展示室除了展示各該地區奇特的資源景觀特色外，並提供遊客許多諮詢或必要的服務。步道又可分為自導式步道和自導式汽車導遊兩種。它是指一條專供徒步行走的道路、沿線伴隨著具有解說功能的媒體，讓遊客認識並瞭解一些有趣、特殊的景觀或現象。所謂解說出版品即是將所想要對遊客解說的資料、訊息，印刷於紙張、卡片上後，製成手冊、摺頁等方式的解說媒體，又可稱為解說印刷品。標誌牌示則是指除了解說功能之外，尚包含指示、警告等功能。視聽多媒體則是運用視聽器材加以結合，並錄製相關的軟體供解說使用。

　　非解說人員是指除人員以外，運用其他各種不同的媒體以傳達解說資源的訊息。每種解說設施均有其優點及缺點，而且在選擇與規劃上均有其必要條件。以下即就遊客中心及展示室、步道加以探討，並輔以國內各國家公園現有之相關設施加以介紹並說明。

第一節　遊客中心及展示室

　　遊客中心為管理機關主要之行政作業地方，並提供該園區內主要資源的解說與特色的資訊；同時於主要的遊客中心提供較完整與整體的資訊，或運用不同方式加以展示解說資源。以下即就展示的功能與方式、展示考量因素與媒體選擇模式、展示規劃等加以說明。

一、展示室的功能與方式

(一)展示的功能

　　遊客中心及展示室除了展示各該地區奇特的資源景觀特色外，並提供遊客許多諮詢或必要的服務。一處開放式的國家公園或風景區其與博物館的展示本質及特性是有差異的。博物館是一個購置、典藏、展示及闡釋各種科學範圍中各類事物的機構，通常是一處建築物或建築物的一部分；而遊客中心相對的就較難明確的定義了，其功能會因各國家公園或各據點而有所差異，以美國的國家公園為例，其遊客中心展示館的展示內容主要是向遊客解說該地的意義，引領遊客觀察所在位置上的自然物或史蹟，以期經由認知→瞭解→欣賞→保護之過程，達到資源最大保育的目的。

　　博物館和遊客中心展示館最大的差別在於其基本資源所處的

位置不同。國家公園的遊客中心其主要資源通常在於戶外而非建築物，遊客中心的展示及物品僅提供遊客對這些資源有較深刻的印象與瞭解，通常是一種親身體驗前的介紹或參訪後的印證。而博物館的基本資源都是物品，收納於建築物內，遊客將專程到此建築物內去看這些物品的展示。故基本上，遊客中心是一種導引性的展示，而博物館則強調闡釋性的展示。

遊客中心展示是一種向參觀者介紹理念及傳遞訊息與知識的場所，故不能單是將資料、圖片，或實物、模型、標本呈現給遊客，還得涵蘊教育、溝通的功能，包括：

1.鼓勵遊客去觀察自然、史蹟、風土人物，進而提昇保育自然、保育生態的性情。

2.教育遊客如何共同保育或關心這些重要的自然資源。

3.激發遊客求知的慾望。

4.增加遊客想像的空間。

(二)展示的方式

事實上，一個小而精緻的展示空間往往更能吸引遊客的注意與興趣。一個配合當地環境或具地緣關係的展示，因遊客即將前往探索或欣賞，而更能激起他們的興趣。另外，展示主題、配置、設計、製作的品質，遠較一些大而無當的展示更為重要。一般展示方式可分為實物展示和其他的方式展示，茲說明如後：

■實物展示

好的展示需有實物作為例證。實物可以增加空間的立體感，也可以給遊客一個真的，不是虛構的感覺。實物是博物館展示的主體，同時也是遊客中心展示的根本，因為實體同時具有本質或美學的價值，並可激發遊客保存的意念。一般遊客可以從實物或說明中

獲得訊息，而學者專家也可以研究博物館或遊客中心內的展示實物，獲得更深一層的資訊。如關於蒙古草原文化的展覽中，展出蒙古包，內部並以實物佈置展示；同時也展示出草原文化的食、衣、習俗等，可讓遊客更深入瞭解其文化；另外，義大利龐貝古城遺址的實物展出，可讓人加倍感受到火山爆發時瞬間所造成的災害有多驚人。

■其他展示方式

其他展式方式除了指實物外，尚藉由模型、圖表或其他視聽媒體進行展示。實物展示在展示規劃時可以直接呈現出解說導覽的本質或本體，但事實上，有些展示並無法用實體展出，例如有關於未來事件的展出或大規模空間的展出等，此時其他媒體反而更能表現出解說的目的，其主要的選擇在於瞭解各種展示媒體的優點與缺點。

實物展示能將歷史的瞬間凝結或創造一個環境，然而在許多

黑龍江博物館內的人物模型展示將歷史的瞬間予以凝結

方面缺無法表現高度連貫性或複雜的故事，例如在戰役史蹟紀念館中，可以利用實物或模型將悲壯的戰爭情景呈現出來，可以瞭解彼此的局勢、武器的種類、士兵的生活型態，但卻不能表現戰爭的動態，或如視聽媒體的展現戰略形勢，同時展示也無法有效的說明導致戰爭的細微原因，或最後勝負的關鍵等等。

在自然環境的範疇裡，展示可以顯示一個森林生態系裡豐富的動植物，也可以顯示森林生態系的土壤層次，甚至可以製作一個模型或圖表來表現板塊的擠壓與地殼的隆起，然而展示卻不能有效表現森林生態系中複雜的動植物關係或與其他生態系間的關係。例如無法完全表達太魯閣國家公園大理石峽谷的形成，或表現陽明山火山群的噴發過程。假如能運用視聽媒體與展示相互結合，將可以作更好的說明。

書面資料也是不可忽視的。一些學習慾望高的遊客往往更能在事後空閒時吸收更多、更深入的知識，或在實物的現地直接比對認知，所以展示也可以同時備妥展示手冊或摺頁。

有效的展示是所有展示規劃者的目標。規劃者面對歷史性的題材通常都會掌握許多實物或模型，並將人與相關的事物相結合，而自然資源展示規劃者則具較大的挑戰，必須經常去尋求解決有效展示的品質，尤以地質展示規劃者最困難，因為地質展示若作不好的話，常會變成死氣沉沉或毫無意義。

二、展示考量因素與媒體選擇模式

(一)展示考量因素

利用媒體作展示是很重要的，而媒體的選擇則需考量成本、效果、展示目的、學習型態與製作技術可行性等因素，其考量重點分列如下：

1.能忠實的展現主題內容的固有品質。

2.考量能適時的變換媒體，使參觀者有不同的學習方式。

3.容納較多的參與機會與經驗分享，並允許一定數量的重複。

4.常識往往是選擇媒體的最後仲裁者。

5.比較二種媒體設計時，如是同樣均能傳達訊息效果，應選擇製作經費與維修問題較少者。

(二)媒體選擇模式

展示媒體選擇的目的不外乎吸引遊客駐足參觀，提高注意力並喚回遊客潛藏腦海的知識，或讓遊客有適時的回應，故媒體應具創意或具多樣性。以下有二種媒體的模式可供參考：

1.靜態模式：展示固定而不改變其狀態，是傳統博物館最常使用的物品與版面展示。

2.動態模式：展示中結合其他媒體，創造出不同的時間裡狀態或動感的產生。例如將文字從靜態的版面展示更改為用字幕機或電腦以一幅幅或一字字的呈現方式：

(1)自動機械模式：參觀者無法影響展示的進行，如影片或影帶。

(2)操作模式：參觀者扮演一個積極的角色，但是媒體不會影響即將發生的事，如影片或影帶的播放可由按鈕操作播放，用手操作的轉輪並對正顏色，或將問題翻開獲得答案，或是操作一個骨頭關節。事實上，參觀者操作展示品時，其過程均已預先設定而沒有相互溝通的作用。

(3)互動模式：參觀者與展示彼此相互作用。目前用動作與反應的複雜性，展示方式幾乎均與電腦連線，有的是所謂的電腦輔助學習。互動模式又可分為：

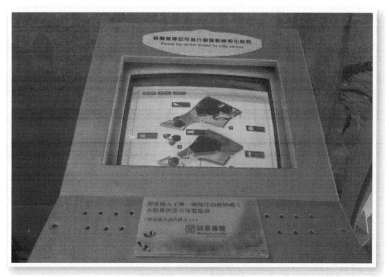

動態模式的互動式解說系統

① 導師模式：結果預設在一個相當的範圍內。
② 模擬模式：結果是開放的。

三、展示規劃

展示規劃是一連串的過程，其規劃過程簡列如後：

1.先期規劃：在先期規劃中，應先考量到所欲展示的構想，針對資源的特性加以思考。

2.目標設定：在此階段須從展示的內容與遊客接受者的需求考量。考量的要點包括以下三項：
   (1)客層決定。
   (2)決定展示主題及所要傳遞的訊息。
   (3)決定展示的內容與目標。

3.現場踏勘：展示場所的空間方位、空間大小、其他相關設備

的配合等問題，都是現勘時應注意的事項。

4. 研提概念計畫：結合上述第2、3階段的考量，及各主、客觀因素研提概念計畫，並深入探討評估。

5. 研提定案計畫：在提定案計畫時，主要須針對展示的說明、動線及展示方式作更細部的計畫，包括下列幾項：

(1)展示說明計畫。

(2)展示分區計畫。

(3)展示動線計畫。

(4)照明計畫。

(5)色彩計畫。

(6)影像與音響計畫。

【範例一】遊客中心

(一)美國大峽谷國家公園遊客中心

大峽谷國家公園遊客中心，其主題展示是一個三分鐘的時鐘，每一個分隔記號代表一千一百萬年，鐘面的後方是相互不重疊的指示著地質及生物的歷史年代，並與主時鐘同步運轉，生物年代指針指向某一生物年代鑲板時，地質年代指針也毫不重疊的指向另一地質年代鑲板，而這些鑲板同時側置於中央主鐘的四周。

另一遊客中心在冰河展示中，將複雜的冰河故事凝結在一萬八千年前地球冰河作用最旺盛的年代，利用板塊位置地圖，說明那個時候的生物種類，遊客可依據地圖看到不同的陸塊，同時也可看到生活其上的生物，包括一些似曾相識的、一些古怪奇特的、或一些早已滅絕的物種。

(二)墾丁國家公園

◆潭子灣遊客中心

墾丁國家公園遊客中心設有簡介廳及自然資源展示廳等，提供遊客完善的資訊及解說服務。

◆龍鑾潭自然中心

龍鑾潭位於墾丁國家公園西側，潭面滿水面積約175公頃。每年秋冬之際，大批候鳥飛抵此地棲息過冬，成為愛鳥人士賞鳥及研究鳥類生態的場所。

◆砂島貝殼砂展示館

砂島位於鵝鑾鼻北方1.5公里，為一片色澤亮麗，長約220公尺的貝殼砂沙灘，展示館中以顯微鏡將貝殼砂的構造組成展現出來，一覽無遺。

◆瓊麻工業歷史展示區

瓊麻工業近五十年來對恆春半島發展史及民生經濟有極深遠之影響，國家公園透過展示區的設立，引導遊客明瞭瓊麻工業興衰史及對恆春半島自然生態環境的影響。

(三)玉山國家公園

◆塔塔加遊客中心

民國80年成立，展示室利用現代展示媒體、模型、實物及電腦導覽系統，介紹西北園區內生態環境、人文史蹟並提供遊客中心各類遊憩資訊，認識園區珍貴資源以促進生態保育觀念。

◆南安遊客中心

民國81年4月成立，展示室以東部園區特性為主。南安位處清八通關古道與日據時期八通關越道東側入口附近，故展示內容由人文史蹟開展，介紹兩條道路開闢的緣由，經過與興衰及其間

差異比較，介紹布農族同胞在日據時期抗日與越道闢建的關係。
動植物方面以古道和越道沿線資源為展示主題，偏重於低海拔動
植物的介紹，並以圖片及航照圖展示比較，提醒遊客資源破壞後
難以復舊。

◆梅山遊客中心

　　民國82年6月成立，展示室的設計以簡易親近為原則，希望
讓遊客在短時間內感受到國家公園的原始與自然。除介紹南橫沿
途動植物景觀、地形景觀及遊憩資源外，並規劃一處布農文化展
示館，展示布農族日常生活、習慣、禮俗等等，讓遊客瞭解到布
農族的文化特色；而原生植物園所栽種的植物，更將當地及本土
原生性植物作有系統規劃的栽種，讓遊客明瞭。

 第二節　步道

　　步道又可分為自導式步道和自導式汽車導遊兩種。自導式步道
可稱為「解說性自然步道」，它是指一條專供徒步行走的道路、沿
線伴隨著具有解說功能的媒體（通常是解說牌誌或解說出版品），
藉著這些解說設計，讓遊客認識瞭解一些有趣、特殊的景觀或現
象。相對於「活動引導解說」，自導式步道通常無解說人員的帶領
及說明，強調遊客藉由管理單位的解說設計，而自行創造體驗的一
種過程。

　　自導式步道依提供的內容可分為「一般主題步道」與「特定
主題步道」兩種。步道解說的內容包括任何一件值得注意的事物現
象，而沒有一個共同、連貫的主題時，這種步道就稱為「一般主題
步道」；當步道中所有被解說的景象事物，都與某特定的主題有密

切關聯，且整體組合起來可構成一完整的系統者，則稱為「特定主題步道」。

無論是「一般主題步道」或「特定主題步道」，自導式步道通常伴隨兩種媒體作解說設計。其一為牌誌，即管理單位在步道沿線，選取若干適當地點，設立解說和管理牌誌，以圖解及文字，說明附近的自然人文景觀或具教育意義的現象。這種方式的優點在遊客可以跟隨沿線的牌誌，在適當的地點觀賞景觀，而較不會有不小心遺漏觀賞據點的缺憾。其二為解說出版品，這種方式係將觀賞點依步道位置或參觀順序標示於手冊摺頁中，並以文字或圖解說明，提供遊客參考對照之用。這類解說手冊或摺頁通常置放於遊客中心、管理服務站或步道起點，由「資訊服務」解說人員發送或由遊客自行從分發箱中取用。

目前，在一般的博物館中亦有提供相關的解說服務，遊客可自行向服務中心洽租錄音導覽設備，按照其所編號選擇的展示物品，邊依指示前進，邊聽相關的解說服務。

自導式汽車導遊則興起於汽車普遍使用的時代。當汽車旅遊被當作是一種工具運用在解說上時，通常可提供一群小家庭般人數的遊客，在屬於他們自己的空間中，以適意的速度，配合其他解說設施的引導，廣泛的暢遊較大範圍的遊憩據點。這種自導式汽車導遊強調的是一個小團體或小家庭，在一種具有自我隱私的舒適空間中，共同創造知性遊憩體驗的過程。自導式汽車導遊也可依旅遊的路程內容區分為「一般主題汽車導遊」和「特定主題汽車導遊」兩種。

【範例二】國家公園十大步道之旅

(一)國家公園步道分級標準

第一級　開放性步道

1. 步道路面平整,坡度平緩,安全設施良好,且資源解說設施完整。
2. 適合一般大眾前往,老少咸宜。
3. 步道行程於半天內即可完成,輕裝即可上路。

第二級　開放性步道

1. 步道路面平整,坡度稍大或位於高山,氣候變化大而有潛在之危險因素(高山症)。
2. 適合體力稍佳者,輕裝並攜帶水與少許糧食上路,半天內即可完成。
3. 路途稍遠之步道需一整天的行程安排。

第三級

1. 位於較偏遠山區或路途較遠;步道路徑尚稱清晰,但部分可能崎嶇;部分步道因路途較遠,須有過夜準備。
2. 適合體力佳且有初步地圖判讀能力者前往。
3. 須申請入山入園許可。
4. 須準備齊全之裝備,如飲水、食物、地圖、禦寒衣物、急救藥品等。

第四級

1. 位於生態保護區內或高山地區,主要為自然原野區域,部分路徑不明或有自然崩塌現象,具有潛在危險性。
2. 需時數天,適合體力佳且有地圖判讀及野外求生能力者。
3. 須申請入山入園許可。
4. 各項登山裝備須一應俱全,如飲水、食物、地圖、禦寒衣物、照明設備等。

第五級

1. 位於生態保護區內、高山地區或偏遠山區,主要為自然原野區域,部分路徑不明或有自然崩塌現象,具有潛在危險性。
2. 需時數天,適合體力佳且有地圖判讀及野外求生能力者。
3. 須申請入山入園許可。
4. 各項登山裝備須一應俱全,如飲水、食物、地圖、禦寒衣物、照明設備等。

其他(中山級)

1. 未在傳統登山或健行路線,主要為新路勘查、溯溪或古道探勘為主(無明顯路徑)。
2. 具地圖判讀、方位測定等技術能力者。

(二)國家公園十大步道

國家公園	步道名稱
金門國家公園	太武山步道。
陽明山國家公園	七星山步道、面天山步道。
墾丁國家公園	南仁山步道。
玉山國家公園	玉山主峰線登山步道、關山、中之關登山步道。
太魯閣國家公園	砂卡礑步道、合歡群峰步道。
雪霸國家公園	雪山東峰線登山步道、大霸尖山線登山步道。

【金門國家公園：太武山步道】

往沙美．山后↑ 環島東路

屏東文康中心

北太武山
262▲

頑石點頭　往新市．新頭↓

毋忘在莒碣

太武池

延平郡王觀兵奕棋處

玉章路

海印寺石門關

太武山入口

思源亭

太武公墓

步道分級：第一級。

步道簡介：海拔253公尺，是金門第一高峰，也是金門島的脊樑山脈，由花崗片麻岩組成，沿路步道可看見花崗岩巨石景觀，登至山頂、極目遠眺，全島各處之平疇、海域及大陸山川，一覽無遺。故而延平郡王鄭成功昔年常登臨觀兵，俯瞰金廈情勢。山頂的「毋忘在莒」勒石，高數十丈，也成為金門最著名的地標。原生植群種類多，為大眾化登山健行步道。

步道長度：約3.5公里。

【陽明山國家公園：七星山步道】

步道分級：第二級。

步道簡介：七星山是大屯火山群的最高峰，標高1,120公尺。當
　　　　　火山劇烈活動時，噴出岩漿冷卻凝固的安山岩，在火
　　　　　山口四周堆積成錐狀的火山峰；歷經三十五萬年的風
　　　　　化作用後，在凹谷四周的嶺脊逐漸形成大小七座山
　　　　　頭，七星山之名由此而來。

步道長度：約5.25公里。

【玉山國家公園：關山、中之關登山步道】

步道分級：第四級。

步道簡介：海拔約3,666
公尺，為中央
山脈大水窟山
以南最高峰，有「南
臺首嶽」之稱，亦為玉山
國家公園南面界山，由玉山觀
之，如金字塔削入天際，氣勢軒
昂，僅南、北側淺箭竹坡可供
攀登。關山越嶺道是日據時
代日本人為了有效監控山區
原住民及開發山區交通，
所修築的十四條主要山地
警備道路之一，1931年2
月全線完工，西起今高
雄六龜區桃源登山口，東迄臺東
縣海端鄉關山登山口。步道總長約171公里，可説是
目前全臺灣最長的一條古道，而中之關步道是臺灣少
數僅存中高海拔古道，位於南橫公路131至136公里
路處上方。由南橫公路天池據點進入步道到中之關，
路徑雖短但為保留最完整的路段，是關山越嶺古道目
前遺跡保存最完整的段位，由於未經人為破壞，植物
資源保存完整且富多樣性；沿線設有詳盡的解說牌
示，供遊客休憩、賞景及作健行之旅。

步道長度：關山線：約5.6公里；中之關線：約3.5公里。

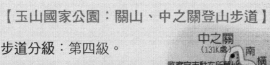

【太魯閣國家公園：砂卡礑步道】

步道分級：第一級。

步道簡介：砂卡礑步道原名神秘谷步道，因昔日為太魯閣人部落
所在而更名。「砂卡礑」語意為「臼齒」，因昔日太
魯閣人建社時掘出臼齒而得名。步道傍砂卡礑溪開鑿
於岩壁，溪水終年澄碧，是探尋太魯閣人生活文化的
最佳去處，也是欣賞水、石之美不容錯過的饗宴。

步道長度：單程約為4.5公里（須原路折返）。

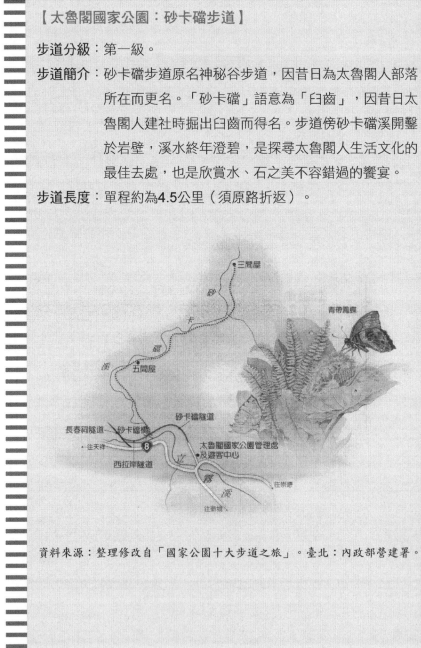

資料來源：整理修改自「國家公園十大步道之旅」。臺北：內政部營建署。

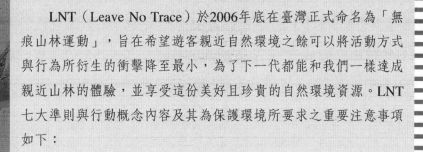

【範例三】無痕山林運動──LNT活動之推廣宣導

　　LNT（Leave No Trace）於2006年底在臺灣正式命名為「無痕山林運動」，旨在希望遊客親近自然環境之餘可以將活動方式與行為所衍生的衝擊降至最小，為了下一代都能和我們一樣達成親近山林的體驗，並享受這份美好且珍貴的自然環境資源。LNT七大準則與行動概念內容及其為保護環境所要求之重要注意事項如下：

(一)事先充分的規劃與準備（Plan Ahead and Prepare）

1.事先瞭解你即將前往地區的特殊管制規定、入園許可及相關生態環境狀況。

2.對可能發生的嚴峻氣候、危險及緊急事故要有充分的準備及應變能力。

3.規劃行程日期時，儘量避開尖峰的熱門時段，降低對當地環境的集中衝擊。

4.以小型隊伍前進，將大團體拆開成四至六人為一組的小隊，分開前進。

5.重新包裝你的食物，將帶上山的包裝袋減至最少。

6.使用地圖及指北針定位，避免使用路標、記號及旗幟。

(二)在可承受地點行走宿營
（Travel and Camp on Durable Surfaces）

1.行走於耐踏的地表：已設記好的步道、營地、岩石地形、礫石地形、乾草及雪地。

2.保護水源附近的生態：營地的選擇要遠離湖泊及溪流至少60公尺以上。

3.好的紮營地點是「尋找」來的，而非「創造」出來的。紮營在與一般不同的地點是沒有必要的行為。

4.在較熱門的旅行地點時：

　(1)集中在既有的步道設施及營地上活動與紮營。

　(2)為了幫助緩和步道的踩踏及侵蝕問題，只在現存的步道上行走，並儘量行走於步道中間成一直線。就算是積水或是泥濘也不改變步徑。

　(3)儘量縮小營地的規模，只在現存土壤堅硬、寸土不生的營地上紮營及活動。不要再製造出另一個沒有植被的區域。

5.在較原始、較少人的活動地點旅行時：

　(1)儘量分散使用人為的使用與干擾，避免製造出新的營地與路徑。

　(2)避免在剛受衝擊的地點上活動，可防止衝擊擴大。

(三)適當維護環境並處理垃圾（Dispose of Waster Properly）

1.將所有帶上山的東西一起帶下山：詳細檢查休憩和紮營的區域是否有遺留的垃圾、食物、殘渣，要將所有的垃圾、剩菜及殘留物帶下山。

2.如果你願意，可以把排遺背下山：大多數的地方可接受將排遺埋在一個10至20公分深，離水源、營地或步道至少60公尺遠的貓洞（Cathole）裡，並將貓洞的表面以原來的植被覆蓋。

3.記得要將使用後的衛生紙或其他的衛生用品帶出原野。

4.如果要洗澡或是清洗餐具，必須提著水遠離水源處至少60公尺以上的地區，以少量可自然分解的生物性洗滌劑清洗。並將菜渣過濾帶出原野（絕不可以掩埋），過濾後的水要分灑

在泥土上。

(四)勿取走任何資源與物件（Leave what You Find）

1.歷史遺址是全民的資產，對於這些文化上、歷史上的遺產（藝品），觀察時不要觸摸它；紮營時也要遠離這些地點。

2.將發現到原野上的石頭、植物和所有自然界的一草一木留在原處。

3.避免破壞生態的平衡，不要引入原來不生活在該地的物種。

4.不要建造任何的構造物、家具，或是挖掘溝渠。

(五)將營火的使用及對環境的衝擊減至最低

（Minimize Campfire Impacts）

1.在野地裡生火會在土地上留下永久的傷痕，請使用一個輕量化的爐具炊煮以取代營火。

2.在允許生營火的地方，請使用已架設好的爐架和生火點。

3.必須生營火時，請撿拾散落在地上、可用手折斷的樹枝，生一個夠用的小營火即可。

4.離開時，一定要將火完全熄滅，並把沒有燒完的東西通通帶走，灰燼必須分散撒在遠離營地的地方。

(六)保育自然環境與野生動物（Respect Wildlife）

1.在適當的距離外觀察野生動物，不要跟蹤或是試圖接近牠們。

2.絕對不要餵食野生動物！餵食的行為將危害到牠們的健康、改變牠們自然的行為，並使牠們暴露在掠食者與其他的危險中。

3.藉由小心的儲存食物及垃圾，保護自己的安全與野生動物的安全。

(七)尊重其他旅行者的權益

（Be Considerate of Other Visitors）

1. 尊重其他旅行者，並維護他人旅行過程中遊憩經驗的品質。
2. 保持應有的禮貌，並且讓道給其他同樣在步道中的旅行者。
3. 在步道中相逢時，請暫避到下坡側等待，禮讓背重裝的旅行者。
4. 休息或紮營時請遠離步道或其他的旅行者。
5. 避免喧嘩或製造噪音，讓大自然的聲音與你我分享。

資料來源：內政部營建署網站。

第三節　解說出版品

　　解說出版品目前是各管理單位最主要的宣導品，經費較其他解說媒體成本低，且資訊的修正較方便，為現階段最為廣泛的解說媒體。同時，其可依不同的主題、不同的對象設計，或印行不同的出版品，以達宣導的目標。茲將解說出版品的種類、優缺點、製作要點加以說明如後。

一、出版品的種類

　　所謂「解說出版品」即是將所想要對遊客解說的資料、訊息，印刷於紙張、卡片上後，製成手冊、摺頁等方式的解說媒體，又可稱為「解說印刷品」。它可提供極清楚詳盡的知性資料與鮮明美麗的感性畫面，是最適合有興趣的遊客研讀與收藏的紀念品。由於製

免費索取的解說出版品多以摺頁、手冊的方式呈現

作便宜、易於攜帶、資料較其他媒體詳盡，而且可以大量複製，使其成為一種極為普遍便利的解說工具。遊客手持一張含地圖、索引的解說摺頁，可以按圖索驥，邊走邊賞景邊印證，陶醉於自我尋賞大地景觀、萬物奇象的樂趣；掌握一卷解說叢書，更可以知古鑑今，瞭解人文遺址和自然風貌，達到知性旅遊、寓教於樂的目的。

　　為增加遊客的實際體驗，解說出版品經常配合其他的媒體使用，最常見的是與自導式步道及自導式汽車導遊的配合。它可以針對需要，以報紙、手冊、摺頁、書籍、畫冊、地圖，甚至海報、卡片等各種不同的形式出現。以其內容區分可分為諮詢性質的出版物，及解說性質的出版物兩種；若以其功能區分，則可分為宣傳用出版品、參觀用出版品、教學用出版品，及紀念性出版品四種（見表6-1）。

表6-1　解說出版品一覽表

書名	作者	出版項
「一看就懂圖解臺灣」套書	黃美傳、戴震宇、遠足地理百科編輯組	遠足，2012年
《氣候變遷地圖》	王惟芬譯	聯經，2012年
《臺灣地圖大全》（新五都）	周宇廷著	大輿出版，2012年
《綠建材解說與評估手冊》（更新版）	內政部建築研究所	內政部建築研究所，2011年
《實踐環境教育：環境學習中心》	周儒著	五南，2011年
《圖解地球環境百科》	林昆樺譯	臺灣東販，2010年
《國際環境法：條約選輯與解說》	葉俊榮、姜皇池、張文貞著	新學林，2010年
《臺灣的地景百選》	林俊全等著	行政院農業委員會林務局，2010年
《臺灣的國家公園》（新版）	魏宏晉著，金炫辰繪	遠足，2010年
《環境解說實務指南》	林佑齡譯	華都，2010年
《解說員爸爸的自然教室》	張瀞文撰	天下雜誌，2010年（第12期）
《一生一定要去的100個國家公園》	國家地理編委會	漢宇，2009年
《臺灣山海經——國家公園生態文學之旅》	古蒙仁著	INK印刻，2009年
《遊客不參加人員解說之因素及其因應策略之探討——以陽明山國家公園為例》	蘇詩容	國立中興大學園藝學系所碩士論文，2009年
《臺灣國家公園》（典藏精裝書）	廖東坤著	內政部營建署，2008年
《臺灣的國家步道》	林澔貞、郭育任、翁儷芯著	遠足，2007年
《解說我們的襲產》	許世璋、高思明譯	五南，2007年
《玉山國家公園天池遊憩區解說系統規劃之研究》	許重洲著	內政部營建署太魯閣國家公園管理處，2005年
《玉山國家公園自導式步道解說系統之建立——以玉山主峰線為例》	李瑞宗著	內政部營建署太魯閣國家公園管理處，2004年

（續）表6-1　解說出版品一覽表

書名	作者	出版項
《國家公園解說員環境教育與環境解說專業發展需求研究》	王喜青撰	國立臺灣師範大學環境教育研究所碩士論文，2002年
《21世紀的解說趨勢：解說自然與文化的15項指導原則》	吳忠宏譯	品度，2000年
《武陵地區環境生態》	汪靜明著	雪霸國家公園管理處，1995年
《自然生態筆記：太魯閣國家公園四時觀察記》	徐仁修攝影撰文	內政部營建署太魯閣國家公園管理處，1993年
《解說技巧：解說員自我訓練手冊》	陳瑋鈴、周豔芬譯	陽明山國家公園管理處，1990年
《玉山國家公園東埔玉山區及關山區解說系統細部規劃》	董美貞著	內政部營建署太魯閣國家公園管理處，1989年
《太魯閣國家公園解說教育計畫與實施》	王鑫編著	內政部營建署太魯閣國家公園管理處，1989年

資料來源：整理修改自臺灣國家公園（2012）。臺灣國家公園－藝文專區出版品，國家公園季刊。網址：http://np.cpami.gov.tw/chinese/index.php?option=com_dl&view=type2&Itemid=126&gp=1。檢索日期：2012年8月2日。

二、解說出版品的優、缺點

(一)優點

1.遊客攜帶方便。

2.使用場合較廣，價格比較便宜。

3.出版內容深度可視實際需要而定，便利遊客選用。

4.遊客可攜回，具紀念品價值，易廣為流傳。

5.出版品可用販售的方式，以回收成本並增加收入。

6.可提供詳細的各類資訊，輔助人員解說的不足。

7.可以有多國語言的版本，便利外國遊客。

8.可賦予多種解說技巧。

9.適合表達有次序性的題材。

(二)缺點

1.冗長的文字可能使遊客失去興趣。

2.遊客可能會亂丟而製造廢棄物。

3.印製若數量少則成本高。

4.需由專業人員撰稿、設計、說明，成本上較為吃重。

5.有的出版品時間久遠不符實情，故應不斷修訂以保持正確性。

三、解說出版品的製作要點

(一)規劃階段

　　有關規劃出版品時，可以針對不同的使用性質、教育、年齡層次及國籍的需要，委託學者專家編寫或自行撰擬，編製因應不同需求的解說出版品。（如圖6-1）

(二)撰文階段

1.應慎重選擇文體，例如描述性、敘事或特定主題等。

2.撰文內容需正確、具可讀性、生動而有趣、清晰易瞭解。

3.內容力求完整、避免重複，最好具有生態保育概念。

4.用字力求平易近人，避免專業術語及難字。

5.內文應有出處及依據，並避免錯別字。

6.多運用感性、溫暖、生動或主動性的文字加以描述。

7.使用的幻燈圖片需透光率好、影像敏銳、對比適當、構圖良好、層級豐富。

圖6-1　具解說性質的解說出版品──具教學與紀念性的《灰面鵟鷹的旅行》繪本

資料來源：何華仁圖文（2007）。《灰面鵟鷹的旅行》繪本。屏東：內政部營
　　　　　建署墾丁國家公園管理處。

(三)付印階段

1.印刷前文稿須繕寫清楚，修訂需儘早完成，編輯需有章、
　節、項、標點符號及其段落須完整。

2.選用品質佳的印刷廠，最好印刷廠聲譽佳、信用且負責任。

3.分色製版能與設計師配合，且避免損傷幻燈片。

4.印刷廠需具有先進高品質的分色製版及印刷軟、硬體。

5.印刷時，承辦人員及設計師需配合監印。

(四)保存階段

1.分類存放：出版品以及CIS系列成品依出版物的屬性分類保
　存，幻燈片則依圖表、活動及各種資源、設施分類存放。存

放需有適當的空間，需離領用者較近，需通風、無淹水之虞，幻燈片則需以乾燥箱保存，領用後需定期盤點及加印補足。

2.擬定領用的流程：依照解說出版品需求的數量，擬定訂約印製、驗收交貨、物品申請、固定盤點的整套流程；並且製定存量控制表，以確實掌握出版品的數量。

 ## 第四節　視聽多媒體

　　由於科技的進步，許多解說資源可以運用先進的技術呈現在遊客或大眾面前，或藉由劇情的串連將歷史情景重現眼前；不僅可將許多不易親眼觀察的資源展現出來，也更能加深遊客對解說資源的印象。（如**表6-2**）茲將視聽多媒體的分類、優缺點及製作要點加以說明如各節。

一、視聽多媒體的分類

(一)視聽器材

　　視聽器材是利用聲音、影像，或其他光學、理化、電子等各種科技來傳達解說訊息的工具。當遊客因時間不允許而無法直接接觸到解說實體時，視聽媒體便可彌補直接解說之不足。視聽器材在硬體方面包括了幻燈機、投影機、電影放映機、電腦、雷射唱盤、錄音機、錄放影機、電視、碟影機、微影機，以及其他的周邊設備器材等；在軟體方面則包括了幻燈片、投影片、影片、電腦程式、磁碟或光碟、雷射唱片、卡帶、錄影帶、碟影片、微影片等等有關的軟體教材。

表6-2 臺灣國家公園影音出版品

營建署公園組		
名稱	出版日期	備註
臺灣國家公園之美(DVD)(二版)	97/11	展售
墾丁國家公園		
名稱	出版日期	備註
墾丁國家公園鳥類專輯(DVD)	97/12	展售
傾聽自然——恆春半島聲境紀實	98/12	展售
風中之翼——灰面鵟鷹的故事 (DVD)	97/12	展售
墾丁國家公園鳥類專輯 (DVD)	97/8	展售
知識帶著走——灰面鵟鷹遷徙之旅	97/6	展售
知識帶著走——珊瑚歷險記	97/4	展售
墾丁國家公園四季之美有聲書英語版 (CD)	96/10	展售
候鳥之旅，墾丁之愛(DVD)	96/9	展售
玉山國家公園		
名稱	出版日期	備註
逐鹿山林(DVD)	100/1	展售
雲海上的島嶼	99/11	展售
以玉山為名(DVD)	98/6	展售
朝聖玉山的人(DVD)	98/6	展售
永遠的聖山——玉山(DVD)	98/5	展售
世界新七大自然奇景宣傳影片	98/4	展售
讓我們看山去(DVD)	96/12	展售
瓦拉米山徑之旅——生態旅遊影片(DVD)	96/12	展售
山的記憶(DVD)	96/8	展售
走在史蹟上——八通關越道路(DVD)	96/8	展售
陽明山國家公園		
名稱	出版日期	備註
大屯火山的故事(中／英文DVD)	99/11	展售
生命的走廊(DVD)	97/12	展售
陽明山國家公園的四季(DVD)	96/12	展售
發現草山(DVD)	96/10	展售
山水雲天太魯閣(DVD)	96/3	展售

（續）表6-2　臺灣國家公園影音出版品

太魯閣國家公園		
名稱	出版日期	備註
魔法太魯閣 (DVD)	99/11	展售
太魯閣的山林物語	99/7	展售
雪霸國家公園		
名稱	出版日期	備註
泰雅千年(DVD)	96/12	展售
尋找侏儸紀子遺——觀霧山椒魚的故事(DVD)	95/11	展售
櫻花鉤吻鮭的人工繁殖與放流	94/6	展售
金門國家公園		
名稱	出版日期	備註
落番(DVD)	100/1	展售
金門傳統歌謠(DVD)	99/12	展售
翡翠	99/12	展售
金門——披風小島(DVD)	98/12	展售
古寧頭大戰(錄影光碟)	98/7	展售
鸕鶿生態影片(DVD)	98/5	展售
鐵漢雄姿——金門軍事戰鬥演練 (DVD)	97/12	展售
簷間戴勝飛 (DVD)	97/12	展售
季情金門——四時有韻 (DVD)	97/5	展售
台江國家公園		
名稱	出版日期	備註
江海詩地婆娑生態——台江國家公園簡介3D立體影片 (DVD)	99/12	展售
海洋國家公園		
名稱	出版日期	備註
澎湃列島——黑潮與島嶼的對話 (DVD)	97/10	展售
珊瑚的城堡——東沙環礁國家公園 (DVD)	96/6	展售

資料來源：臺灣國家公園（2012）。臺灣國家公園－藝文專區出版品，影音出版品。網址：http://np.cpami.gov.tw/chinese/index.php?option=com_ef publication&view=video&Itemid=50&gp=1。檢索日期：2012年7月11日。

(二)多媒體系統

多媒體結合了電腦、電子邏輯系統、幻燈機、電視機、音響、燈光及其他視聽設備，其擷取了幻燈片的清晰影像、電影的動感畫面、音響的立體聲效、燈光的明暗閃爍，以及其他各種特殊設備的效果，提供觀眾耳目一新的視覺、聽覺、感覺，甚至味覺、觸覺上的享受。多媒體視聽配置又可分為前照式和後照式兩種；而不同銀幕區分則可分為長寬比三比二的單銀幕（單機、雙機、三機等）、六比二的雙銀幕（六機、九機、十二機）、多銀幕（十五機以上）、三百六十度的銀幕（環型劇場、三十機以上）、全天域銀幕等等。

二、採用視聽多媒體的優缺點

(一)優點

1. 多媒體可讓無法直接接觸實體環境的遊客，經由科技的手法將解說的內容呈現在遊客眼前，例如對於一年四季景觀的變化，可藉由視聽多媒體的編輯與製作加以展現。

2. 多媒體可以提供遊客或觀賞者細膩的畫面說明，同時從多重角度作解說展示介紹，並強調整體的發展和關連性。例如針對野生動物的生態環境與習性的說明所作的完整解說。

3. 在觀賞多媒體簡報中，遊客所建立的印象係同時感受多重影像的集合效果，多媒體的展示方式，一直重複著此過程。可使遊客累積的不僅是單一印象，而是多重印象相乘的巨大感受。

(二)缺點

1.採用視聽多媒體的解說方式通常需要安排一處較固定的場所,讓遊客坐下來觀賞,尤其是多媒體的解說,需要在一個固定的場所,將機器全部架設妥當,無法像其他的方式自由。

2.視聽多媒體無論就其放映場所的設置,需有一定面積的空間規模或擺設規定;而所播放的影片或多媒體影片,亦需要委請專業的拍攝顧問公司編輯,其成本均較其他的解說媒體為高。

3.視聽多媒體因其製作的成本較高,故其保存及維修工作亦相當重要。同時因其為整套的系統,故需留意到所有相關設施或器材之配合度,例如場地動線、銀幕大小、電力、電壓等問題。

三、視聽多媒體的製作要點

(一)規劃階段

1.選定主題:決定是作綜合性的介紹,或者是作某種主題的專輯。

2.表現方式:考慮是採單一媒體的方式,或者是結合多種媒體的搭配。

3.時間長短:回應製作的目的及對象,是拍攝短片、宣導片或紀錄片。

4.規劃畫面、旁白、配樂及音效構想。

(二)製作階段

1.製作過程及工作進度的擬定。

2.辦理方式的決定：以比價、直接議價，或比企劃案後議價等方式進行。

3.劇本（旁白、畫面、音效）的審查。

4.畫面編輯、配音的督導。

5.成品的審查。

(三)管理階段

1.推廣策略：定期放映、更新、拷貝贈送及販賣等問題。

2.保存問題：避免磁場強、溫度高、濕度大的場所。

3.硬體設備的保養維護與配合。

第五節　標誌牌示

「標誌牌示」主要係針對解說資源作固定牌示的解說或說明，其分為引導式、導覽式、說明式、警告式等功能。在牌示的製作或放置，除需考慮內容的詳實與吸引人之外，也需考慮與環境的配合、未來維護保管的問題等，因此亦需委由專業人員的規劃，方能提供良好的解說功能。

一、標誌系統的功能與分類

一般而言，標誌涵蓋了記號、符號、信號等等。而傳達指標的訊息則是根據發送者或收受者的條件不同，而有各式各樣的機能。在解說的領域中，不同文獻對標誌系統的設置與定名不盡相同，主要仍以功能屬性區分為解說標誌（解說系統）及管理標誌（標示系統）兩大類（如**圖**6-2）。茲分述如下：

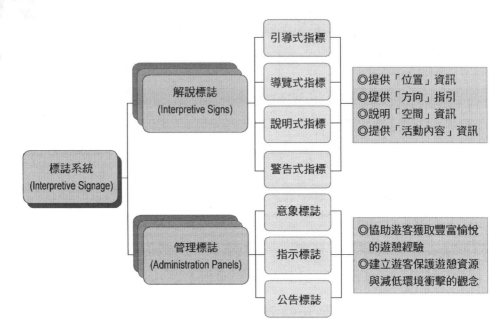

圖6-2　各類型標誌之功能性

(一)解說標誌

　　所謂的「解說標誌」（Interpretive Signs）是針對特殊資源、現象，如人文古蹟、稀有植物、自然景觀等作解釋說明的標誌。依其資訊屬性可區分為引導式、導覽式、說明式及警告式指標等四種，功能在於引導遊客與解說接觸的方法。說明如下：

■引導式指標

　　具有引導使用者至目標機能的標誌即稱「引導式指標」。在標示系統中，所顯示的內容有目標事物的名稱、造型、色彩、指示方向的文字或箭頭符號、現在的地理位置及距離等等。除了標示系統以外，路面上的記號或顏色、光線等連續配置等，亦皆有強烈的引導機能。大部分是讓使用者在移動中，以連續性的確認來發揮機

能。因此，準確的預測其移動狀況，因應其所需的資訊來配置、計畫，其作法極為重要。如圖6-3所示，「從石碇二格山步道一路走下山來，這才發現，向左是往猴山岳，向右是往筆架山。向左走？向右走？究竟是該往哪兒走？不妨讓我們繼續看下去……」

■導覽式指標

標示該地區或其中之建築物、設施等整體資訊，具有確認地區內的事物所在及現在位置之間的關係。一般而言，導覽式指標所標示的對象事物，依導覽目的的不同而有所增減，從山、海之地形，乃至道路上的設施皆有，種類繁多。導覽式標示系統的設計，是以地圖和圖解說明等為主要架構，因此在實際製作完成與設計階段必須仔細思考，盡可能拉進彼此的差距，差距愈小，指標系統愈容易判斷。

■說明式指標

解說管理者欲傳達之資訊或意圖，或說明目標事物的內容、歷史、操作方法等的指標。一般以不同的材質作為設計，如鐵版、木質、石材等等，而以雕刻、鐫刻或貼紙等方式配合圖案及文字加以

圖6-3 新北市石碇二格山步道引導式指標

資料來源：李兆程提供。

說明。說明式指標通常富有教育、學習的功能。

■警告式指標

為保持安全或秩序順暢所設置的指標，其附有催促、督導的機能。如「禁止……」的強制性禁止標示；「當心……」的警告性標示等等。警告式標示的方式大多使用文字，但在警告式標示中經常以圖案來加以突顯，以吸引遊客注意所應該注意的事項。

(二)管理標誌

所謂的「管理標誌」（Administration Panels or Labels）可分為意象、指示及公告標誌等三種（郭育任，2005；鄭燿忠，2005；農委會林務局，2005；交通部觀光局，2011）。說明如下：

■意象標誌

「意象標誌」（Signs for Image）通常設於入口處或標的地區

警告式指標經常以圖案來加深遊客的注意力

資料來源：揚智文化提供。

入口處，其功能如下：

1. 藉由意象表徵使遊客在最短的時間內，心生抵達感或建立地域感。
2. 意象標誌應能表達當地的環境或人文特色，而且可以塑造歡迎的氣氛。
3. 意象標誌未必要以平面的方式呈現，如與公共藝術（雕塑、地標）結合則更可展現特色。

■指示標誌

　　「指示標誌」（Signs for Direction）通常位於交通主次要動線及步道之結點。主要目的在提供遊客方向導引與所在位置。指示標誌應配合使用者之移動速度，使易於車內觀看或在步道上觀看的位置，考量適當的距離、反應、版面與字體大小、顏色對比的清晰度等要素。

■公告標誌

　　「公告標誌」（Signs for Announcement）通常有警告、禁止、公告等性質之標誌。主要目的在提醒遊客之行為，以減少資源的衝擊，並保障遊客安全。內容通常較缺乏趣味性，因此應多引用醒目的色彩、明顯易懂的符號、簡短明確的文字語彙及生動有趣的版面設計，以增進遊客的注意及瞭解。

二、解說標誌牌示的優缺點

(一)優點

1. 無論是由內部人員設計、建造及裝設，或是向外訂製專業設計的標誌，均較其他解說媒體便宜，且裝配得當的標誌，其耐用年限較久。

2.標示是自導性的，亦即遊客能以自己的速度閱讀他們所感興趣的事物，因此人們能在自我控制的時間內吸取他們所希望獲得的資訊。

3.自導式結構的解說標示，對於教師與父母親解釋事物給孩子們聽時也有所幫助，而無須打斷一段解說或錯過部分訊息。

4.標示在任何時間均適用，不論是平日工作人員下班後，或者是較偏遠地方無法安排解說員時，解說牌示均可發揮其功能。

(二)缺點

1.標誌是死的，需要遊客花費時間與精力去閱讀。相反的，播音設施和現場解說則不用遊客全神貫注，因為閱讀資訊比聽到的資訊較花精神。

2.標誌解說是一種單向的溝通，因此遊客無法問及更多訊息的細節；標示亦無法完全適合所有遊客的興趣、年齡及教育程度。

3.大自然的侵蝕作用、腐蝕、野生動物的破壞，甚至遊客刻意或不經意的破壞，將使得解說標誌容易受損或破壞，失去功能。

三、解說標誌牌示製作的要點

解說標誌具有指示、說明、警示等功能，其設置的地點亦非常重要。除了要方便遊客閱讀與使用，須考量到景觀的配合及其設置的一致性。目前國內對於牌示的設計，尚無統一的規範或方法，各單位可能有不同的規定或辦法，經常不同的主管機關在同一地點設置多處牌示，不僅不協調而破壞景觀，甚至因裝設不當，遭受毀損

後管理單位未加以復舊，而影響交通或導致意外事件。近年來，由於材料科技的進度，在解說標誌牌的製作上有許多創新的作法，無論是抗紫外線或是保持色澤飽滿度的材質，愈來愈多，而應用的層面也愈來愈廣，除早期的國家公園、風景區、博物館外，現在包括休閒農業區及許多新興的產業都相當重視解說牌誌的製作，而在設計的理念上，也朝統一的LOGO以及整體性的包裝來思考，端賴設計者與業者的溝通而定案。總而言之，解說牌誌製作須注意以下幾點：

(一)與環境配合

解說牌示設立的地點及高度要讓遊客清楚看見，並且要避免在落石或危險的地區設置解說牌，以免遊客在閱讀文字時發生意外。另外，解說標誌要能融入當地環境當中，例如在森林遊樂區中經常看到的原木製品解說牌，太魯閣國家公園許多以石材作為解說牌示基座等，都具有正面的功能，儘量使用當地的材料，能使解說標誌更具美感而受到遊客歡迎。

(二)字體

標誌中的文字不可太冗長，冗長的文字易使遊客產生厭煩。字的大小以及字體的選擇也是很重要的，因此要先瞭解各種字體的特點，例如行書較為輕快、隸書比較厚實、楷書則介於兩者中間，這些都可視解說的素材而決定選用什麼樣的字體。為了使解說牌更易為遊客閱讀，其文字大小、字間距離、圖面配置也要多方面考慮。

(三)顏色

不同的顏色也會引起遊客不同的聯想，像宗教寺廟常以黃色書寫、危險警告的字句用紅色較為顯眼、海岸用藍色、墨綠色用於森

林、國內的風景區牌示統一使用咖啡色等等。與環境相近的顏色多能顯示該地區的主題特色，而且當它們被使用在這些地區的解說牌時，也能與周遭環境相結合。解說文字的顏色也要考慮和解說牌底色的明暗、對比相互調和的關係，同時儘量避免使用太多顏色，而導致混亂的感覺。

(四)材質

材質的選用非常重要，除了要與環境相配合外，也要考慮其耐用年限及是否易遭破壞。通常選用石材、竹材、木頭、木板直接在上面刻劃書寫解說內容；或用鋁板、不鏽鋼板加以腐蝕處理，或加貼其他可印刷、絹印切割之材料、反光紙、保護膠模等作成解說牌。同時，也要考量設置地方的環境特性，例如在硫氣彌漫的溫泉地區，其材質就得考慮不使用易鏽蝕的材質；又不鏽鋼面板雖保存年限久，但其反光性及導熱性亦須考量。

(五)形式

解說牌示有導引、說明、教育遊客的多項功能，製作時要注意其大小、型式和材料，要能與四周環境調和，避免破壞周遭的景觀。其外型應該注意不要過於繁雜花俏、新潮怪異，並考慮穩固牢靠的程度。視野遼闊的海岸或草原地區，應該選用低矮傾斜式的，以免遮蔽解說的對象。又如在戶外的解說牌示，若以觀察自然界的生物為主，或放置自取式的摺頁宣導品，則考慮以有蓬架的型式加以設置為妥。

【範例四】解說牌示的格式與樣式

　　為統合國家公園區內各項解說牌示的格式及樣式，內政部營建署曾參考目前已實施的交通及服務設施標誌，並研擬統一樣式供各管理處依循參考。茲分別說明與介紹使用圖例如下：

(一)交通設施標誌

　　交通設施標誌的設計，參考內政部所訂定的「道路交通標誌標線號誌設置規則」中的圖案來設計，儘量接近於現行道路交通標誌中的圖案，以符合一般人原有的印象。

1.尺寸：所有單一圖案的標誌，若設立於道路上為65×65公分；設立於人行道為52×52公分。

2.形狀：正方形，四角收圓邊。

3.材料：面板採用折損率較低的鋁板，支撐部分採用鋼管。

4.色彩：以棕色為底，圖案留白為主。唯速度限制的標誌圖案為紅色。

(二)服務設施標誌

　　國家公園內有標誌各項服務設施，如遊客中心、住宿、販賣部、觀景台，如何指引遊客正確地去使用它們，有賴於明確的服務設施標誌。這些標誌除了可設置在各項設施的入口處附近，也可在各道路的中途地點設置，以便適時地提供所有遊客必要的訊息。

1.尺寸、形狀、材料：同前。

2.色彩：以棕色為底，圖案留白，唯救護站之「十」字圖案為紅色。

(三)教育設施標誌

國家公園賦有環境教育的功能，所以教育設施標誌便成為最能表達國家公園特色的標誌。這些標誌不但指出國家公園內有哪些環境及生態的教育設施，同時也展示了區內的自然環境與生態資源之特色。

1.尺寸、形狀、材料：同前。

2.色彩：棕色為底，圖案留白。

(四)遊憩活動標誌

國家公園內除了欣賞園區內的自然環境及生態資源之外，各種遊憩活動亦豐富了遊客旅遊的興趣。而基於環境保育的觀點，國家公園內的遊憩活動在不同的「分」區有不同的管制，遊客應遵守遊憩活動標誌的指示進行遊憩活動，以免對環境造成破壞。

1.尺寸、形狀、材料：同前。

2.色彩：棕色為底，圖案留白。

(五)禁止標誌

禁止標誌主要的表示方法以一道由左上至右下的紅色斜桿壓在圖案之上。

(六)警告標誌

旅遊安全是每位遊客和管理單位應該注意的問題。國家公園管理當局應隨時提醒遊客注意安全，以免造成不幸的事件。因此警告標誌的設計，在形狀與顏色上都較其他標誌更為突出而醒目。

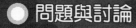

問題與討論

一、遊客中心的展示室除展示外尚涵蘊溝通、教育的功能，
　　請問包括哪四點？

二、使用媒體展示時考量因素為何？

三、一般主題步道和特定主題步道之異同點在哪裡？

四、解說標誌牌示製作要點為何？

五、使用解說多媒體的優、缺點為何？

戶外教育中心與探索教育

第一節　戶外教育

第二節　何謂戶外教育中心

第三節　探索教育

【關於戶外教育】

　　戶外教育分為環境教育和探索教育。就環境教育而言，戶外教育是促成學習者對於環境正面態度形成的有利因素，而戶外教學是實施環境教育最有效的教學方法。學習者可透過戶外教育的學習過程，而有了接觸真實環境的機會，是促成認識環境倫理的重要一步。

　　探索教育的本質是向未知挑戰，包括對內在自我潛能的挑戰，以及向外在環境變動的挑戰；是一種「體驗學習」，也是一種「有計劃、有目的的去體驗生活的新經驗的教育訓練活動」。

　　戶外教育的範圍甚廣，一般來講可分為兩方面，即環境教育和探索教育。「環境教育」（Environmental Education, EE）著重在人與環境的關係，以及人與環境之間的互動；「探索教育」主要是關注於人際關係（Interpersonal）與自我關係（Intrapersonal）。環境教育的詳細內容已於第三章加以說明，本章茲就戶外教育中心與探索教育的內容加以說明。

第一節　戶外教育

　　根據呂建政（1993）對美國戶外教育發展歷史的研究指出，早期在還沒有學校、教科書或專業教育者之前，都是透過直接的體驗學習，就已經是人類重要文化世代傳承的傳統方式。戶外教育的意義是與時代一同變遷，在1930年代的美國，學校的戶外教育當時使用的名詞是「露營教育」（Camping Education），直到1940年代仍以露營活動為主，多半教導戶外生活技能及戶外休閒遊憩活動技能，同時也強調社會團體生活。到了1950年代，「戶外教育」這一名詞才逐漸取代「露營教育」，且其重心漸漸從休閒（Leisure）或遊憩（Recreation）導向變成課程導向，戶外教育在當時被認為是促進學習動機與增進學習效果的一種方法。到了1960年代，是美國戶外教育的黃金年代，也是美國開始認真於自然資源保育的年代，「保育教育」（Conservation Education）的名詞因應而生。1970年代，環境教育興起（如第三章所述），自然環境與人文環境同時受到重視。因此，教導生態學的相關知識、培育環境倫理，促進環保活動與環境行為等，成為當時戶外教育的現代內涵，而「環境教育」一詞也幾乎取代了「戶外教育」的辭彙。

　　以下是戶外教育的類型：

1.住宿或長期型：此類型是必須住在戶外或提供住宿設施的戶外教育中心。教師帶領學生到戶外教育活動的地點，進行為期數天或是一週的集中研習課程。

2.一天或短期型：如一整天的旅遊、探遊、個別調查研究、集體創作等活動，全部屬於學校正規課程的延伸。

3.以遊憩為主的休閒型：通常不是為了配合學校課程而設計的，週末出外旅遊、露營、參觀或是強調休閒娛樂的夏令營等均是。

4.加強文化認知及提昇美感型：一種可提供適當的場地，供音樂、戲劇、舞蹈和其他藝術性表演的類型。

第二節　何謂戶外教育中心

　　戶外教育是促成學習者對於環境正面態度形成的有利因素。其背後的影響與形成固然有複雜的因素過程，但其中有一點值得注意的是，借由戶外教育的過程，可提供學習者接觸真實環境的機會，而這種對於大自然一景一物的感觀接觸，足可引發出學習者對環境的美的喜悅、欣賞與需求，不僅是陶冶心靈或是對自然美的接觸，更重要的是，這是促成認識環境倫理的最重要一步。

　　誠如國內環境教育之父楊冠政所言，戶外教學是實施環境教育最有效的教學方法，而環境解說更能充實民眾的體驗，喚起民眾對於自然的關心。因此，戶外教育不僅對於環境教育的實施有正面的影響，對其他方面亦有其重要貢獻。正因為戶外教育不是單一的課程，所以它的影響實際上已超過傳統課程的影響力，譬如戶外的生活、活動的方式，便提供學習者社會學習、人際溝通發展的機會，同時經過設計規劃的戶外活動內容與方式，更可對於某些有特殊需

戶外教育足可引發出學習者對美的喜悅、欣賞與需求（圖為羅浮宮校外教學活動）

要的學習者，提供行為矯正及心理治療的效果。戶外遊憩的機會與
情境，亦可提昇生活品質，鍛鍊個人身心。

一、戶外教育中心的定義

實施環境教育最有效的教學方法，就是在自然環境中教學，也
就是戶外教學（楊冠政，1998）。然而，良好的戶外教學正是形成
合情合理之學校教育的方式之一，亦需優良且適合的環境教育設施
或場所。

在歐美國家中，除了位處於國家公園、州立公園、保護區等與
都會區有段距離外，或以深度環境體驗和學習活動設計為主的環境
學習中心外，有許多地方的環境學習中心是屬於社區服務類型，因
而自稱為社區自然中心（Community Nature Center）。根據美國明
尼蘇達州環境教育委員會對這些自然中心、社區自然中心、環境學

習中心的學習機構或場域統稱為「環境教育中心」，意指任何除了公私立學校以外，無論全時或半時，所有提供以現場作為基礎的環境教學之住宿型與單日型的環境教育設施或場域者均屬之。

王鑫（1991）認為自然中心的定義是指：「某一個擁有戶外環境教育教學資源的地區，經規劃為戶外環境教育教學用地，設有管理機構並備有必須之教材、教具，以及專責人員等，經常性辦理教學活動的地區。」周儒（2011）則定義環境教育學習中心是在一具有環境教育資源特色（不論是大或小）的土地、區域上，整合環境教育專業服務給第一線顧客，如學生或一般社會民眾，以達成教育、研究、保育、文化、遊憩之多功能目標的環境教育專業機構。

另外，根據**表7-1**參考美國戶外教育會議（Council on Outdoor Education）於1989年對與戶外教育相近的名詞明確定義所做的摘要表的結論指出，戶外教學中心在國外自然中心行之有年，而在臺灣發展環境學習中心類型的服務設施時間起步稍晚，尚在啟蒙階段。

由此可知，無論是戶外教育中心、環境教育中心、自然中心，亦或是社區自然中心，其名稱雖然不一，然其主要的意義及目標卻相同。因此，所謂的戶外教育中心就是將環境教育或生態解說全然在大自然中舉行，經由專業人員的規劃、設計課程、安排活動，由親身的體驗或經由不同課程的安排達到環境教育的目標之一。

二、戶外教育中心的目的與目標

戶外教育中心的成立必定有意義與目的，及其所欲達成之目標。傳統的目的被界定為：「刺激兒童和成人對環繞在附近的美麗自然世界的興趣，並且激勵他們的後代保育環境，形成價值觀。」一般而言，校外教學的目的有二：配合學校教學或彌補學校教學的不足。因此，自然中心提供自然研習場地的做法，不僅可以結合教育和遊憩活動，並可以同時達成德、智、體、群、美五育並行的教

表7-1　1989年美國戶外教育會議公布之名詞定義摘要表

項目	研究重點	項目	備註
環境教育（Environmental Education）	環境	人口成長、污染、資源運用與誤用、都市與鄉村計畫、現代科技對自然資源的需求	戶外教育被認為與自然資源相關，但不包括廣義的世界環境
戶外遊憩（Outdoor Recreation）	範圍寬廣的戶外活動，純為了娛樂或其他價值	旅行、游泳、露營、划船等	假如這些課程是被安排為學校課程時，某些國家會稱其為戶外教育
探索教育（Adventure Education）	從事不確定結果的活動和可能有風險的情況，且有計畫執行教育的過程	繩索課程、泛舟、登山、攀岩等	可視為一種體驗學習，藉由這個探索的過程，得到新知識及對自我的瞭解
戶外教育（Outdoor Education）	強調人與人、人和自然資源之間的關係，包括環境教育及探索教育	泛舟、登山、航海、攀岩等	以體驗學習的方式在自然的環境中學習
體驗教育（Experiential Education）	做中學或從經驗中學習	許多體驗教育的活動與探索教育活動同義。也可看成任何實際的教育經驗形式	探索教育與戶外教育可視為經驗性的教育，學習是經由體驗發生的

資料來源：羅元駿（2004）。《以體驗學習為本之戶外教育活動對個人生活效能的影響與影響因素之研究》。臺北：國立臺灣體育學院體育研究所碩士論文。

育目的。美國許多學者認為這類型的戶外教育中心是為服務社區中的每一個人所設計。因此，戶外教育中心所提供的活動計畫需具備以下四種目的：

　　1.教育：透過有經驗的教師和領隊能促使一般民眾透過實際接觸自然的機會來瞭解自然與愛護自然。

　　2.研究：透過完善設計安排的科學觀察和實驗來尋求瞭解我們

的環境。

3.保育：實際運用對自然資源有關的訊息，來嘗試尋求人與環境之間的互動，並促進長期人類福祉。

4.文化：自然中心應是一個能透過美感的經驗來使訪客獲致心中愉悅和精神淬練的地方。

除須具備上述目的之外，主要是可以藉由學習場場域所提供有關環境教育、自然保育、戶外休閒與遊憩、冒險教育、體驗教育、解說教育、展示及環境規劃與管理等永續發展教育專業人力的介入與整合，提供與協助學習者藉由這類型的學習場域達成在環境中學習、探索與體驗社會互動關係，以及自我挑戰與理想實現等三大方面的學習與成長。其中：

1.在環境中學習：使學習者能透過親身經歷的環境體驗，激發其對於環境中有關人、事、物的關懷，建構相關的環境知識，並藉此促進其關心環境、支持及參與保育、改善環境的行動。

2.探索與體驗社會互動關係：使學習者能透過戶外生活的體驗，在戶外環境場域的生活與活動的進行中，瞭解團體生活的紀律，學習與他人相處、互助合作的方式，以及合理的應對與待人之道。

3.自我挑戰與理想實現：透過在自然環境中生活與活動學習的體驗與挑戰，滿足個人自我精神的需求與肯定，藉以培養與建立個人積極進取的人生觀。

三、戶外教育中心的服務對象

由於學校是中心最主要的使用者，因此戶外教育中心所針對的

國內「環境教育中心」最佳的示範場域——以「尊重自然、關懷土地、照顧人們」為出發點的自然教室——山水米有機稻（道）場

資料來源：山水米有機稻場（2012）。山水米有機稻場－實踐綠色健康的生活，http://www.organicrice.com.tw/，檢索日期：2012年5月20日。

主要使用對象是學校的師生，預估占全部使用類群的七成以上；其次為附近社區的居民，以及其他本地或來自其他外地的團體或是個人訪客（周儒等譯，2002）。

四、構成戶外教育中心的要素

一個戶外教育中心（或是環境學習中心、自然中心）要能存在，必須具備四項最基本的要素（周儒、呂建政譯，2000）：(1)活動方案；(2)設施；(3)人；(4)營運管理；彼此互相依存、影響，又以活動方案為核心，逐步影響到設施、人、營運管理，而在這三項要素上，彼此也互相影響著。

茲將構成中心之四項要素的交互關係及其意義分別介紹如下（如圖7-1）：

1.活動方案（Program）：方案是一個中心存在的最基本條件，方案可以有許多不同類型的活動，針對滿足不同年齡、屬性對象與不同之需求而設計。大致上可以區分為：(1)環

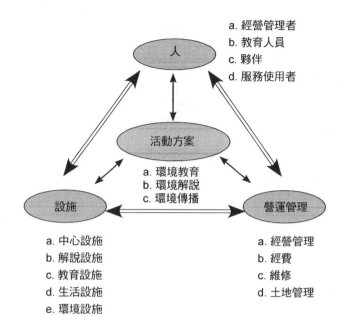

圖內文字：

人
a. 經營管理者
b. 教育人員
c. 夥伴
d. 服務使用者

活動方案
a. 環境教育
b. 環境解說
c. 環境傳播

設施
a. 中心設施
b. 解說設施
c. 教育設施
d. 生活設施
e. 環境設施

營運管理
a. 經營管理
b. 經費
c. 維修
d. 土地管理

圖7-1 戶外教育中心構成要素

資料來源：周儒（2011）。《實踐環境教育：環境學習中心》。臺北：五南。

境教育（Environmental Education）；(2)環境解說（Environmental Interpretation）；(3)環境傳播（Environmental Communication）等三大類型活動。

2.設施（Facilities）：一個具有環境教育功能的學習中心，必須具備足夠的設施才足以發揮其功能。這些設施包括：(1)中心設施如房舍（教室、展示、研究規劃、保存等）；(2)教育設施；(3)解說設施；(4)生活設施（休息、住宿設施）；(5)環境設施（衛生、環保等設施）。

3.人（People）：一個自然中心或環境學習中心必須要有人的存在、人的使用與活動才能使得中心的存在具有實質上的意義。而在人的方面，包含：(1)經營管理者；(2)中心的環境

教育專業人員；(3)與中心合作的夥伴（社區人士、民間團體）；(4)中心設施與服務的使用者（學校師生、社區民眾）等。

4.營運管理（Operations Management）：學習中心的存在、運作與發展，一定要有有效的經營管理策略與實際的執行，在此種關切層面上，可以考慮到：(1)經營管理；(2)經費；(3)維護（Maintenance）；(4)土地管理等四大方向。有完善的營運管理，一個中心才能邁開步伐向前滾動，才能真正提供有品質的環境教育服務給使用者。

 ## 第三節　探索教育

探索教育是一種「體驗學習」，藉由經驗，之後內省、討論、分析，從中擷取符合自己方向、目標、理想、志向和期望的意義。新觀點、新發現和新認識在這過程中因而產生（謝志謀、王怡婷譯，2006）。探索教育（Adventure Education, AE），英文原意為「冒險教育」，「冒險」的本質是向未知挑戰，包括對內在自我潛能的挑戰，以及向外在環境變動的挑戰，涵蓋探索未知、正向成長的意涵。探索教育是「一種藉由有計劃、有目的，結合團康活動、營會活動、外展教育、體驗學習及團體輔導的精神與方法，以探索自我內在潛能，迎接外在變動環境的風險，挑戰未知、正向成長、體驗生活的新經驗的教育訓練活動。」

探索教育活動的主要目標是主動地探索與研究，養成獨立思考與解決問題的能力。探索活動的內涵包括探索自己、人與社會、人與自然，最終目的在於追求人性的自由、社會的繁榮、生態的永續。探索活動是以學員為本位，去體驗自由、愛、生命之健康和快

樂，統整個人知能與資訊，創造個人的高峰經驗，尋求大我和超越個人的精神境界。

Kraft及Sakofs（1985）認為，體驗學習的過程必須包含下列要素：

1.學習者在學習過程中是參與者而非旁觀者。
2.學習活動中個人動機需予以激發，以表現主動學習、參與和責任感。
3.學習活動以自然的方式呈現給學習者，所以是真實有意義的。
4.學習者的反思內省（Reflection）是學習過程的關鍵要素。
5.情緒變化與學員及其隸屬群體之目前及未來皆有關聯。

因此，體驗學習不再是以教師為教學中心，而是以學生為教學主體。教師在教學的過程中，是扮演所謂的助產士（Midwife）的角色，透過教師的引導，使學生經由反思內省及批判，習得新的知識及概念，並內化於自我中（謝智謀、王怡婷譯，2006）。

一、探索教育的理念

探索教育活動主要運用「自然原理經驗法則」，著重直接經驗的學習與省思。亞里斯多德（Aristotle, 384-322 B.C.）將超然思想和人性結合。他認為事物的外表和內在本性是不一樣的，所以真實性必須要瞭解物體的構造和內涵意義。人們要用智力和感官能力去理解事物，應用人性感覺的自然力和智力的判斷，以達平衡、快樂、合群和滿意的生活（李義男，1996）。因此，他和柏拉圖不一樣，認為人要透過感官來接觸外界以及用抽象的概念化去瞭解真理。在這種方式中，所有知識要開始於體驗，然後去擴散。

故亞里斯多德強調要整合身心的觀點，用經驗的方式去獲得知識（McGough, 1992）。

17世紀末葉英國的教育哲學家洛克（J. Locke, 1632-1704）發表了一篇論文《人類悟性論》（*Concerning Human Understanding*, 1690），洛克在論文中宣稱，人心最初猶如白板，並無所謂先天性觀念的存在，一切知識皆源自「感覺」和「省思」所得的「經驗」，感覺是我們透過感官而對外在事物的感受，省思即個人在內心中，將透過感官所得知的概念加以運作的過程（郭為藩，1992）。

到了18世紀中葉，法國的盧梭（J. J. Rousseau, 1712-1778）倡導自然教育，啟示了一種實際經驗的自然教育法則。盧梭提倡的哲學觀點與教育觀點是戶外、自然、經驗、環境、人文教育的基本原則。教育的過程需要按著學習者的成長速率和型態而加以適當的設計。歸納盧梭的教育原則為下列六項（McGough, 1992）：

1. 認識個人發展的自然階段：從依賴、獨立到互動。
2. 依照學習者好奇的本性，透過經驗，在適當的時機提供適當的學習情境。
3. 允許學習者在問題與解決方法中探索，使學生能透過反思性的對話和質疑而演繹觀念，並承認肯定個人的情感面。
4. 整合各種原則和領域，包括智識的、身體的、導德的和精神的整體發展。
5. 注意和關照人性中心智兩極的平衡。
6. 教師的角色是引導者和同伴，應以學習者為中心的經驗方法來教導。

在20世紀初，最有影響力的學者之一詹姆士（William James, 1842-1910），同時也是「實用主義」（Pragmatism）和「經驗教

育」（Experience-Based Education）的開端者，他強調教育方法應注意整合、互動、實用和經驗的學習過程（Donaldson & Vinson, 1979）。詹姆士的教育思想在現今教育環境中被普遍認知，而真正結合古代哲學、神學與近代科學的是杜威（John Dewey, 1859-1952）。他將超自然主義轉向以科學為主的自然主義，強調學生個人的直接主觀經驗，提倡個人的摸索，重視實用的知識，而教育就是經驗不斷的改造與重組（McGough, 1992）。所以，活動本身就是經驗改造的歷程，健全的教育應該是「活動教育」（郭為藩，1992）。杜威並強調應發展學生的科學思維習慣，亦即「反省思維」的能力，並使之建構到學生的行為中。由此可知，探索教育理念並不是現在思想的產物，而是源於古代哲學思想與近代教育理念中的「自然主義」和「經驗主義」，強調「從做中學」（Learning by Doing）的學習方式（余紫瑛，2000）。

二、探索教育的三哲學

(一)經驗學習圈

探索活動的發源、原則和哲學，乃基於經驗教育的基礎（Gass, 1993）。經驗學習計畫的信念，均認為在個人成長的過程中，欲產生學習或行為上的改變，需強調直接經驗（Dewey, 1938）。經驗學習圈（Experiential Learning Cycle）是體驗學習理論的實際應用，所以瞭解體驗學習圈對活動的規劃或是活動體驗的引導是有助益的。

所有的改變均需要某種形式的經驗作為其來源，而經驗學習者會盡可能接近此來源基礎，因為此種知識的轉換過程，比其他形式的學習更有價值。因此，經驗學習通常要求學習者具備解決問題的能力，和好奇探究的態度，它通常被定義為結合從做中學和反省

自然中心結合探索教育活動

思考（Learning by Doing and Reflection），是一種積極主動而非被動的過程，要求學習者具自發性的動機，並對學習本身負責（余紫瑛，2000）。

經驗學習圈是探索活動的主要基礎理論架構，也是經驗教育的主要學習模式。不同的學者對經驗學習圈有不同的看法，包括Lewin、Dewey、Piaget及Kolb等人都曾提出自己的模式（Kolb，1984）。但探索活動經驗學習圈（如圖7-2）的架構主要是以Kolb的模式轉化而來（蔡居澤、廖炳煌，2001）。

以下是Kolb（1984）四階段體驗學習圈：

1.體驗階段（Experiencing）：體驗學習是以活動來促進參與者利用自身的能力、團隊的分工合作、人際溝通、領導與被領導、面對挑戰或壓力的問題解決等歷程，有邏輯性且有方法的循序漸進達到活動的設定目標，並學習到有價值的樂趣。

2.反思內省階段（Reflecting）：參與者比較過去的活動和經

184

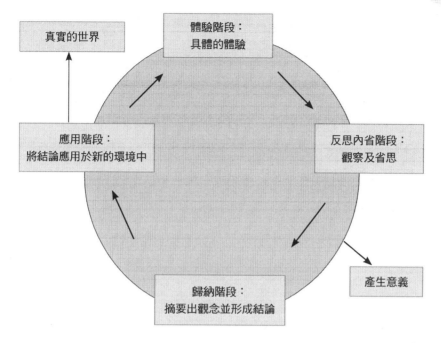

圖7-2　活動經驗學習圈架構圖

資料來源：吳兆田（2006）。《探索學習的第一本書》。臺北：五南。

　　驗，並與團隊討論達成目標的方法，確認團隊的分工細節、
活動時間的考量，以發展出突破規則與創新的想法。所以，
參與者在活動體驗的過程中，可以藉由省思與檢視問題產生
的核心所在，對活動的感覺、所看、所聞、所聽，尋求連結
過去經驗來得到問題的解決方法。

3.歸納階段（Generalizing）：將思考的想法與經驗作歸納與連
結，形成概念作為解決問題的最佳應用，是此階段的重點。
藉由歸納可以得知，面對新的環境，歸納吸收個人或他人的
經驗，有助於個人或團隊迅速地對新的情境與挑戰建立適應
及作出反應。

4.應用階段（Applying）：體驗學習的成效，即個人能夠應用

參與活動經驗，把所學習到的知能去推理到外在世界；這個階段著重在將這些活動經驗應用到正確的情境，並將體驗學習的經驗，實際施行或有意義的應用到個人的日常生活中。

此四部分為一循環模式，訓練員應引導學員，從直接體驗吸收經驗。其次，從經驗中反思體會之後，能將體會的結果歸納後，並應用到真實世界的日常生活中。

Kolb（1984）認為要進行經驗學習，需要具備四種能力：

1.具有開放的意願，願置身於新的經驗中（具體經驗）。
2.具有觀察和反思的技巧，以便從各種不同觀點檢視新經驗（反思的觀察）。
3.分析的能力，即透過觀察創造出統整的觀念（抽象概念）。
4.做決定及解決問題的能力，以便新的觀念可以在實務中應用（行動實驗）。

(二)全方位價值契約

「全方位價值契約」（Full Value Contract）是探索活動中最有價值、最重要的觀念之一。此乃基於下列的信念：團體中的每個成員與團體本身均有價值，這些價值進而結合為團體的行為指導方針與規範（Ellmo & Graser, 1995）。因此，全方位價值契約乃是藉以讓團體成員共同努力，發覺正面積極價值的一種進程。它通常表現在鼓勵、目標設定、團體討論、寬容精神及衝突處理上。全方位價值契約促使團體肯定下列四種價值：自我、他人、學習團體、和學習的經驗／機會。因此，在成為探索活動團體的成員時，每個人均須同意承諾團體所訂定的價值契約。

以下分述全方位價值契約的主要理念和行為規範：

1.全方位價值契約的主要理念：

  (1)共同約定確保團體成員的身體及心理的健康安全，並遵守團體行為規範。

  (2)共同約定能像團體一樣的運作工作，並同心協力達成個人與團隊的目標。

  (3)共同約定真誠的給予和接受積極或消極的回饋，並致力於改變達成適當的行為。

  (4)拋棄負面想法及感覺，積極的參與學習及成長過程，與他人間建立良好的互動關係。

  (5)藉著鼓勵肯定、目標設立與達成、團體商議討論、面對衝突處理，使團體肯定自我及他人價值，找出個人的正面特質，進一步肯定團體及其中的學習經驗和契機。

2.全方位價值契約的注意事項：

  (1)出現（Show Up）：把握參加活動的機會，盡可能將重心放在課程學習上，排除任何會分心的人、事、物。

  (2)專心（Pay Attention）：將全部的注意力放在體驗及瞭解活動上，聆聽其他人說的話，更要聆聽自己內心的話，這些聲音所要傳達的想法常常是豐富且具有啟示性的，這對於個人的成長將會有很大的幫助。

  (3)說真心話（Speak the Truth）：當下說出真心話，每個人在活動中的經驗和感受都是獨一無二的，而且對於全體的學習經驗都是重要的。每個人的感覺及想法，對於自己及他人都有潛在的學習價值。

  (4)開放的態度（Be Open to Outcomes）：每個人對活動都有預期的想法和恐懼感，大家可試著忘卻預設立場，以開放的態度來面對活動中發生的狀況，並且避免在活動結束前做任何的評斷。若能如此，則學員可能在活動結束後，發

現自己在心智上有意想不到的成長和收穫。

(5)注意身心的安全（Attend to Safety）：團體中每個人都有責任確保學習環境的安全無慮。不論在口語上或肢體行為上，都要注意他人生理上及心理上的安全需要，同時竭盡所能給予夥伴最大的鼓勵與支持，相信他人也會以真心扶持來回報。

由上述的描述可以瞭解，全方位價值契約有規範團體的功能，團體成員對於價值契約的承諾程度，相對於團隊氣氛也會有相當的影響。

(三)自發性挑戰

「自發性挑戰」（Challenge by Choice）是探索活動的中心思想之一，意指所有參與者在活動過程中，有權利選擇何時參與活動和參與的程度，決定權操之個人。如果個人因為任何理由而感到不舒服，或不確定是否參與某項活動，則可選擇先不加入活動而退到一旁。但這並不表示個人可藉著自發性挑戰的理由，在活動中消失或離開團體，團體尊重個人對活動選擇參與程度較低，而個人也應以一些方式來增加團體的經驗價值，即使是扮演一個較不活躍的角色，但仍與團體共同出席，這才是自發性挑戰的原意（Schoel, Prout, & Radcliffe, 1988）。

自發性挑戰意謂：(1)參與者有權選擇在何時、何種程度下參與活動；(2)參與者在任何時間均應提升與增加活動的經驗價值；(3)參與者應尊重與重視團體成員共同作成的決定。

臺灣還沒引進探索教育前，在1950年間已經有類似探索活動的野外探索活動，從學校和社會的童軍活動和青年救國團的自強活動中廣泛地進行，然而卻沒有採用探索教育之名。到了1980至1982年間，救國團曾嘗試引進並推動探索教育。由於時機並未成熟及缺

乏領導團體活動的人才，因而中斷（沐桂新，1995）。1994年，救國團的沐桂新至美短期進修休閒活動管理，回國後以休閒治療為主題，首次提到探索教育之相關設施與活動，但並未積極推行。同年，北師大公訓系嘗試開設國中童子軍教師在職進修班，進行實驗性的教學與實施，重新點燃探索教育的火苗（蔡居澤，2001）。1997年，國際發展公司也引進探索教育活動，專注在企業界的團隊發展與建立領域的推廣，為探索教育增加了許多助力。2002年，另與宏碁集團在渴望園區設置高空繩索課程。至此，探索教育漸漸在臺灣扎根。

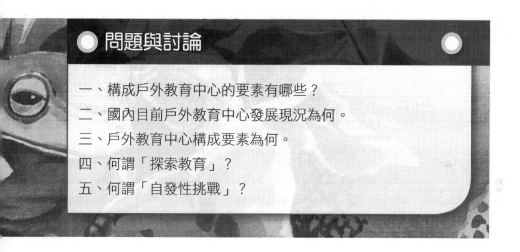

● **問題與討論**

一、構成戶外教育中心的要素有哪些？

二、國內目前戶外教育中心發展現況為何。

三、戶外教育中心構成要素為何。

四、何謂「探索教育」？

五、何謂「自發性挑戰」？

Chapter

8

解說原則與技巧

第一節　解說原則

第二節　解說技巧

第三節　據點解說

第四節　帶團解說

【關於解說原則與技巧】

　　優秀的解說員需要有對自然的觀察體驗及解說概念，利用遊客的好奇心、觀察力以及親近大自然的心來豐富人們的智慧和心靈。

　　解說過程中，為發揮實際的效果，除了需瞭解遊客的本質及特性外，並應運用表達及組織等各方面的解說技巧，使解說的內容更加吸引遊客的注意，達到解說的效果。解說技巧大致可分參與、組織、內容、表達、正確及安全六方面。

　　針對解說資源的多樣性、複雜性以及解說對象的不同特性，解說員的工作具備高度的挑戰性。而解說員除了本身專業知識的訓練與背景外，在執行解說任務時，亦有許多原則需要依循。另外，為能順利展開解說工作，無論從解說資料內容的蒐集、編撰、準備，或者是解說前的準備，言語、動作的表達亦有些技巧性；如此才能從容的執行任務，達成解說的目標。根據國立臺中教育大學吳忠宏教授所譯的《21世紀的解說趨勢》（2000）中，提及美國解說哲學大師安納‧密爾斯（Enos Mills）和費門‧提爾頓（Freeman Tilden）對於解說自然與文化的十五項指導原則為：

1. 為了引起興趣，解說員應將解說題材與遊客的生活相結合。
2. 解說的目的不應只是提供資訊，而應是揭示更深層的意義與真理。
3. 解說的呈現如同一件藝術品，其設計應像故事一樣有告知、取悅及教化的作用。
4. 解說的目的是激勵和啟發人們去擴展自己的視野。
5. 解說必須呈現一個完全的主旨或論點，並應滿足全人類的需求。
6. 為兒童、青少年及老年人的團體做解說時，應採用完全不同的方式。
7. 每個地方都有其歷史，解說員把過去的歷史活生生地呈現出來，就能將現在變得更加歡樂，將未來變得更有意義。
8. 現代科技能將世界以一種令人興奮的方式呈現出來，然而將科技和解說相結合時必須慎重和小心。
9. 解說員必須考慮解說內容的質與量（選擇性與正確性）。切中主題且經過審慎研究的解說，將比冗長的贅述更加有力。
10. 在運用解說的技術之前，解說員必須熟悉基本的溝通技

巧。解說品質的確保須依靠解說員不斷充實知識與技能。

11.解說內容的撰寫應考慮讀者之需求，並以智慧、謙遜和關懷為出發點。

12.解說活動若要成功必須獲得財政上、人力上、政治上及行政上的支持。

13.解說應灌輸人們感受周遭環境之美的能力與渴望，以提供心靈振奮並鼓勵資源保育。

14.透過解說員精心設計的活動與設施，遊客將可獲得最佳的遊憩體驗。

15.對資源以及前來被啟發的遊客付出熱誠，將是有效解說的必要條件。

第一節　解說原則

解說是一種教育性的工作，其並非僅傳達資訊而已。資訊的本身並不是解說，解說是將各類資訊加以串連整合、吸收消化所表現出來的東西。一位優秀的解說員需要有自己對自然的觀察體驗及解說概念，利用遊客的好奇心、觀察力，以及親近大自然的心來豐富人們的智慧和心靈。根據林玥秀教授與張明洵先生在《解說概論》一書中提到解說的工作有八點原則，茲說明如下：

一、第一手經驗

解說員在從事解說工作時，必須要有第一手的經驗。若未曾親自潛水觀看海底五花八門的美麗世界，如何能向遊客描述海底的景觀；又若沒有參與泰雅人的歌舞祭典，住過巴達岡、大同、大

禮，或走過泰雅先民走過的錐麓古道，又將如何向遊客闡述泰雅民族的文化生活。親自有了第一手的經驗後，才能使得解說的內容更詳實，充滿體驗感，而非僅是二手資料的傳遞。因此對於一位優秀解說員而言，除了閱讀收集相關的資料外，必須充分運用自己的感官、自己的足跡去感受大自然的一切，不斷的學習、不斷的充實才能累積經驗，引導遊客或與遊客分享大自然的美景。

二、引領遊客親身體驗

沒有實體的想像就如同瞎子摸象般，僅能瞭解部分而無法全部瞭解，甚至誤導其方向。遊客所需要的是用手去觸摸、用耳去傾聽、用舌去舔、用心去思考，帶領遊客到現場去，在身歷其境中，遊客方能領會，得到整體的概念與感受。當然，對於引領遊客親身體驗的過程中，最需注意的是安全問題，無論任何解說活動，安全是永遠第一的守則。例如在休閒農場中體驗活動是相當重要的

遊客參與草編活動，親身體驗DIY的樂趣

一環，除了夜間帶領遊客作生態體驗外，農作物及農產品的加工、DIY的製作，如茶園從採茶、炒茶到製茶的過程，均可讓遊客留下深刻的體驗。

三、將歷史帶入實際的生活

在許多博物館中若要使遊客對解說物產生共鳴，有賴於解說牌設計者的巧思和解說員的技巧。例如在自然展示館中，對於梅花鹿的介紹，若僅是說明其特色與分布情況，通常無法吸引遊客的注意，若加註在遠古時代，臺灣遍布梅花鹿，因此臺灣許多地名都與鹿有關，相信更能吸引遊客注意。又如在墾丁瓊麻展示館中，對於瓊麻的栽種、社會經濟的變遷、以致目前尼龍繩代替的演進過程若有詳盡的解說，遊客將可明瞭以前瓊麻製繩在一般人民的生活（尤其是漁民）中，所扮演的重要角色。

木柵動物園之前的林旺爺爺一直與臺灣民眾有一份特殊的感情，
有經驗的解說員可將過去與現在加以連結，吸引遊客的注意力

有經驗的解說員會將歷史帶入現實的生活，遊客就會感受到這些環境或歷史與我們息息相關。誘導遊客，讓遊客去發現事情的本身，或以問答的方式和遊客拼湊整個解說主體，將更具社會及教育的價值。

四、將解說與遊客經驗相結合

遊客所關心的是與自身有關的事物，如果能將解說內容與遊客的背景相連結在一起，便可達到目的。遊客最後是透過自身的感官記住事情，而且會將解說員傳遞給他的訊息翻譯成自己的語言，或者與其本身經驗有關的事物連結起來。通常，解說員在作開場白時最為困難，因為從不同的角度切入所帶給遊客的感覺不一樣，若能與遊客經驗相契合則有助解說任務的進行，若切入的主題不對，則遊客將失去興趣與熱心。因此，解說員要能夠瞭解遊客感興趣的事物，而這些事物又和遊客的背景、屬性有關，對解說員而言，是一大挑戰。

例如對於社區居民所組成的團體而言，解說員可試著從社區公園內所常見的植物導入，再介紹園區內相關的植物或其特性。對於學生團體，則可從植物的基礎辨識用問答的方式來引進主題。

五、關心遊客的需求

對於解說員而言，主動與熱心是應具備的人格特質。然而，一般人可能不好意思讓解說員幫忙解說或服務，因此通常在剛開始時，會加以謝謝而婉拒。如果解說員對於遊客能加以觀察或適時問候，將有助於解說之進行，例如所處的地點是位於視野極好的觀景點，則可以先詢問其沿途的辛勞，並準備望遠鏡協助解說任務，讓

遊客得以在休息之餘充分接受解說服務；或者在帶隊解說的途中，隨時注意路程的遠近，視遊客的體力稍作休息等，都將能給遊客更貼心的解說服務。

六、將片斷資訊組合成解說內容

資訊本身並不是解說，一連串的動植物名稱將使遊客對解說望而卻步，畢竟尋求心靈上的解脫與感應，比瞭解萬物的名稱更重要。解說不只是告訴遊客這是什麼東西，而是要想辦法促使遊客去探索及瞭解所見事物的現象。解說員透過原始的事物及看來毫不相關的事件，與第一手的經驗，組成完全的畫面，令遊客與自然或史蹟心神相會。例如對於據點附近的自然環境、動物、植物用淺顯的方式略作說明後，將其串連起來組成環境的生態系；而若再加入人類的開發行為，則更可將人與環境的關係作深入的探討。

解說者透過本身對事物之瞭解與思考，將遊客與事物相結合，此種溝通的橋樑將因解說者的努力而使遊客更易理解。如何讓這些資訊成為解說的內容，如何引領遊客進入知、情、意的世界，更需解說員精心去設計經營。

在解內容架構的整合上，若以時間和空間的角度加以考量，透過圖8-1可以發現，解說內容即是將在區域空間中的各象系統地理環境在時空中的變化組合而成。例如對於一個城鎮的解說導覽，可從自然與人文的地理條件在過去的沿革、現在的發展與未來的趨勢加以整合架構圖。

七、解說需要以知識及研究作為後盾

任何的解說任務，都希望民眾經由瞭解而愛惜我們所生存的環

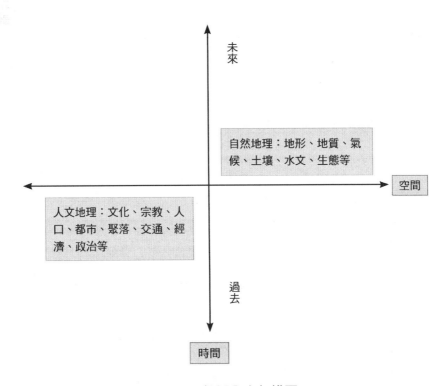

圖8-1　解說內容架構圖

資料來源：楊明賢整理製作。

境，進而保護它。就文化史蹟資源而言，希望經由解說喚起民眾對
文化傳統的重視與珍惜；就自然資源而言，則希望遊客在領受自然
的奧秘時，也能瞭解到保育與開發之間的關係。解說者除了依據自
己的所見所思，不斷的修正或充實解說內容，更重要的是持續的研
究工作，如此才能使解說更吸引人，也不致於給遊客錯誤的訊息。
遊客也許不知道，一個完整充實可確信的解說內容，皆有背後的知
識及研究為基礎作奠基，這些正是各個領域的專家學者努力所鑽研
的心血結果。如對於一種鳥類生態的研究可能就要花費數年的光
陰，而對於環境的衝擊則可能是數十年環境監測所得。

有些事物雖然未必有真理，或者其理論根據不同導致有許多觀點，然而這些問題並不影響解說的進行，如同對於森林火災的處理方式，是應予以撲滅或讓它自然熄滅，將留給遊客更大的思考空間。尤其在現在網路資訊及知識產業發展快速的同時，如何快速及有效的收集與整理相關的資料，對解說員而言相當重要，例如運用Google Earth的系統，對於世界各地的環境均可在網路上搜尋到；當然，資訊的時效性及可信度仍有待使用者去評估與考量。

八、視對象的不同改變解說方法

遊客常因年齡、教育、性別、種族及生活文化不同而有不同的體驗，因此也應有不同的解說方法因應。例如對於中、南部年長的遊客若使用閩南語講解，較能引起注意，若使用國語，則其接受的程度較低；又對於客族的遊客用客語講解，更有親切感。又如同兒童與成人對事物的關心與注意力不一樣，兒童較不具成見、較好奇、也比成年人有豐富的想像力，對兒童的解說便需要特別的考量與設計；而非只是將對成年人的解說內容簡化或稀釋即可。作為一個好的解說者，其內外涵養必須兼具，更要瞭解被解說對象的性質與需要，如此才能完成圓滿的解說活動。

第二節　解說技巧

在解說的過程中，為發揮實際的效果，除了需瞭解遊客的本質及特性外，並且應該運用表達及組織等各方面的解說技巧，使解說內容更吸引遊客的注意，也更能夠達到解說的效果。在解說的技巧中，大致可分為參與、組織、內容、表達、正確及安全等六方面，簡述如下：

一、參與

遊客參與在解說活動中最具關鍵性，無論是他們低下頭來觀察植物生態，熱衷參與由解說員帶動的劇場活動表演等，只要遊客投入心思，便達到了一半的效果，而其中有些技巧是必須加以注意的：

(一)瞭解遊客的特性

先認識所帶領的團體特性，如為什麼到這裡來，以及他們可能具有什麼特別的興趣或背景與你所要解說的內容是相關的。和他們建立親近的氣氛可以鼓勵更懇切的溝通。讓遊客知道你所能帶給他們的助益，同時也要營造適於解說工作的氣氛。在各種解說狀況下，一開始的溝通對其後的解說工作具有決定性的影響。

(二)引導出遊客的知識與興趣

如果一開始便察覺團體的興趣何在，從事何種行業，便可以技巧地將這些資訊納入解說內容之中。如工程師可能對於建築物的歷史或結構較具興趣；而對於婦女團體，則可就能製成染料的植物向她們說明衣物穿著及質料的演變等等；或許也有年長者對於以前使用過的器具感到興趣，或者親自示範操作方式等；將他們的背景納入解說將使遊客更容易接受解說。

(三)發問或回答問題的運用

發問可以增加參與感，通常可採用三種方式：

1.提出問題。
2.鼓勵遊客發問。
3.解說員回答遊客所提問題的態度。

適時的引導出遊客的知識與興趣可即時抓住遊客的焦點

（圖為不老部落原住民織布製作）

　　如果打算鼓勵遊客們提出問題，就必須在解說一開始前便強調這一點，否則將演變成一種教導式的型態，整個團體只依賴地等著從你那裡得到所有的解答。當你鼓勵遊客提問題時，會發現他們真正想要瞭解的是什麼，也可以得到某些回饋。這使得每一次的解說都富於變化；保持事事新鮮，是一個重要關鍵因素。而在問問題時，必須要注意到是否已給了遊客足夠的資料，使他們在組合連貫後能提出答案。遊客所提出的所有問題，必須鉅細靡遺的加以回答，而不能認為是常識問題而忽略掉，且適時肯定遊客的答案，更能建立起互信心。

(四)所有感官的應用

　　讓遊客親自有機會操作原住民使用的木杵，將加深其印象；而讓遊客在瞭解陶器的製作過程後，由他們親自抓捏泥土，烘製陶

器，相信都有助於解說的效果。或者請遊客試試嚐嚐野生果實，或分辨不同植物的氣味；安全地感受間歇熱泉地表的溫熱；將考古挖掘出來的化石放入口內嚐嚐，是否有不同的感覺；或者讓遊客躺在大草原上，盡情享受太陽傳遞的能量；只要讓遊客應用感官親自去感受自然，將比完全僅是口頭上的解說更有效果。

(五)運用不同結構變化

帶領團體的組織方式將影響其參予程度，如果完全是教導式的形態，則遊客所得到的參與機會較少，不如採用分組的方式，將大團體分成數個較小的團體，讓這些小團體各自去完成一件任務；在這種小團體的活動下，每個人將有較多機會參加。例如在作礦區的歷史導覽時，可請各小組去尋寶，並將所採集到的礦物作分類與報告分享。當然，尚有許多不同的有效的、具參與性的結構，包括：(1)個人作業結構；(2)個別指導結構；(3)討論方式；(4)團體會議方式；(5)蘇格拉底方式等等。均可視團體的結構與解說主題、目標而加以採行。在採用蘇格拉底式結構時，對於問題的探索，應作彼此開放性的觀念交換。在領導整個討論過程中，解說員扮演一個主要的角色，並且知道自己要引導出什麼答案。此方式對於在處理衝突性話題時特別有用。

二、組織

無論做哪一種解說，需要先行組織。如此可避免解說時流於毫無目的的瞎扯或顯得雜亂無章。以下的步驟即有助於將解說內容中各個零碎的部分予以有意義的組織起來。

(一)選定題目

在解說之前，首先要作的就是定一個題目。有時候須視遊客的需求而定，若沒有則考慮本身、遊客及要解說的地區特性而定。題目能包括諸如：(1)植物；(2)歷史；(3)地質；(4)生態；(5)生物等等；顯然這些題目相當廣泛。對於一些廣泛的題目既然不易有效地加以解說，就需要對題目加以限制，找出一些重點作為主題。

(二)選定主題

主題是解說時一項極重要的工具之一，適當的應用它將可成為有效地組織的關鍵。在每一次解說完成，聽眾應能用一句話作為總結摘要，這便是主題，亦是全部解說之中心或主要概念。有了主題自較易發展組織架構及便於聽眾能清楚的理解，一旦主題被選定了，其他部分自可以順理成章的發展。主題應該是：

1. 一個敘述簡短且完整的句子。
2. 只包括一個清晰的概念。
3. 揭示解說的最終目的。
4. 要切題而中肯。
5. 盡可能使措詞生動有趣。

運用主題有幾個好處，其中最重要的就是其界定了解說所要涵蓋的內容，如此一來解說敘述較趨一致而深入。使用主題應避免在解說的過程中，敘述一些流水帳式的事件發生經過或舉出些無意義的舉證等。定出主題將可使題目更為清晰明確。而擬定主題後，如何去發展它的故事就成為解說最主要的部分，可以用表列的方式將其敘明。

(三)主題的發展

　　對自己要解說的結構打一個草稿往往有助於解說內容的發展。一般而言，解說內容其全盤的結構包括下列幾部分：(1)前言；(2)主題；(3)主題的發展；(4)結論。若以「噴泉作用」為例，則其主題可定為：噴泉作用依賴三大要素。而主題的發揮則可定為：

　　1.噴泉需要大量的熱。
　　2.噴泉需要有水。
　　3.噴泉需要有一套壓縮水道的系統。

　　這三項我們可稱之為主要標題，通常其具備的特色為：一簡短、完整的句子，不要超出三、四個，措辭須有趣且具吸引力。而由主要標題再往下衍繹出來的則可稱為副標題。如針對「噴泉需要大量的熱」可衍生出副標題為：(1)此熱量源自火山；(2)此熱源埋於地殼數千呎以下；此外，副標題之發展可用舉例、說明、引註，視覺輔助器材等方式。

　　對於主要標題的發展依其主題不同而有異，例如某些歷史性的主題可能需依照年代順序；地質學的主題也通常依此排列。當然，對於其他的主題也可能採用「漸層法」、「概括性」、「空間性」、「過程法」等方法。很顯然地，解說時可以有多種方式供安排自己的主標題順序，而任何方法，條理順序的一貫性，則是強化解說內涵的不二法門。

(四)前言

　　在擬就所要陳述解說內容的基本架構後，接下來便要決定如何開始。前言或介紹隨著「引導參觀旅行」、「步行嚮導」、「營火晚會」等解說型態而有所變化；惟通常仍具有一些共同特性。有效的前言或介紹將可產生有利的氣氛、提高解說的趣味性及釐清解說

的目的。而有許多技巧則可加以運用：

■產生有利的氣氛

1.配合聽眾們目前的興趣：以當前主要的一些新聞事件作為引述的語言，例如由政治權力的鬥爭、體育競賽的競爭引述生物圈演化的競奪優勢地位，讓遊客瞭解人類的社會型態其實就如同生態圈一樣充滿競爭性。

2.對聽眾情緒要能因應：在解說前應該熟悉團體的氣氛，如果其情緒不高，可用些幽默的語句；如果他們處於追根究底的情緒，可告訴他們一些特別有趣的資料；而若遊客有不友善的態度，前言則需較長，務必使聽眾有接納的心態。

3.配合遊客的特殊興趣：所有的遊客都想要知道他能獲得什麼。可提議一些他們可以作的事情，使他們瞭解自己有哪些選擇，例如身處自然地區中，若有聽眾是前來露營的，他們的焦點自然會放在露營的安全事項及營區的分布等。

4.誠實地稱讚聽眾：遊客來到眼前，即表示他們已對陳述有特別的興趣，也認同管理單位的部分政策或措施，而稱讚他們能獲得良好的互動關係。

■提高解說趣味性

1.問幾個激勵性的問題：例如昆蟲是植物重要的傳粉媒介、只有雌蚊會叮人、昆蟲的食物有部分是來自植物的汁液等等。

2.使用特別的陳述：如果雌蚊找不到血液來源供其汲取其產卵所需的蛋白質，牠會從自己翅膀吸收蛋白質，使自己殘廢以完成種族的延續。

3.引述與人有關的故事：在自然觀察中，經常會發現有些野生動物會身有異色或背負著無線電發報器，其可能是管理單位或研究單位為作野放追蹤所作的標記；然卻常常引起遊客的

趣味性的食物鏈解說內容——
蛙類的食物必須是活的、會動的、比牠嘴巴小的動物，例如蚊子

訝異，以為是發現了突變種，此時就可將研究的目的等緣由
向遊客說明。

4. 使用煽動性的引用句：假設所談的主題是水，則可引用聖經
中對水的描述來說明，水流至大海後仍舊被蒸發，降落到
地面上，往下流，如此循環，從地上到海裡、空中及回到土
地；它感動了山水、森林、野花遍布的大地及原野上的動
物，同樣也滋潤了萬物之靈的人類。

5. 指出問題：例如早期開闢中橫公路時所運用的是榮民一手一
斧慢慢的開鑿，終於開闢了鬼斧神工的中橫公路，開闢了東
西部的交通；然而隨著遊客的增加，交通的繁忙，以及開路
技術與器具的使用，中橫愈來愈寬；然而大量使用炸藥及不
當的開工手法，卻使立霧溪水不再長久湛綠。交通的便捷卻
換來景觀的不再，是否值得，可留給遊客深思。

6. 應用例證或故事：例如玉山國家公園範圍內八通關古道的開

關，主要是源於清同治十年琉球事件後，清廷漸感臺灣的重要性，後派沈葆楨駐守臺灣，而光緒元年，為貫徹執行「開山輔番」計畫，遂指示開闢打通前後山間的通路。其中，中路由南澳總兵吳光亮負責，以兵二營，自現今南投竹山開至花蓮玉里，逾時一年。後來，日據時代，為控制原住民及開發山地資源，日本亦開闢了古道，而引發許多著名的抗日事件。

(五)結論

下結論可以採取許多不同方式，可以將一些主要標題摘述並將主題重述；也可以提出一些疑問句，諸如未來之變化如何？結果又如何？注意不要把適當的動作或內容作得太過度，例如採用一種強烈動人的語調，使遊客足以欣賞感受，或採取任何適當的舉止，並注意以一強烈及容易記住的語句結束。如此可避免一再重複「謝謝光臨」的客套話，因為那會減弱遊客對最後一句的印象，而使大家的注意力從最後戲劇性與動人的剎那游移開去。

在組織能力的訓練上，平常即可用故事接龍或成語接龍的方式來自我充實；或者是作聯想法的訓練。例如：一提到國家公園我就想到陽明山→一提到陽明山我就想到擎天崗→一提到擎天崗我就想到牛隻→一提到牛隻我就想到農村→一提到農村我就想到稻米→一提到稻米我就想到吃飯……。或者可以設定在某個領域或範圍，這樣將有助於解說主題的延伸與擴展。

三、內容

對講解已有了大致的架構後，此刻便應是在內容上作充實的時候。以下有多種的選擇方式，以充實解說的內容。

(一)選取支持性的材料

■引述具體事實資料以支持觀念

例如在開闢八通關古道時，由於地處荒山野地，瘴癘之氣蔓延，通過多座的高山和溪流，加上氣候的影響，可以想像其開闢的辛勞；而日人所闢的越嶺古道，則為運輸方便，採雙向開工，路面平緩，路線迂迴，可供武器運送，以達其開發山地資源的目的。

■用例子和軼事

在開闢八通關古道時有許多民間的傳說，例如南投縣鹿谷鄉鳳凰山寺係奉祀陰那山慚愧祖師，迄今已有二百多年。清嘉慶年間有莊阿昧者由閩渡臺抵頂城開拓，並奉祖師為守護神，以保平安；傳凡有兇番出草，祖師必先示兆，或一、二日或三、四日禁山，違者恆為蕃所害；自此香火日盛，譽滿山城。吳光亮開山時，每日清晨躬禱於祖師，虔求庇佑，並發願若開山順利，將重建廟宇。盛傳有一次吳光亮與其部屬在楠子腳為蕃所困，祖師顯靈化為一群紅布裹頭之小兒，將蕃擊退，始獲脫險，語近神化，然誠之所至，冥冥中或有神助，似是可信。

■採用比較及對比

例如對於八通關古道的開闢，可將清古道與日古道加以比較；或者對於玉山國家公園中亞高山針葉林帶、冷溫帶山地針葉林帶與針闊葉混合林帶所形成的高山草原帶，比較其原來的林相與後來火災後自然演替的植相，加以對比與比較。

■借用故事

對於吳光亮開闢八通關古道的史蹟，我們可以引用相當多的證言；或者在原住民部落的山區，可以引用許多原住民古老的傳說，來印證大自然神奇的力量，以及縱使人為地改變了環境，最終仍將

多媒體視聽輔助器材的善加利用可豐富解說內容

回歸自然的不變定律。

■視聽輔助器材

　　幻燈片、史前器物、地圖、落葉、石塊等都是在舉證時可能使用得到的，應該善加利用。

(二)語言的選擇

■注意起承轉合

　　解說者通常對自己的內容知道的非常清楚，對於自己的資料內不同之部分間的關係非常瞭解，唯這些關係若不經過有效的組合，加以起承轉合的話，或許聽眾就很難清楚的瞭解了。當大致的架構經過內容充實後，接著便需幫助聽眾逐一瞭解每一項所提及的概念。好的起承轉合應該要先摘述先前敘述過的概念，在先後兩個概念間建立關係，並且預告下一個概念，或運用短短的片語來連繫兩概念，都將使解說的內容十分順暢而瞭解。

■ 容易瞭解的字眼

不同的職業均有其行話與專門術語，解說員已習於聽、看及使用對遊客而言一無所知的高科技字眼。然而，在解說過程中使用平常人的語彙較好；另外，重要的是對團體解說不要降低了聲調。有時候如需使用專業術語，別忘了需稍加以解釋。例如植物演替、生態系、多元化社會、地域性、斷層、板塊運動等均是常用的語辭。一般而言，可以從遊客的反應中得知所使用的語辭是否適宜。

■ 非正式用語

我們大部分都學習使用正式的風格書寫東西，但是卻用非正式的語法交談。當論文、報告、或主題中正式的用語以言語的方式說出來，聽起來將相當笨拙。新的解說員常想把解說用語寫下來，通常會導致用語變得十分正式；當正確用字之選擇過於重要，使得解說員必須去背時，將使問題顯得更複雜。

■ 使用具體的語彙

過度使用抽象語彙，會減弱解說中的概念。如果使用特定且具體化之語言來說明概略的原則，將會顯得更有效率。不論何時，盡可能使用感官知覺的訴求、形象化及插圖式的語言。例如在描述藍腹鷳求偶的動作時，雄鳥身體前傾並繞著雌鳥跳躍，靠雌鳥一邊的翅膀向下擴展，另一邊高高舉起，使其背上及肩上豔麗羽色能夠完全展現。深紅色的臉面膨脹通紅，血紅色的額上肉冠，臉部肉垂聳起脹大。一邊發出「吱、吱」的叫聲，一邊在雌鳥身邊迴繞。以上的描述，將雄鳥求偶時的狀況具體的描述出來。語言的選擇亦可用對仗或成語的方式呈現，例如中國大陸的旅遊名勝在解說導覽即流傳以下的用詞：

「西北歸來不探古，黃山歸來不看山，九寨歸來不看水，雁蕩歸來不看潭」

「去到北京看首都，桂林山水飽眼福，不到長城非好漢，不來
桂林真遺憾」

「長江三峽看壯景，北走絲路看秦嶺，蘇杭美女看身影，清澈
漓江看倒影」

「風花雪月在大理，象山水月在桂林，杭州自古美西湖，桂林
兩江連四湖」

「摸摸佛的頭，一世無憂愁；摸摸佛的肚，勤勞能致富」

「摸摸佛的手，好運跟著走；摸摸佛的嘴，作事不後悔」

四、表達

　　表達是傳達訊息之一種身體動作過程。包括了一個人走路、站
立、坐著、手勢、如何使用他的聲音、視線等方式。由於有許多不
同的方法都可以有效的表達訊息，也由於大部分是屬於個人性格特
質的部分，故難有固定的原則或方式依循。為了作好適度的表達，
可以將自己的解說錄音或錄影，然後觀察自己表達的模式，或邀請
同事一起來觀察陳述的方式，給予意見上的溝通或提供改進的參
考。整體而言，適度的表達是解說的關鍵，以下的法則可供參考：

1.有熱心：身為解說員應該有熱心與主動的態度，熱愛自己的
　　工作，願意將所知與大眾分享，也希望能與遊客間建立起互
　　信的溝通。

2.有變化：有時候活潑、精力充沛，有時候安靜、涵養氣質；
　　以成熟圓融的態度作適度的表達。

3.有自信：解說員是大自然的專家，對於自己所說的須澈底的
　　研究與瞭解，在向別人解說時，內容也須經過組織而成為具
　　有意義的陳述。

4.眼神的運用：和遊客目光相視特別重要，這是最佳之回饋來

源，可以從這裡獲知不少訊息。對聽眾而言，也表示對他們的重視。

5. 豐富的肢體動作：好的手勢不只可以幫助別人透過視覺知道解說的語彙，也會促使肢體感覺十分自在，減低不知所措的感覺。

6. 友善、愉悅、自在和隨意：這種表達風格特別適合解說員，因其與熱愛大自然或歷史的大部分遊客態度相符合。

7. 因應情況調整步調：不管是從容的發展主題，或者是選取主題，都可以調合時間的限制。可以視遊客的反應得知其瞭解程度，而適時的調整解說的進度。

五、正確

誠實是人類關係中最重要的關鑑因素。沒有了誠實，就沒有信賴感。所穿著的制服、所處的地位、所服務的機構，都賦予了遊客對解說員的信賴感。因此，一開始解說員便具有相當高的被接受程度。如果謹慎的研究主題，就可以肯定一些事實；如果花時間在圖書館並且和專家談過，就會獲得趣味性和正確性。任何一個人要懂得每一件事並不可能，但是，知道得越多越好；若有某件事不懂，基本上，只要誠實地承認事實。自大還不如追求真理，知錯有助於學習到新的東西。如果遊客接受到傳遞不正確的訊息，解說的效果便大打折扣。

六、安全

遊客都來自其所熟悉的環境，而如今來到陌生的環境，可能不知道此處有什麼特別的危險，故安全成了解說中不可或缺的一部

安全是解說中最重要的一環

分，當為任何團體解說時，特別對他們負有安全責任。對於遊客，應該在解說之初便告知其該注意的危險警告，然後注意遊客的行為，並確定其是否均有按照指示，維護自身的安全。

第三節　據點解說

　　解說的方式依對象不同，通常可分為據點解說與帶團解說兩種。據點解說視解說資源的特性與人力資源的分配而定，景點較多的遊憩據點需要較多的人力，因此可能僅在人潮較多時才配置人員解說，其餘時間則輔以其他的解說媒體，目前在國內許多管理單位在據點集中之處以設置管理站的方式來進行據點的解說。

一、據點解說的意義

對於園區範圍內重要的遊憩據點、景觀據點或特殊的動植物生態據點，經常會聚集遊客，管理單位應在人力配置許可的情況下，設置解說員進行現場解說工作。如果人力有限，也可以設置解說牌、解說亭、解說摺頁取用箱服務民眾；另外，在寒暑假期間，管理單位亦可僱用臨時性的解說員，或運用義務解說員服勤，透過事先公告，服務大量湧入的遊客。

二、據點解說的功能

據點解說工作可提供解說的服務、資訊的回答、緊急事故的處理以及遊客安全的維護。解說員可以在據點提供生動、真實而具有啟發教育功能的解說經驗，也可以加強遊客對自然環境的辨識能力、增進遊客遊憩體驗，使遊客瞭解管理單位的經營政策，協助經營管理目標的達成。

對遊客而言，有資源及特色的遊憩據點能吸引他們到此一遊，通常遊客會希望對其所到的據點有所瞭解，此時據點解說便發揮很大的功能，雖然大多數的遊客並不是為了求知而來，但據點的資源常會引發遊客的好奇心，並因而想得到一些與據點有關或值得回憶的事物。

三、解說資源的調查登錄

為使解說更為清楚、簡潔和易於被人瞭解，必須對可供解說的資源予以調查、登錄，並規劃發展出據點解說。在解說的架構中包括了為什麼解說？如何解說？何時解說？在哪裡解說？為誰解說以

及解說什麼等骨架。其中解說什麼便可利用解說據點登錄綱要，當
登錄綱要的各項調查紀錄完成時，解說員便可據以開始解說服務。

　　規劃人員可以使用解說地區的地圖，標示出據點的位置並給予
編碼。編碼可用英文字母代表，例如S表示服務設施、B為生物據
點、G為地質據點、H為歷史考古據點等，另外在字母後面加數字
表示同類型之編碼。解說據點資源調查登錄綱要項目包括如下：

　　1.登錄人員或單位。

　　2.公園名稱。

　　3.據點編碼。

　　4.據點名稱。

　　5.據點位置：可用地圖標示或用顯著地物之空間標示。

　　6.據點描述：可描述據點的自然特性或是否有特殊景物，以及
　　　四季變化等。

　　7.據點交通描述：說明該據點的聯外交通狀況，需使用的交通
　　　工具等。

　　8.遊客狀況：說明遊客的特性、數量及遊客對解說的需求。

　　9.解說重點：說明該據點值得解說的特色有哪些。

四、解說內容的發展與完成

　　當完成資料之登錄後，規劃人員便可繼續完成解說內容的發
展，主要包括下列各項：

　　1.解說的主題：各園區的主要特色。如太魯閣的峽谷景觀、陽
　　　明山小油坑的地熱、金門的戰役史蹟主題等。

　　2.據點發展標的：將據點發展的方向清楚的界定，說明此方向
　　　和解說服務中的相關性，例如雪霸國家公園武陵遊憩區發

展的解說標的可能是：維護當地的生態體系，保護櫻花鉤吻鮭棲地、避免遊憩引起之污染，建立生態環境教育之解說服務。

3.解說活動標的：說明本解說活動所欲達成之目標為何，例如武陵遊憩區主要解說活動為櫻花鉤吻鮭的生態習性，開發行為與生態環境間之競合問題。

4.解說概念：解說活動標的訂定後，便可開始構思解說的概念。以武陵遊憩區為例，可以引導遊客思考人類有哪些開發行為會對於自然環境產生衝擊、其影響的程度為何？觀光遊憩發展對環境所造成的衝擊為何？應該如何來減低衝突；甚至引導遊客對於目前武陵的遊憩環境作深入的思考其發展方向等。

5.解說方式：解說概念決定後，可研究用何種解說方式達成目標，一種或數種解說方式並行皆可，需視其環境、解說方式的優缺點、成本的預估等加以考量，同時對於詳細的圖表、據點平面圖、解說設施圖、解說內容等等都應詳細列出。

6.解說評估：規劃人員在完成上述各項後，應該提出充分詳細的理由支持說明為何作如此的決定，記錄其對該據點的任何感覺、印象與觀察、考慮的事項、並提出有關解說評估的建議。

完成了據點資源調查的登錄工作，並將據點解說內容發展完成，管理單位和執行人員即可據以編印解說手冊、摺頁，進行解說設施的設計、製作，也可開始訓練解說員駐站解說。

第四節　帶團解說

帶團解說是解說服務的另一種型式。有可能是由某社團組織提出請求解說服務，也有可能是由管理單位依資源特性所擬定出來的解說活動；針對帶團解說時解說員須注意的事項，除解說內容及活動技巧外，更需要有完整的企劃能力來安排整體的事宜。

一、知性之旅的概念

知性之旅是一種活動的解說方式，解說員和遊客運用活動時連續所看到的動植物、景觀、人文現象等，作即時的現場解說，這種方式的優點，在於能使參加活動的遊客藉著各種感官的感受與刺激來瞭解園區內的資源。知性之旅通常需要由富有想像力、創意及企劃力的解說員來規劃解說的路線，或構思新的點子。

知性之旅的帶團方式可分為徒步、車行、探勘或船筏旅行。它可以經常保持解說的生命力，時時發現新的解說題材。同樣的路線可更換不同的解說主題，因為多數的遊客都是第一次來此，讓團體在知性之旅中獲得愉悅、新奇、難忘的遊憩體驗，對解說員而言，是十分具有挑戰性的工作。

二、行程設計

知性之旅通常是經過組團，再加上解說員的隨行，沿途作導覽或活動的工作。團員的組成有各種方式，有學生團體、社區團體、相同背景的社團；也有可能是看到海報、簡章、廣告而從不同地區而來的遊客。無論其成員為何，行程的設計與路線的勘察是必須而且重要的。

217

(一)解說資源的掌握

設計解說行程首先便是要調查該地區的解說資源包括哪些。一個古老的史蹟可以提供很多特殊的故事和解說的素材。一個自然步道也可以在完善的準備後,讓遊客得到豐富的遊憩體驗。資源調查後,可以列出一張清單,提供不少解說主題和重要的解說點子,利用這些主題看看是否能夠讓遊客們發揮觀察、想像、創造的空間。讓遊客「觀察」與「發現」是知性之旅中,使遊客興奮或有美好回憶的重要方法。

管理單位若能夠將園區內適合作知性之旅的區域或據點作全面性的調查,建立基本的檔案與資料;未來除了由管理單位主辦的知性之旅外,對於其他不同團體的遊客亦可針對其團體特色,建議團體遊客參與解說行程。

一個古老的史蹟可以提供很多特殊的故事和解說的素材(圖為不老部落)

(二)路線勘察

在行程設計中要注意路線的勘察，其中包括了沿途的交通狀況、食宿、洗手間的位置、解說點的選定、解說方式、解說內容的擬定、移動到各解說點所需的時間、各解說點間的距離，以及行動路線的安排，都必須予以考量及調查計畫清楚。當然，在路線勘察時得特別注意到沿途的安全問題，解說點的安全性為何，警告標示是否明顯；氣候的狀況是否會影響到行程等都要特別注意。

三、準備工作

知性之旅的活動行程設計完成後，即可開始帶隊的準備工作。此時可藉由海報、新聞、廣播來招攬並接受遊客的報名組隊。事先確定了報名的人數後，才能開始辦理租車、保險、編隊、準備膳宿等相關事宜。

活動的行程表也必須在報名之前完成，然後寄發給參加的人員，讓其瞭解整個行程的內容及相關的事項。內容應包括主辦單位、主辦人姓名、聯絡地址、電話、集合時間、地點、解散的時間、地點、報名的方式、行程中應配合及注意的事項等。另外，對於解說的方式則以表列的方式列舉每一個解說點的地點、到達時間、活動時間、解說的方式、解說者以及解說的綱要。讓參加的遊客，清楚整個活動的內容及性質。

帶隊前所有參與解說的人員應將平日所蒐集整理的資料編寫成解說稿或解說手冊，並且作模擬的解說，對於整個活動的籌備或準備工作需要作最後的確認。

四、活動進行

在整個知性之旅的活動進行中，解說員便扮演著非常重要的角色，因為通常會參加專項活動的遊客大多對此主題有興趣，所以如何帶動氣氛，讓遊客能夠盡情的享受解說服務，是所有解說員的企盼。活動進行中有些要點或技巧是需要解說員加以注意的：

(一)提前到達集合的時間地點

在做好所有的準備工作後，最企盼的便是集合時的印象。解說員除了對於分發的手冊或摺頁要備妥份數外，另外對於輔助的器材，例如指南針、望遠鏡、黏貼標籤等，要做進一步的確認。另外，解說員務必在集合時間前十五分鐘到達，視活動的需要穿著服裝，若能穿著乾淨清潔的制服，將會帶給遊客有專業服務的形象。同時，要站在明顯的地方，避免遊客找不到，而對於時間的掌控須稍稍預留，以免有團員遲到過久。對於已經報到的團員，解說員可以親切的和他們打招呼、微笑、甚至寒喧，以增加與遊客的親近與印象。

(二)途中的安排

當團員全部抵達時安排他們上車，對於車上座位的安排，若是在報名時已經瞭解其年齡的話，儘量讓年長者坐在前面的位置，結伴參加者也安排同座。如果是座位並位上的安排，則請遊客自行協調坐位。在車上，可再次將活動的行程、主旨告知，並介紹隨隊的解說員及服務的司機；最後是再一次清點人數，並提醒參加者應注意配合的事項。解說員務必注意，對於所有的團員都要一視同仁，避免對部分團員較親近，而引起其他團員不滿。

(三)活動中應注意的事項

1.配合活動的方式，如果採分組方式進行，則由解說員分組帶領；或者請每組推選小組長，幫忙在集合時間清點人數及協助活動之進行。

2.若沒有採取分組的方式，則須前後各派一位解說員，以控制整個隊伍的進行；碰到轉彎的地方需留意後面隊伍是否有跟上，避免隊伍拖得太長。

3.遇到在據點解說時，必須要等到所有團員到達時，再進行解說；而且避免只跟少部分的團員講解。

4.解說活動當中，可以引導遊客提出問題，也要留一些時間，讓遊客自己去觀察與體驗。野外的觀察，有時不經意的飛鳥或蟲鳴都將帶給遊客莫大的喜悅。

5.解說過程儘量運用各種解說技巧，表現出自己的信心、熱誠與專業。

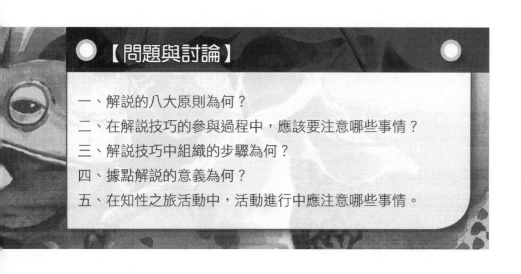

【問題與討論】

一、解說的八大原則為何？

二、在解說技巧的參與過程中，應該要注意哪些事情？

三、解說技巧中組織的步驟為何？

四、據點解說的意義為何？

五、在知性之旅活動中，活動進行中應注意哪些事情。

Chapter

9

主題解說

- 第一節　景觀資源
- 第二節　地質、地形景觀
- 第三節　生態景觀
- 第四節　人文景觀

【關於主題解說】

　　不同的地區或據點各有其特色，有些以自然景觀為主，有些以地質、地形景觀為主，有些是以生態環境為主，有的則是歷史古蹟和天文星象（人文景觀），其價值與意義截然不同，當然解說的內容也就不一樣。而解說的目的主要是要讓遊客或民眾對於所生存的環境多一份的認識與關懷。

　　生態界中最主要的構成為動物、植物、礦物，其亦為解說中相當重要的主題；而人類歷史遺跡和星象，則是長久以來人類所探究的領域，唯有對這些主題有粗淺的認識，才能慢慢進入到解說的新領域。

解說的資源相當廣泛，不同的地區或據點各有其特色；有些是以地質、地形景觀為主，有些是以生態環境為主，有的則是歷史古蹟區，價值和意義各有不同，解說的內容當然也就不一樣。然而解說的目的是要讓遊客或民眾對於所生存的環境有多一份的認識與關懷。本章針對經常作為主題解說的幾項議題，包括景觀資源、地質地形、動物、植物、鳥類、古蹟、星象等做概略性的說明，世界遺產部分則於第十章再行說明。

第一節　景觀資源

在遊憩體驗過程中，欣賞景觀是必要的活動之一，而欣賞景觀以外，如何自欣賞過程中獲得知性的解答與新知是需要透過有系統的詮釋、解析與說明。因此在從事戶外遊憩過程中，訓練遊客從遊憩活動中，正確的吸收新知識並轉化為遊憩體驗的滿意度或充實度，有賴於解讀景觀的訓練。所謂景觀資源的影響，除了最直接的視覺景觀影響外，事實上，景觀影響尚包括廣義的景觀資源所有元素之互動影響。

景觀資源的定義可界定為：「景觀資源是一種複合資源，是藉由人的視覺所認知（感知）之地面上有關包羅萬象之形象的整合。其又可分為自然景觀資源和人文景觀二種。」因此，在分析景觀資源的影響時，必須明確認知「景觀」資源是一種複合資源，它包括了空間、時間、心理及實質環境之互動，它是一種動態資源，也是一種遊憩資源，更因其具環境美質，是一種精神資源，而有些景觀則除了是自然資源外，其複合性更含括了人文及地域特色，例如淡江夕照是北臺灣相當著名的景觀，夕照是自然資源，而淡水則是深具歷史意義的小鎮。以下就景觀資源在實質環境中的角色與如何解

讀景觀資源加以說明。

一、景觀資源在實質環境中的角色

我們所生存的空間環境裡，無論是自然或人為的景觀，均有其存在的價值或條件；也因此皆有解說的價值。透過解說，我們可以更深層的瞭解到景觀資源。而景觀資源具有多重與多向度的特性，故進行景觀環境評估時，必須先瞭解其在實質環境中所扮演的角色。

(一)景觀資源具地域環境美質的代表性

許多風景區的開發案，均會選址在風景優美、景色怡人的地方。而因為其先天的景觀已具備了特殊性和代表性，任何的人為設施設置均會對其造成衝擊與影響；因此自然景觀在規劃時其對人為環境改變的接受程度為何，即為評估的重點。例如高爾夫球場的設置多選在視野遼闊、景觀優美的地方，所選的地區原先均具地域環境的美質，因而對於開發的環境衝擊均得審慎的評估。

(二)景觀資源具生物重要性

高品質的景觀資源往往係由複合自然與人文資源整合而成。例如雪霸國家公園內的白木林、淡水河口的紅樹林、墾丁龍鑾潭的雁鴨水鳥、大屯山的蝴蝶花廊等，這些與自然動植物或其它生物有觀的自然景觀已構成景觀美質不可缺的因子。因此，當開發而影響到野生動物棲息環境的破壞，導致生態景觀消失或破壞時，也同時影響到景觀美質。例如在三、四十年前，臺灣屬於農業社會時代，從晚春到仲夏，在水田邊經常可發現俗稱「火金姑」的螢火蟲蹤跡，然隨著時代的演進，都市道路的開闢、人工光源的衝擊、水污染等

問題，使得火金姑的棲地遭到迅速而嚴重的破壞，現在要欣賞螢火蟲就只能到偏遠的山區了。

(三)景觀資源反應了心理知覺

　　心理知覺反應是近代心理學家、哲學家乃至環境規劃設計師，一直企求能獲得統一或更具體表達的現象，卻也是最困難的。雖然多數人對於景觀的心理感受一樣，如翠綠的山林和深邃的大海可能給人神秘不可測的感覺，但對不同特性的人卻仍有不同的感覺。例如究竟林木間的間距多少才不會令人有擁擠的感覺，林木的高低對於人們的視覺影響及心理感受相關度為何，這些都無法具體加以定論；遊樂園的規劃與森林遊樂區規劃即具備潛在性不同的心理知覺預期效果，自然地其在實質規劃與空間配置上亦將反應出不同知覺期待的景象。

(四)景觀資源具有視覺緩衝機能

　　景觀資源一方面具積極的強化美質的機能，另一方面它能以消極的機能，達到因為開發建設所造成景觀衝擊的視覺緩衝。在實質環境的建設中可透過不同的手法來作視覺的緩衝。例如在象徵高硬的建築物前，適度的規劃綠籬將可降低其不佳的視覺障礙。又如現今的建築相關法令中對於開放空間的設置要求，除了基於安全考量外，景觀美質的維護也是重點所在；所以有些建物中庭規劃噴泉流水，即是在硬體的建材中融入柔性的創意，另外藝術作品也具有同樣的功能。

(五)景觀資源具休閒遊憩機能

　　景觀品質與遊憩體驗之豐富度與滿意度成正比。為此，景觀資源品質佳者必然成為休閒遊憩資源，提供給遊客視覺及心理各方

面的滿足，而也因休閒遊憩潛力之吸引易帶來開發的壓力與景觀破壞，兩者之平衡正是景觀評估的重要課題。

(六)景觀資源具精神象徵性

許多自然的景觀在區域中具備精神象徵的意義，尤以名山大川為是。例如喜馬拉雅山是中亞人的精神地標，富士山是日本人的精神象徵，大霸尖山一直是泰雅族人的聖山，故其具精神地標、依託與對大自然的互動關係。其景觀完整性的保全自然成為開發影響之不可或缺因子，若有人為景觀的破壞，將連帶的影響整個地形景觀的地標性。

二、景觀資源的解讀

複合性的自然景觀現象中，如何客觀地分析元素予以說明，是解說員應有的專業素養，也是從事知性之旅或生態旅遊活動者應有的訓練方法與態度。依據美感反應的模式可以解讀自然景觀應視為一動態過程，其知覺影響因子主要為：

1.視覺。
2.聽覺。
3.嗅覺。
4.觸覺。
5.味覺。

除了以上環境刺激的研究重點外，觀賞者的心態、觀賞情境與美感體驗也是影響美感反應的因子。透過美感或知覺反應，可將三度空間之意象，予以有條理的解析。

景觀現象會因時因地而有不同之組成元素與形成原因，解析的內容與重點應包括：

1.自然環境的變化歷程。

2.自然景觀與人文歷史變遷。

3.自然環境的生態演替意義。

其流程則可歸納如下：

1.現象的觀察。

2.現象的解析（自然景觀資源元素之分解說明與探討）。

3.現象形成原因探討。

4.對景觀環境保全、保存、改善、復育措施之研擬。

5.對景觀環境保全、保存、改善、復育行動之實踐。

至於影響景觀觀察者的知覺因子包括了：

1.景觀與觀賞者的距離：要明確、重點式的解析景觀，應能在空間中區分框景，而框景與視域所及內之景觀，依觀賞之距離又可分為近景、中景和遠景：

 (1)近景範圍為0到400或800公尺，其景緻的特徵為景物表面，為細部景觀，色彩明暗度差異大。

 (2)中景範圍為400公尺或800至4,800公尺或8,000公尺，景緻的特徵為細部及大約的地表概況，景物與周圍環境關係較為明顯。

 (3)遠景則為4,800公尺或8,000公尺至無限的距離，遠景的景觀較為簡單化，景物呈現簡單的輪廓線條，顏色對比較不明顯。

2.賞景者的位置：觀賞者位置是指觀賞者和景觀之間的相對位置，依觀賞者對景物高度的關係可分為：觀賞者下位、觀賞者常位和觀賞者上位。觀賞位置是景觀描述中較為重要的因素，因其主要控制於觀賞者有意識的選擇其觀賞位置，所以

在規劃景觀的路徑時，應考慮此項因素，提升欣賞景觀時的體驗。

3.地形的狀況與空間的界定：如封閉性、開擴性、或任何影響空間組織的元素，界定空間之自然元素。

4.光線的變化：包括雲、霧、陽光、顏色等所造成對瞬間氣象光影感受而予以解析說明。

　　景觀解析的最終目的除了說明景觀的知性知識與變遷或特色外，更應能激發觀賞者的保育情操，並使其在未來與環境有關的活動中能有更積極的保育行動，並落實景觀保護意識。

第二節　地質、地形景觀

　　地球演進的過程中，表面經由各種不同的物理、化學作用，而形成高山、湖泊、海洋、河流、高原等不同地形，而且不同的變化

桂林、陽朔等地地質屬於喀斯特（Karst）地貌的典型地區，
又稱為石灰岩地形，為地質奇特的景觀區

仍無時無刻在進行中。因此，地質與地形的特徵，往往是各風景遊憩區或一個地區最特殊的景觀解說資源。例如火山、地熱、峽谷、石灰岩地形等，不僅是大自然鬼斧神工的成就，也影響到人類活動的發展與演進等；因此，地形與地質為解說資源中相當重要的課題，本節即略述地質地形的一些基本概念。

研究地表形態的科學，我們稱為地形學；而研究地球之起源、構造、組成物質及地球上一切地質作用與生物演化之科學則概稱為地質學，其又包括岩石學、礦物學、古生物學、地層學、地史學、地球化學等。為對地理層面有所認識，僅將地質的循環與地形作用概述如下：

一、地質循環

研究地形、岩石之初必須先認識地質循環的概念。地質學家從野外大自然各種現象的觀察中，整理出今日持續運作的各種自然作用，同樣的自然作用亦從數十億年前地球誕生後即開始運行。

地質學家從自然現象中發現兩岸及河床受到河水的侵蝕作用，造成山崩地滑，大量的泥砂往下游搬運。而這些砂石最終沉積到海洋或湖泊，其對地球的影響究竟為何，是否終會將海洋填平呢？經由不斷的觀察與實驗，科學家們證明了這些河流挾帶入海的岩石碎屑都在海底沉積下來，一層一層的，而且由近海到遠洋，顆粒愈來愈細，厚度愈來愈薄。同時，地質學家在不同的地形中到處見到這種由砂泥構成岩石，而岩石裡有時還會出現海中生物的遺骸。這些成層的岩層表現出傾斜、彎曲的形狀，明顯的經過外力的推擠和褶皺。長期的研究發展出「地質循環」的概念。

地表岩石受風化及侵蝕後形成的岩石碎屑，隨著河水流入海洋。這些堆置在海底的沉積物愈積愈厚，深埋在底層的逐漸固化、

膠結而形成沉積岩，沉積岩的種類很多，例如依顆粒大小而分的礫岩、砂岩、頁岩和石灰岩等。沉積岩深埋的結果可能永遠掩在地底。如果地溫、地壓增高到某種程度，就會發生變質作用，改變原來的岩石結構，或使一些礦物消失並新生一些礦物造成岩石，例如頁岩經不同程度變質作用變成石英岩或變質成砂岩、石灰岩經高度變質作用造成大理岩等均是。如果地溫、地壓更見升高，那麼就可能到達岩石的熔點，而形成岩漿。岩漿比較輕，於是向上運動，或噴出地表，或在地下深處凝固形成火成岩；並且和變質岩、沉積岩等其他性質的岩石，隨著造山運動來臨，靠著褶皺、斷層等運動，抬升到地表，地表岩石侵蝕剝離後，下方的岩層遂逐漸曝露。火成岩又可分為侵入岩和噴出岩兩種，前者係地殼內較深處由岩漿凝結而成者，故亦稱深成岩，例如花崗岩、橄欖岩等；後者則是岩漿噴出所形成，包括玄武岩和安山岩等。火成岩是所有岩石中最原始的岩石，占地球岩石圈的絕大部分。

野柳的地層主要由傾斜的層狀沉積岩所組成

火成岩、變質岩、沉積岩三者間的循環作用，要藉著各種地質作用來完成，這些作用包括外營力和內營力的作用。前者包括風化、侵蝕和塊體下坡作用；後者包括岩漿活動和地殼變動。這些內營力在地表顯現的就是火山爆發、板塊運動、造山運動及造陸運動等，其代表了物質、能量和作用三者之間的循環體系。

(一)地震與斷層

地球簡單的分成地殼、地函（Mantle）和地核三層，其空間分布又可分成岩石圈和軟流圈；岩石圈是指地球最外部冷而硬的物質，岩石下的軟流圈則是由熱度較高的可塑體物質所成；板塊就是岩石圈，它包含了地殼和一部分地函。地殼有許多裂縫在深海海床上，裂縫裡不斷流出熾熱的岩漿，岩漿冷卻後會凝固成新地殼，新地殼不斷產生就會把原本地殼向外推擠，地殼上的陸地與海洋會跟底下地殼一塊塊移動，地殼與地殼下方的地函會一起動，所以便把地殼底下一起動的地函稱板塊。

地球表面有七大板塊：有太平洋板塊、歐亞板塊、北美洲板塊、南美洲板塊、非洲板塊、印澳板塊、南極板塊。而世界有三大主要地震帶：環繞太平洋邊緣的「環太平洋地震帶」（Circum-Pacific Seismic Zone）、歐亞大陸南緣的「歐亞地震帶」（Alpine-Humalayan Seismic Zone）、三大洋（太平洋、大西洋和印度洋）中的「中洋脊地震帶」（Mid-Ocean Ridge Seismic Zone）。

地震大部分是由斷層錯動所引發。當斷層錯動造成地震時，斷層兩邊的地層做相對的運動，相對運動實際上是被一個面所區隔，此區隔面稱為斷層面（Fault Plane）。相對運動的形態決定斷層的類型。斷層型態是一種表象，通常與實際有些偏差。以斷層被地層震波撕開而言，地震波是先呈上下走向，再呈水平走向。斷層基本上可分為三種形態：(1)由張力造成的正斷層（Normal Fault）；(2)

由壓力造成的逆斷層（Thrust Fault）；(3)由水平作用力造成的平移斷層（Strike-Slip Fault）；但斷層通常很少有純粹的正斷層、逆斷層或平移斷層。

臺灣位處於菲律賓海板塊與歐亞大陸板塊擠壓的地震帶上，根據中央地質調查所（1998）公布，共有五十一條活斷層，歷年來的地震史顯示，每隔一段週期，臺灣地區就會發生規模較大的災害性地震。如九二一地震的發生便是那沉睡了數千年的「車籠埔斷層」忽然甦醒過來，造成深度8公里、規模7.3的「九二一集集大地震」，主要原因便是位於臺灣中部中央山脈以西的「車籠埔」與「大茅埔—雙冬」兩大斷層相互擠壓所造成，錯動之力量致使沿著兩大斷層所經之處遭受重創，地表嚴重破裂，斷層通過之地方包括臺中、南投等地遭受毀滅性的損害，其主斷層長約85公里，東北延段長約11公里，全長約96公里。

臺灣主要的地震，以東部花蓮一帶最頻繁，而世界上主要的強烈地震多指8.5級以上的強震，包括亞洲日本、中國、印度；南美洲的智利與秘魯，2004年12月26日發生的印度洋大海嘯或稱南亞海嘯共奪走二十餘萬人的生命。最近一次的毀滅性災難是2011年3月11日14時46分（當地時間），發生於日本東北地方外海規模9.0級大型逆衝區地震，震央位於宮城縣首府仙台市以東的太平洋海域約130公里處，距日本首都東京約373公里，震源深度測得數據為24.4公里（15.2英里），並引發最高40.5米的海嘯，為日本二戰後傷亡最慘重的自然災害，也因為此次地震規模之大引發了火災和核洩事故，導致大規模的地方機能癱瘓和經濟活動停止，可說是大自然與人為因素所導致的最具代表性的毀滅性破壞。

(二)火山

■火山的形成

地球表面及淺層部分可以分為若干個厚度約100公里的大板塊。板塊包括地殼和地函上部，各板塊則在其交接部分作相對運動，當海洋地殼隱沒而伸入大陸地殼之下時，進入地函而受熱熔，部分匯集到一起而成為岩漿，岩漿上升到地表而成為火山，地函中「熱點」燒穿地殼的地方也是火山形成的地點，有的便在地下冷卻成為深成岩。同時因地球內部的物理變化和化學變化而形成內營力，主要有地殼變動和火山作用兩大類，而火山作用分侵入作用和噴出作用兩種。

■火山的分布

世界上最主要的火山帶，係環繞太平洋的邊緣分布，號稱「火環」（Ring of Fire），計自南美洲安地斯山脈的智利起，向北經秘魯、中美洲墨西哥、美國西部卡斯凱德山脈（Cascade Range）、西北行至阿留申群島、堪察加、千島群島、日本、琉球、臺灣、菲律賓、西里伯斯、新幾內亞、所羅門群島（Solomon Is.）、新喀里多尼（New Caledonia）及紐西蘭等。這一條火環大致和環太平洋的地震帶相一致，可稱為地殼活動帶（Mobile Belt of Earth Crust）。除這一條主要火山地帶外，尚有其它六區：

1. 太平洋島嶼區：包括夏威夷群島及南美外海的加拉巴哥斯群島（Galapagos Is.，屬厄瓜多爾）、侏恩費南迪諸小島（Juan Fernandez Isles，屬智利）。
2. 南洋赤道區：包括帝汶、爪哇、巴里及蘇門達臘諸島。
3. 印度西側：阿拉伯地區、馬達加斯加島及東非洲裂谷火山群。
4. 地中海帶：由土耳其極東的阿拉雷特峰（Mt. Ararat）起，

向西經義大利至大西洋上的亞速爾群島、坎奈群島（Canary Is.）等。

5.西印度群島火山群。

6.冰島及法羅群島等零星地區。

■火山的作用

火山的作用係指地球內部的岩漿和水氣等衝破地殼的脆弱處，噴出地表的各種重要活動。噴發時的主要產物有：

1. 液體的部分：主要是從火山口流出地表的岩漿叫熔岩，是火山岩的基本物質。熔岩可依二氧化矽的含量多寡分為酸性、中性、基性。

2. 氣體的部分：火山噴發中50%至70%左右是水蒸氣，其他較多的有二氧化硫、氫等。

3. 固體的部分：火山爆發時造成的大量固體叫火山碎屑，來源為已固結的岩漿、噴發中冷凝的熔岩、火山碎屑，或火山圍岩的碎塊。

二、地形作用

地質學家歷經數百年的觀察研究，發現地表山嶽的形貌受到兩種作用的影響。第一種作用為內營力作用，導因於地球內部物理變化、化學變化或熱能的對流，包括地殼深處的變動、地震、岩漿活動等。這些力量表現在地面上的，就是板塊運動以及伴隨的褶皺、斷層、火山作用等造成原始地貌，以及地表的風化、侵蝕作用造成了今日所見的地形。

地殼變動使地表初具地球的外貌，而後再經由外營力的作用而造成山岳的發育、以及各種不同的地形景觀。外營力的作用基本上

分成三大類：風化、塊體下坡運動及侵蝕。

風化作用使岩石物質的強度降低；塊體下坡運動則是重力作用控制下，鬆散物質向下滑坡的運動；侵蝕作用最容易觀測，包括了河流作用、冰川作用及風力作用等。這三種外營力的作用常常是前後連續的。有些外營力今日仍可明顯的觀察其運作，尤其是在大風浪、大暴雨過後，河水的沖刷、濁流滾滾，都展示著大自然的侵蝕、堆積作用。更多的地形作用記載著岩石、岩層及地質構造，亦可看出皺褶、斷層和火山作用的故事。以下將常見的地形作用分述如下：

(一)風化作用

大多數的岩石在地球表面都進行著機械的破裂與化學的分解。破裂作用是岩石在溫度、冰霜、熱脹冷縮、植物根部楔裂作用以及磨蝕等作用進行下造成的。這些不同的作用多半經由水、風及冰等介質而完成。化學風化作用進行的時候主要包括氧化、碳酸化、水合、水分解及離子交換等化學的基本物質，此種作用以高原或沙漠地帶最為明顯。

(二)塊體下坡運動

下坡運動泛指地表經風化作用而破碎的岩屑及土壤，在重力影響正向下坡運動的各動作。在這個作用裡不包括風化物質受風、冰及流水等介質的搬運作用，這些搬運的過程稱為侵蝕作用。

(三)侵蝕作用

風化物質的搬運作用是藉著風、流水、冰川、波浪、海流等介質而進行，這些介質作用稱為營力。供應這些營力的能源則來自太陽能和位能。在類似的作用中，不僅能搬運風化物質，也直接對經

過的岩石表面產生磨蝕作用。被這些介質挾帶而搬運的風化物質，不但彼此磨碎，也對經過的岩石表面發生磨蝕作用。此種作用也就雕刻了大自然，塑造了各種地形景觀，以峽谷地形或海蝕地形為代表。

(四)堆積作用

侵蝕作用搬運岩石物質到侵蝕基準面之下後，便進入了堆積作用。堆積作用和侵蝕作用合作，使地表達到均夷的效果，趨向於平坦化。河流作用可造成堆積地形，風、地下水、波浪，以及海流等作用也可以造成明顯的堆積地形。彎曲河道的內側常有堆積坡的形成，海灣地帶常常有砂洲、砂灘、礫灘的堆積，而河階地形便是堆積作用造成的景觀。

第三節　生態景觀

一、動物資源

動物生態的解說涵蓋極廣，隨時可見其相關的資訊。然而對於野生動物的觀察，因每種生物有其習性且對人類極為敏感，故需要藉由其所留下來的痕跡加以判別。

(一)觀察時的注意事項

進行野生動物的觀察困難度較高，因此事前的準備及進行觀察時皆著重於如何減低或避免人在觀察時對其造成干擾。注意事項如下：

1.觀察人數的限制：人員名額的限制，視觀察之對象及地點而

定，若動物較不具威脅性，習慣於人的存在，或所在地區視野良好，動物與人有明顯區隔時，或僅觀察動物的痕跡時，較不受名額的限制。反之則應有人數的限制，或分組進行觀察。

2.人員行為的規範：觀察人員行走、進食、交談及發問等，皆需將可能產生的聲影及氣味等活動降至最低，以免影響擬觀察對象的正常行為。

3.服裝及裝備的要求：服裝應儘量與環境之色調相融合，減少並避免不必要之裝扮，以使顏色、形狀及氣味等可能之干擾降至最低。個人裝備包括鑑定手冊、圖鑑、望遠鏡、手電筒、照相機等，要顧及對時空的掌握，可減少對動物的影響，有利於觀察，也有助於對動物所留痕跡的保存及檢視。

(二)觀察的時機

在實地觀察時，除視覺外，聽覺、嗅覺及味覺亦對判別動物

野生動物的觀察難度較高，且須先瞭解動物的晝夜或晨昏活動習性
（圖為花栗鼠）

的存在和鑑定有相當的幫助。尤其有關痕跡的鑑定，有時需綜合現場各種不同的資訊或感官訊息來判斷。觀察的時機，包括時間、天候、季節及地點之選擇，對觀察的成果常有重大的影響。

1. 就觀察的時間而言：瞭解動物的活動性如晝夜或晨昏活動的習性，適時的安排有助於觀察到的機會。
2. 就天候的條件而言：不同的天氣，例如晴雨及其持續的時間會影響動物的作息及其痕跡的保存，選擇適當的天候方有較佳的成果。
3. 季節的影響條件：不同的季節常會影響動物的行為及植被的生長，選擇特定的季節有助於觀察其特殊的行為，如繁殖季及遷移季。
4. 地點的選擇條件：水源、礦鹽等特殊的地點往往是吸引動物聚集的地方。

總之，各項條件適切的組合，可減少觀察時的困難。

解說的內容則可以以動物與環境互動的關係為主題，另包括物種在生態系的地位、扮演的角色、生態循環中的關鍵性，與人類的經濟和非經濟關係等等。以山豬為例的解說，可就其拱痕與植物萌發的再生關係，其糞便形成土壤肥料的來源，以及山豬對於人類的關係等，均可加以深入的探究。而一旦建立起解說的模式，其他動物亦可比照進行解說。

(三)觀察時的重點

動物遺留的痕跡往往是觀察時的重點，以下列略為簡述：

1. 足跡：動物足跡的完整性受土質及天候的影響很大，亦與動物當時行走及著力狀況有關，如豬為偶蹄類，平時在一般的土質上所留痕跡為二半月型所組成的蹄印，在鬆土中其蹄

痕較深。至於其它動物的蹄印可由其形狀、大小、間距來分辨；然往往需輔以相關資料加以辨識。

2. 路徑：野外有時可以發現不同種動物行走的路徑來判斷動物體型的高度。此外，路徑的陡峭亦與動物的攀爬能力有關，一般有關路徑的辨識，多以其上的足跡或其它特性綜合後來辨識。

3. 掘痕：包括山豬覓食時造成的拱痕，穿山甲掘洞時所留的孔穴，貓獾覓食所留的挖痕等，可由其挖掘的程度、範圍及形狀，輔以其它所留的痕跡來判斷。

4. 爬痕：部分種類具有攀爬的能力，有時會在樹上留下足印，例如飛鼠、熊等，可由其爪痕的深度、大小及間距綜合判斷之。

5. 食痕：部分草食獸對於植物取食的喜好程度及覓食方式，高度等之差異；而雜食動物對於果食或種子等取食後所留之痕跡，也可判斷取食者種類。

6. 食餘：部分動物所取食的種類，如堅果殼等會於進食時吐出或留下，可藉由其出現之環境齒痕，食物殘留之形狀等加以判定。

7. 排遺：動物依其食性的差異可分為草食、雜食及肉食三種，草食性之排遺多呈粒狀，有時可由其形狀、色澤、大小、排放位置、聚積程度等來判定；雜食性如熊、山豬等，亦可由形狀、大小及出現位置，輔以痕跡來判斷。肉食性者有時或可由形狀、成份、出現地來判別。

8. 臥痕：動物之休息處，有時可由其位置、大小及其所留下之痕跡，如留下來的毛來判斷。

9. 磨痕：包括磨牙、磨角及擦痕等，其長度、深度及在樹幹上所留下的高度，皆有助於判斷動物的種類。

10.氣味：有時可藉由動物所留之氣味來分辨草食或肉食性動物。

11.巢穴：部分動物在休息或繁殖時會築巢，亦有動物長期利用洞穴棲身，如松鼠會在樹上築巢、飛鼠利用樹洞、穿山甲掘洞等，皆可根據其大小、位置、當地環境等等輔助資料加以研判動物的種類。

二、植物資源

　　早期的學者將自然界的物體概分為「生物」與「無生物」二類。「生物」即指有生命的動物、植物，由於數量繁多，個體間相互類似的程度與親緣關係有所差別，為了便於識別，乃將相類似且親緣關係接近的種類集合在以起，分成各種程度不同的「分類群」。如果分類群的個體可相互交配、逐代繁殖，且將其特性遺傳下去，此分類群就稱之為種，為生物分類的基本單位。

　　目前針對廣義植物界之整體分類系統，以1945年匹爾格（R. Pilger）及梅爾雪（H. Melchier）修訂的《恩格勒氏植物分類學綱要》較為完整。恩格勒系統將植物界分為17門。目前全世界已知的植物約有六十萬種，而按其親緣及演化關係，井然有序的排成分類系統。

　　長期以來，由於植物學家不斷的進行植物分類科學的研究，揭開了植物界各類間世代之微妙關係。植物界在經過長期演化後，各類植物間皆存有或多或少的親緣關係，為求獲得較精確的鑑定結果，植物學家乃根據植物外部的根、莖、葉、花、果等形態和內部的組織結構、細胞染色體及化學成分之異同，發展出一種可以共同參用的鑑識方法，將植物予系統化之歸類分級。本段即根據樹木、葉、花的外形分類加以略述：

棋盤腳已被列為稀有植物，是熱帶海岸林的代表性樹種，
也是墾丁國家公園天然海岸林的優勢樹種（圖為棋盤腳花）

(一)樹木

樹木為木本植物，大都具有多年生生長之莖幹。在植物界中，其形大而顯著，對於人類的生活亦具有密切的關係，非但供給日常所用的木材，且供可食用的果實，以及其他油脂、纖維、橡膠、香料等產物。樹木聚集而成的森林，除具經濟價值外，也提供了水土涵養的效能。其習性及生長發育的形態，因樹種而異，普通樹種之習性，可依下述之方法加以分類：

■依樹葉之外形而分

1. 針葉樹：大都為裸子植物，葉多呈線形、針形、鱗葉形，特殊者為銀杏，其葉雖非為上述各形，但因其為裸子植物，於分類時亦將之歸為本類。樹形多美麗狀觀，產於寒冷地帶，木材富利用價值，種類不多。

2.闊葉樹：概屬被子植物。葉寬闊，呈卵形、橢圓形、披針形等。樹型多不整，木材利用價值低，種類繁多。

■依落葉與否而分

1.常綠樹：樹木在年中生長大殆無停止，終年可見有綠葉者，大部針葉樹及熱帶樹木屬之。

2.落葉樹：樹木於生長中止期間，呈落葉狀態者。普通於秋季落葉，溫帶及熱帶之闊葉樹屬之。

■依樹幹之高低及分歧性而分

1.喬木：由一根株抽出一莖幹，直立、高大：

(1)依枝條之分歧情形可分為：

　① 莖幹直立而枝條為有秩序分歧者，如針葉樹。

　② 莖幹自中部分歧，枝條擴張廣大者，如闊葉樹。

　③ 莖幹直立高聳，不分歧，單子葉植物，如椰子等屬之。

(2)依莖幹之高度可分為：

　① 大喬木：樹高在18公尺以上者。

　② 中喬木：樹高在9至18公尺者。

　③ 小喬木：樹高在3至9公尺者。

2.灌木：樹無主幹，分枝多，且近地表，樹高在5公尺以下：

(1)普通灌木：直立狀、叢立狀、分歧狀。

(2)蔓性灌木：蔓藤纏繞他種植物，形成蔓狀。

■依木材利用而分

可分為硬材樹及軟材樹兩種。硬材樹指材質較硬之樹木，大都指闊葉樹而言；軟材樹指材質較軟之樹木，以針葉樹為主。

(二) 葉

　　葉為植物體上最重要的營養器官，植物體中所需之基本養料——醣類，係在綠色植物葉部細胞的葉綠體中經光合作用而製成。每種植物的葉，各具固定的形態，故而植物分類學上，於記載各種植物的性狀時，每用較多的文字來描述其外形——包括葉形、長寬度、質地、葉緣、葉基、葉尖、葉的裂刻、葉脈形狀、光滑度、葉柄、托葉等。識別植物，首應認識葉部的形狀，茲說明如下：

■葉的部分

　　1.葉片：注意葉片色澤、氣味、形狀、厚薄、光滑度等。

　　2.葉柄：注意與葉基連接狀態、色澤、形狀及附屬物等。

　　3.托葉：注意托葉之有無，如有，進而觀察其形狀、色澤及著
　　　　　生位置等。

■葉的排序

　　1.對生葉：二葉在同一節上，左右相對而生。其與次節所生之
　　　　　　對生葉，常成直角，交互著生，如石竹、紫蘇等。

　　2.互生葉：每節僅生一葉，其上節之葉與下節之葉，各生於反
　　　　　　對之位置上，或圍生莖上，作螺旋式排列，如柳、梅等。

　　3.輪生葉：三葉以上輪生於一節之周圍，如夾竹桃、黑板松
　　　　　　等。

　　4.叢生葉：在極短之莖或枝上，有二支以上之葉互相集接者，
　　　　　　如蒲公英。

　　5.散生葉：每節生一葉，散亂著生於莖枝之周圍。

■葉的種類：

　　1.單葉：一葉柄上僅一片葉，且葉柄直入為中肋，如榕樹。

2.複葉：葉具總柄及小柄，一總柄分為多數小葉柄，各小柄生
　一小葉。

　(1)羽狀複葉：小葉在總柄之兩側，成對著生，其中：

　　① 奇數羽狀複葉：小葉數為奇數。

　　② 偶數羽狀複葉：小葉數為偶數。

　　③ 二回羽狀複葉：總柄之兩側為羽狀複葉對生者。

　　④ 三回羽狀複葉：羽狀複葉呈三次著生於總柄者。

　(2)掌狀複葉：小葉在總柄上，自一端開始發生而呈放射狀射
　　出者，如木棉。

　(3)單身複葉：葉柄上雖僅葉片一枚，但葉柄和葉片之間有
　　節，將之分為二部分，如柚。

■ **葉脈的分部**

1.平行脈：葉脈互相平行，單子葉植物之葉脈屬之。

　(1)直出平行脈：自葉之基部伸出，直走向尖端。各脈與中肋
　　平行，僅葉尖與葉基處，葉脈相集於一點，如禾本棵植物
　　之葉。

　(2)橫出平行脈：自中肋橫出至葉緣，如芭蕉之葉。

　(3)射出平行脈：葉脈自葉柄頂端輻射而出，如棕櫚。

2.網狀脈：葉脈分枝後再相連作網狀者，雙子葉植物之葉屬
　之。

　(1)羽狀網脈：有一顯著之主脈，其兩側生多數之側脈，狀如
　　羽毛者，如柳樹、山毛櫸、橡樹、紫丁香花等之葉屬之。

　(2)掌狀網脈：自葉柄頂端射出數條主脈者，如槭樹、南瓜、
　　葡萄等。

(三)花

花為植物繁殖器官之一，其與果實和種子，在形質上均可受環境之影響而發生變化，故為種子植物門分類上之重要依據。在作野外植物觀察時，辨識花的形態，對於植物的分類、鑑別相當重要。花實為莖部的分枝，惟此特殊小枝之分生組織並不繼續生長，而於花葉形成過程中，轉變為花部之永久組織。花葉與普通葉截然不同，集生而並不分布於莖上，各花葉間無節間，腋內亦無芽。花葉有的產生花粉，有的產生胚珠發育為種子。花的分類標準有非常多，常見的標準如下：

1. 花被的有無：無被花、單被花和雙被花。
2. 花蕊的存在與否：單性花、完全花、兩性花、中性花、雌雄同株、雌雄異株、單性花與兩性花共存等。
3. 萼片、花瓣、雄蕊組合數字：三出花或二數合花、三出花或三數合成，依此類推或多出花。
4. 子房的位置：子房上位花、子房周位花及子房下位花。
5. 萼的形狀：離萼、合萼、瓣狀萼、散萼、落萼、宿萼或副萼。
6. 花序的分布：無限花序、有限花序、密繖花序和團繖花序等。

三、鳥類資源

全世界已知的鳥類共有八千六百種，隸屬於28目133科。而臺灣地區自從1856年開始研究鳥類迄今已有一百四十餘年之久，目前臺灣鳥類的記錄，若連亞種計算在內，共有四百三十種，在分類學上分別隸屬於18目68科，目前行政院農委會所列保育類鳥類計有84

種。以下僅以臺灣鳥類的分布情形、遷徙的分類、鳥類的觀察，以及臺灣特有鳥類等四部分加以描述：

(一)臺灣鳥類的分布情形

鳥類的分布情形可依地理分布與生態分布來區分。地理分布常因高山、海洋及鳥類本身飛翔能力的影響，形成分布上的差異。最明顯的例子為白頭翁和烏頭翁這兩種鳥的形態、習性、活動、食性等均極相似，但卻各自侷限一方，從東部花蓮到南部楓港一線以東僅能發現烏頭翁，西部只能看到白頭翁。而生態分布方面，則以氣候、棲息環境及垂直分布來細分。就氣候而言，南部墾丁國家公園為典型熱帶氣候區，每年冬季北部地區有些鳥類集結於南部過冬，另有大批候鳥及過境鳥由此而過；臺灣中北部地區為亞熱帶地區，氣候比較溫暖，鳥的種類變化較少。就棲息環境而言，棲息環境的不同，鳥類的分布也受其影響。以山鳥為例，森林為其共同棲所，但其生態職位（Niche）、活動層次、覓食方式卻不盡相同，如啄花鳥科、山雀科及山椒鳥科等主要在森林上層部位覓食；白耳畫眉、繡眼畫眉等在森林的中層活動；藪鳥、小翼鶇等則在下層部位活動。由於層次的不同，每一種鳥都只有利森林的某一部分，而不致產生衝突。

(二)鳥類遷徙的分類

鳥類的遷徙自古以來即為鳥類學家深入研究，其原因如同美國生物學家庫爾所指出：鳥類的遷徙行為，不僅因食物的缺乏而遷移，有時氣候之激變及光週期之變化亦為一大主因。鳥類對氣候之改變有所預知，而遷徙行為乃氣候轉變所驅策的鳥類行為。除上述所提溫度、氣候、食物或其他內外在環境因素的直接影響之外，專家們也一致認為此等習性乃長遠蓄積的遺傳背景所驅使。

　　鳥類的遷徙時期因種類而異，形態大的鳥類如雁、鴨、鶴及飛翔速度快的燕科，或強力的鷲鷹類皆在白天遷徙，其他大部分的鳥類，都在夜間時才進行移棲，白天時他們在安全的地帶休息或覓食。夜間移棲的鳥類，白天可以攝取充分的食物以增補體力，然而在濃霧之暗夜或降雨之夜裡，卻極容易迷路。從遷徙移動的情形及範圍來區別，大致可分為下列五種：

1. 留鳥：大部分的留鳥常因季節的變化，產生垂直高度分布之遷移行為，例如冬季時遷移至較低處，夏季時遷移至較高海拔的山區，即冬夏二季時替換棲息分布地區。

2. 夏候鳥：所謂夏候鳥，即夏季期間在臺灣繁殖或定期前來，秋季時即遷移到氣候較溫軟的南方並在該地過冬，翌年之春天又回歸臺灣。屬於這種常見的鳥類有大慈悲心鳥、褐鷹鴞及八色鳥等。這些鳥中大部分都喜歡飛渡到溫暖的地方，但也有少部分整年滯留臺灣。

3. 冬候鳥：此種鳥在大陸東北、西伯利亞等地繁殖，秋季時前來臺灣，並在此過冬，翌年春天再飛回原棲息地。此種鳥約占候鳥的三分之二。最長見的有虎鶇、黃鶺鴒、赤腹鶇、小水鴨及澤鳧等。

4. 過境鳥：此種鳥既不在臺灣繁殖也不在此過冬，而是鳥類在南遷北歸的旅途中，在臺灣借地暫歇，略作短暫停留而被發現的鳥類。這種情形常在春秋二季發生，以鷸科最多，另外常見的有大葦鶯、白腰雨燕、赤翡翠、灰面鵟和紅尾伯勞等。

5. 迷鳥：鳥類在遷徙的途中，常因暴風雨或其他原因而迷失了途徑或方向。有些鳥依附在海中航行的船隻而運送到陸地。如前所述的冬候鳥、夏候鳥及過境鳥等，在不應該來的季節卻在臺灣發現，皆稱之為迷鳥。

(三)鳥類的觀察

在野外對於鳥類的辨識,除了要有敏銳的視覺及聽覺外,更需注意到其他賞鳥設備的充實,包括望遠鏡、衣著、圖鑑、筆記、指南針等等。而且如同從事動物的野外觀察一樣,人數、活動、衣著等等都需要特別注意。關於鳥類的辨識可依下列的方法:

■大小及形狀

1. 發現一隻未看過的鳥類時,先以熟悉的鳥類大小,如麻雀、鴿子等鳥類的大小作比較。
2. 鳥的體型為修長或圓胖。
3. 鳥喙大小形狀為短粗或細長,為彎曲或下鉤。
4. 尾羽長度為長或短,形狀為分叉、內凹、楔形、圓形或寬形。
5. 翼形翅膀短粗或細長,飛行時平直或彎曲。

■色彩及花樣

1. 鳥類頭部及臉,是否有線條穿過眼睛、頭冠;眼圈周圍是否有不同花色。
2. 身體上部,如胸部的顏色是淡色或深色、斑點或條紋狀、一般花樣或其他特殊花樣。
3. 體側的翼上是否有明顯花色、線條或其他圖案。
4. 尾部顏色為淡色或深色,尾羽兩側是否有淡或深色條紋。
5. 翅膀是否有明顯條紋或帶狀,翼羽顏色是否和背部有明顯差異。

■行為

1. 休憩的姿態為挺直、斜立或其他。

鳥類在休憩時的姿態為挺直、斜立，有的也會偽裝或瞇縫著眼睛觀察周圍

2.尾部搖擺為圓形旋轉、上下或左右搖擺。

3.攀樹行為如啄木鳥直行而上，或蠕行或螺旋或向下行走。

4.飛行是直線飛行或波浪狀飛行，為邊發出聲音邊翱翔或螺旋狀飛上空，是否為盤旋。

5.鳴聲：每一種鳥類皆有其特有的鳴聲，可依自己的記憶方式模仿並複習。

■周圍環境

1.出現的地點是森林、草原、溪流或海邊。

2.出現的時間是早晨、正午或傍晚。

3.氣候的狀況如何。

(四)特有種鳥類

臺灣的特有種鳥類計有十六種，其名稱如下：

1. 帝雉（雉科）
2. 藍腹鷴（雉科）
3. 深山竹雞（雉科）
4. 臺灣藍鵲（鴉科）
5. 黃山雀（山雀科）
6. 紋翼畫眉（畫眉科）
7. 藪鳥（畫眉科）
8. 金翼白眉（畫眉科）
9. 白耳畫眉（畫眉科）
10. 冠羽畫眉（畫眉科）
11. 小翼鶇（鶇科）
12. 紫嘯鶇（鶇科）
13. 白頭鶇（鶇科）
14. 阿里山鴝（鶇科）
15. 火冠戴菊鳥（鶯科）
16. 烏頭翁（鵯科）

第四節　人文景觀

一、歷史古蹟

古蹟地區可能比自然地區需要更多的解說。雨林之美，覆蓋著冰河的山頂，遍地綻放鮮花的草原，飛翔在藍天白雲的老鷹，這些

自然本身蘊藏的美質所透露的自我解說訊息不在言中，而卻是古蹟地區比較不可能擁有的。例如到處矗立著紀念碑的戰役紀念地，第一眼看到時，根本看不出有任何實質的涵義，其他早期的軍事基地或碉堡也透露同樣的訊息。又如一些古建築遺跡，在外觀上和平常的房子並無兩樣，甚至比平常的房子還破舊，然而或許是事件的發生地，或曾經住過一些名人雅士，若沒有解說的話，遊客根本無從去理解進而品賞。如位於北京故宮的珍妃井，若沒有解說其歷史故事，僅是一口古井而已；西安華清池現今遺址未經解說又豈能想像貴妃出浴的情景。所以身為歷史古蹟區的解說員，必須具有豐富廣泛的話題。在任何情況下，都要表達準確，讓遊客覺得有趣和深得要領。

為要提供遊客精確的資訊與廣泛的話題，解說員要加以不斷的研究。也就是說，經常閱讀有關人物留下的日記、旅行日誌、書信，或和地方耆老交談，瞭解事件發生的經過，多找當時留下來的報導和印刷品，參加相關的研討會，或多閱讀著作和學術期刊等等。對於同一件事，必須對不同的報告及資訊來源加以評估。因為歷史記載，或多或少都是透過個人對於事物所抱持的主觀見解而產生，有時難免被扭曲。隨著歷史資料的陸續被發掘，我們的解說也要能作適當的補充和修正。我們應表示說：「根據目前所知道的資訊……」、「其顯示的意義為……」，如此才不會在有了較新而適當的資料產生時，無法自圓其說，產生不必要的窘困。

如何使古蹟變得活生生起來，引人入勝？有一點要加以避免，那就是不要只陳述事實及日期，而不去提及當代的人物。古蹟在視覺上只是建築物和景觀而已，如何使之人格化，具有生命力，則有賴解說員協助遊客想像過去曾經發生的事。當時的情景可以用某些栩栩如生的方式再度製作出來，如以當代實景表現出來，或用文字圖片說明。例如參觀美國國家獨立紀念館，當遊客圍攏在一起時，

可以告知遊客曾經有哪一位名人坐在此地，而為了守密的原故，起居室內的窗戶在夏天仍然緊閉，使得室內顯得悶熱……這些敘述可以幫助遊客們去體會當代發生之實際情形。對於當代留下的書信、日記、音樂如能善加運用表現更能增加興趣。最重要的是能夠將歷史予以擬人化、人格化。歷史不會自己發生，根本上是以人為中心所產生。

除了將史蹟地區予以人格化外，亦需協助遊客去想像這個地方過去時代的實景。例如目前修剪好的草坪，在過去可能是另一種景物；又如目前許多設施其實是利用以往的建築物而改建的，像法國的奧塞美術館原先即為火車站等。這些古今的差異，如何去發掘、描述使之靈活呈現，對解說員而言，相當具挑戰性。當然還有許多類似的因素，皆有賴解說人員充實這方面的能力，去體認昔日的生活經驗，如此才能有助遊客去體會古蹟區昔日的種種。

解說故然一定得正確又生動有趣，不過即使如此仍然不夠，所陳述的資料，必須是有關連性的。例如古蹟是如何造成沒落的？最大的意義在哪裡？過度強調一些較無意義的事物在解說上自然不宜，所有的歷史事件都有其發生之脈絡與背景，所陳述的或許是一歷史單元，但必須從其前後整體性加以考量說明。對於具歷史意義的解說，解說員如能提出相關的事物即已足夠，其餘的解答則留給遊客自己決定何者對於他們而言，才是較具意義的。

二、天空星象

浩瀚的宇宙如要細說從頭並非易事，從對天地最原始的猜測，到目前的天文望遠鏡，踩著前人智慧的腳步，目前可以毫不費力的瞭解地球的形狀和有關太空的一些知識。在古代，許多星座都被揉合著希臘美麗動人的傳說故事，而在16世紀時，隨著航海技術的進

步，南半球的科學家們便相繼創設了許多新的星座名稱，但惟恐星座名稱過多而引起混亂，1930年國際天文聯盟便將全天空的星座訂為八十八個，同時對星座的境界也規定以赤經、赤緯線作為基準。現今所使用的星座名稱便是經由此而來的。

　　地球因自轉、公轉引起的表面現象，而致使每天、每晚所觀測的同一星座皆會由東向西移動，所以星座出現情形也會因季節而異。在無光害的夜空中，肉眼所見的星星大約有六千顆，此與一般人的想像大相逕庭，然而所謂的六千顆，是包括白天與太陽同方向的星星在內的數量，所以在晚上以肉眼一次可見的星星數量實際只有一半三千顆，若在光害嚴重的地區或氣候不佳的狀況下，所看到的星星數和機會將更少。銀河系中，據說約有二千億顆星星，而整個宇宙裡，像銀河系這樣的小宇宙據說有一千億個左右，因此星星的數量如同恆河之砂。以下介紹觀星的一些入門常識。

(一)星星的名字

　　中國人有自己的一套命名方法，如眾所周知的牛郎星、織女星，都是中國人對星星的稱呼。但是世界通用的是採用西方的方法，外國人是依各星座內的星星亮度明暗作為命名根據，分別以希臘字母的順序來稱呼，天鷹座 α 星（阿爾發）就是天鷹座中最亮的星星，和中國所稱的牛郎星是同一顆星。

(二)星等

　　為了表示天上星星的明暗度區別，天文學家使用星等作為亮度的區分標準，將肉眼所能看見的星星區分為六個等級，分別是一到六等星，數目字愈小代表的是愈亮的亮星，而每一等級相差2.5倍的亮度，例如牛郎星就是一等星。

(三)星座劃分的依據

　　為了便於觀測與記錄，距今數千年前的美索不達米亞居民首先創出星座的使用，他們將天空中位置相近或是可以達成一個象徵圖案的星群，畫分為一個個區域，稱為星座。到了西元2世紀，希臘人托勒密把這些流傳的星座加以整理，將天空中的一千多顆恆星劃分為四十八個星座，而多數星座都是和神話中的神明或動物有關連，不過此時的星座都是北半球天空的星星，航海的技術則將星座的探討拓展到南北球。目前通用的有八十八個星座，而因為臺灣在北半球，所以只能看到北邊的天空，至於南邊的天空在臺灣是看不到的，也因如此，臺灣僅能看到天空其中的八十一個星座。

(四)宇宙的結構及星雲、星團的區別

　　現今宇宙是由數十億個星系所構成，每個星系都跟我們的銀河系類似，每個星系又是由數十億個發光恆星組成。我們所居住的銀河系，基本的成員有恆星（內部正進行著核子反應的高溫氣球體）、星團（彼此繞著共同中心運轉的一團恆星）、星雲（初生或死亡之後的恆星所組成的不規則狀氣體雲）、星際間的物質。星團及星雲的命名，採用M為開頭的編號，這是為了紀念17世紀的法國天文學家梅西爾，如M1是蟹狀星雲、M42是獵戶座鳥狀星雲等等。

(五)夜空的銀河

　　晴朗的夜晚若仰望星空，可以看到一條迷濛的銀絲帶，這就是著名的銀河。銀河是我們所處星系的名稱，包括了太陽，以及太陽系的九大行星和成千上億的其他恆星。由於這些恆星數量太多，距離又遠，所以看起來像是一道輕紗薄霧，其範圍從天鵝星座一直延伸到天蠍星座。

(六)主要的星座及四季星座

1.北極星附近的星座：

(1)大熊座（大北斗七星）

(2)小熊座（小北斗七星）

(3)仙后座

(4)仙王座

(5)天龍座

2.春季的星座：

(1)春天的夫妻星：室女座 α（角宿一）、牧夫座 α（大角）。

(2)春天的大三角（正三角形）：夫妻星加上獅子座 β（五帝座一）。

(3)春天的大鑽石（菱形）：春天大三角加上獵犬座 α（常陳一）。

(4)烏鴉座、南十字座、半人馬座（南門二及馬腹一）。

3.夏天的星座：

(1)夏天的大三角（直角三角形）：天琴座 α（織女星）、天鷹座 α（牛郎星）、天鵝座 α（天津四）。

(2)夏季南天的星座：天蠍座 α（心宿二）、人馬座（南斗六星）。

4.秋天的星座：

(1)王族的星座：仙王座、仙后座、仙女座、英仙座。

(2)水族的星座：雙魚座、寶瓶座、南魚座（北落師門）。

(3)秋季的四邊形：仙女座 α、飛馬座 α、β、γ。

(4)天上的大杓子：秋季的四邊形加上仙女座亮星、英仙座 β（大陵五）。

5.冬天的星座：

(1)冬季大三角（正三角形）：獵戶座α（參宿四）、大犬座α（天狼星）、小犬座星α（南河三）。

(2)冬季大橢圓：獵戶座β（參宿七）、金牛座α（畢宿五）、御夫座α（五車二）、雙子座α（北河二）、β（北河三）、大犬座α（天狼星）、小犬座星α（南河三）。

(3)南天的亮星：船底座的南極老人星。

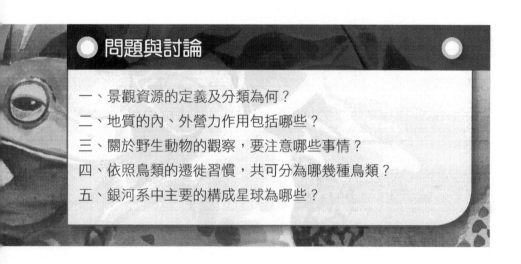

問題與討論

一、景觀資源的定義及分類為何？

二、地質的內、外營力作用包括哪些？

三、關於野生動物的觀察，要注意哪些事情？

四、依照鳥類的遷徙習慣，共可分為哪幾種鳥類？

五、銀河系中主要的構成星球為哪些？

Chapter

10

世界遺產

🦋 第一節　世界遺產的起源與定義

🦋 第二節　世界遺產的保護範疇與種類

🦋 第三節　世界遺產的條件與評估準則

🦋 第四節　世界遺產的發展與課題

🦋 第五節　世界七大文化與自然奇景

【關於世界遺產】

世界遺產（World Heritage），又稱「世界襲產」，是一項由聯合國教育科學文化組織負責執行的國際公約建制，以保存對全世界人類都具有傑出普遍性價值的自然或文化處所為目的。世界遺產可分為自然遺產、文化遺產和複合遺產三大類，但並不包含「非物質文化遺產」。

文化遺產（Cultural Heritage），專指「有形」的文化遺產，和聯合國教科文組織的另一項計畫「非物質文化遺產」完全不同。世界文化遺產的內容包括紀念物（Monuments）、建築群（Groups of Buildings）和場所（Sites）。「自然遺產」（Natural Heritage），係指有突出價值的自然生物學和地質學形態，瀕危動植物種棲生地，以及具有科學、美學和保護價值的地區；包括地質地形、生態物種及自然美景等三種。

第一節　世界遺產的起源與定義

　　世界遺產的觀念是1972年以來，由聯合國教科文組織通過「世界文化與自然遺產保護公約」，建立了明確的規範和機制，凝聚締約國力量，藉以保護人類共同的遺產。根據聯合國相關的規定，申請列為世界遺產據點的地方，除了本身就自然或人文方面的資源具備特殊或獨特的價值與意義之外，政府單位是否透過法律或慣例，建立保護及經營管理機制，當地民眾的認知等，亦為考量的項目。藉由列入「世界遺產」的方式，不僅可喚起國際間或當地居民對「環境」的重視與瞭解，更可藉由締約國經費和技術的支援，幫助各國維護境內的人類遺產。

　　為了對世界遺產能有基礎的認識與瞭解，茲就世界遺產的起源、世界遺產的定義、世界遺產的重要國際組織、世界遺產的保護範疇與種類、世界遺產的分類與評定標準、世界遺產的發展趨勢與課題，以及世界新七大文化與自然奇景等，分述如下：

一、世界遺產的起源

　　世界遺產觀念的起源是因為兩次歷史性的背景動機而促成的；一次為實質的動機，另一次為潛在的動機。說明如下：

(一)在「實質的動機」方面

　　由於1959年在尼羅河（Nile）的上游計畫興建亞斯文水壩（Aswan High Dam），此舉造成埃及努比亞（Nubia）地區的阿布辛貝勒神殿（Temple of Abu Simbel）及菲萊神殿（Temple of Philae）等二十多處遺跡面臨淹沒的危機，這才引發國際間開

始重視全球重要史蹟的保護。因此，當時在聯合國教科文組織
（UNESCO，如圖10-1）的呼籲下，全世界空前的大團結完成了移
築工程。我們可以將這次的行動稱之為「實質的動機」，這份具體
的行動不但深化了古蹟保護的重要性，更催生世界遺產制度的建
立。

(二)在「潛在的動機」方面

至於「潛在的動機」是第二次世界大戰結束後，有感於戰爭、
自然災害、工業現代化的發展等，造成對世界各地珍貴文化與自
然遺產無限擴張的大肆破壞。為了達到制約的必要性，促成了各
國於1972年6月在瑞典斯德哥爾摩（Stockholm）所舉辦的第一屆聯
合國會議，更進一步的聯合國教科文組織（UNESCO）在1972年
11月16日於巴黎所召開的第17屆常會會議中，制訂了前所未有的第
一個保護世界資產的公約，亦即所謂的「世界文化與自然遺產保護
公約」（Convention Concerning the Protection of the World Cultural

圖10-1　聯合國教科文組織標誌

資料來源：World Heritage Centre（2012）。

and Natural Heritage，簡稱「世界遺產公約」），由簽署世界遺產公約的締約國所提出，協議開列「世界遺產名錄」（The World Heritage List），同時成立了「世界遺產委員會」（World Heritage Committee, WHC）與「世界遺產基金會」（World Heritage Fund, WHF）兩個機構，共同負責實際世界遺產的各項推動工作，也成為保護人類遺產最重要的國際法律文件。此舉也訂定明確的規範與機制，凝聚締約國力量，主要任務是鑑定和保護具有突出價值的世界自然和文化遺產，藉國際力量形成全球對於人類共同的珍貴遺產，形成監督與管理的力量，以促進世界各國和人民對保護這些具有重要價值的遺產進行充分和有成效的合作。惟大多數被指定的文化遺產，也因為有了聯合國的背書後，即扛著「世界級」的招牌進行觀光。因此，通過加入協議的各個成員國必須承擔保護他們國內遺產之責任與義務，使之成為世界遺產的組成部分。其下轄之世界遺產委員會列名，凡符合傑出普世價值、真實性、完整性，並具備適切的經營管理法規體制之實體資產，才有機會列入「世界遺產名錄」。

根據「世界遺產公約」的精神可知，地球上重要的文化遺產與自然遺產，都是人類祖先遺留下來的資產，是人類所共有，應該受到妥善保護，以流傳給後代。該公約也認定自然與文化遺產應是一相輔相成的整體，因而制定有一個標誌，其為外圓內方彼此相連的圖案，方形代表人造物，圓形代表自然，也有保護地球的寓意，兩者線條相連一體，代表自然與文化的結合（如圖10-2）。

二、世界遺產的定義

廣義「世界遺產」（World Heritage, WH）的定義，係指人類所擁有的共同資產（Our Common Heritage），這份共同資產是人

圖10-2　世界遺產標誌

資料來源：World Heritage Centre（2012）。

　　類在地球上經歷數千年的發展歷程中，所遺留下來或努力創造出的不可再生、不可移動，並具有顯著普遍價值之偉大文明遺跡、建造物群、紀念物，以及珍貴自然環境等的可證明物。依據聯合國教科文組織（UNESCO）所制訂的「世界遺產公約」章程，其規定是各國將其本地遺產地選出，經由世界遺產締約國的推薦提名，加上是世界遺產委員會（WHC）審議通過後，進而被登錄為「世界遺產名錄」的遺產，方可稱之為「世界遺產」。這份頭銜的獲得，是經過一系列科學的申報及認證的過程，此殊榮代表的是人類及自然界的最高價值。如此超越國家、地區、族群、人種及宗教等類別的資產，在藉由國際合作，來維護與保存人類共同擁有且無可取代之資產，其衍生觀念即為「世界遺產」存在的必要意義。

　　簡言之，世界遺產係指在地球或人類演進的過程中，具有世界顯著價值的資產，必須經由全球關注並加以保護的資產。以下是世界遺產的重要國際組織：

　　1.世界遺產中心（The UNESCO World Heritage Centre,

263

UWHC），成立於1992年。

2.世界遺產委員會（World Heritage Committee, WHC）。

3.世界遺產委員會理事會（Bureau of the World Heritage Committee）。

4.國際文化紀念物與歷史場所委員會（International Council on Monuments and Sites, ICOMOS）。

5.國際文化資產保存修復研究中心（The International Centre for the Study of the Preservation and Restoration of Cultural Property, ICCROM）。

6.國際文物維護協會（The International Institute for Conservation of Historic and Artistic Works, IIC）。

7.國際博物館協會（The International Council of Museums, ICOM）。

8.國際博物館委員會——保存維護委員會（The International Council of Museum, Committee for Conservation, ICOM-CC）。

第二節　世界遺產的保護範疇與種類

根據「世界遺產公約」的界定，世界遺產的保護範疇主要可分為：(1)有形遺產（Tangible Heritage, TH）：包含「文化遺產」（Cultural Heritage）、「自然遺產」（Natural Heritage）及兩者兼具的「複合遺產」（Mixed Cultural and Natural Heritage）等三大類；(2)2001年新增的「口述與無形人類遺產」類別：根據UNESCO 2003年非物質文化遺產公約，將其統稱為「無形文化遺產」（Intangible Cultural Heritage, ICH）。這些世界遺產中以文化遺產數量最多，歐洲占世界遺產名錄一半以上，也因此歐洲各國高

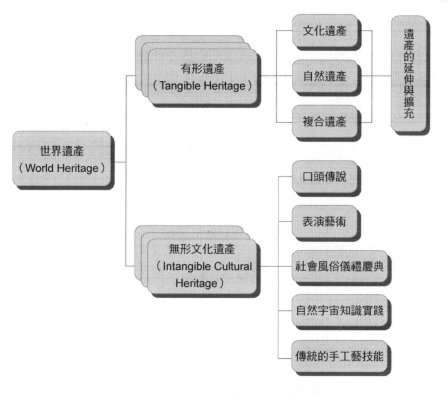

圖10-3 世界遺產的保護範疇與種類

資料來源：整理自World Heritage Centre（2012）。

度重視文化遺產的保護，對登入遺產名錄的遺址更是不遺餘力。
茲就有形遺產與無形文化遺產所涵蓋的保護範疇與種類（如圖10-3），分述如下：

一、在有形遺產方面

(一)文化遺產

「文化遺產」（Cultural Heritage），係指在歷史、藝術以及學

術等方面具有傑出普世性價值之紀念物、建築物、具紀念性質的雕刻及繪畫，以及具考古學性質的物品及構造物、金石文、洞穴居等人類遺跡。根據「世界遺產公約」第一條之定義：「文化遺產包括文化紀念物、建築群及場所。」，另外尚包含有城鎮。其中：

1. 紀念物（Monuments）：係指「建築作品、紀念性的雕塑作品與繪畫、具考古特質之元素或遺構、碑銘、穴居地以及從歷史、藝術或科學的觀點來看，具有傑出普世性價值物件之組合」。

2. 建築群（Groups of Buildings）：係指「因為其建築特色、均質性、景觀中的位置，從歷史、藝術或科學的觀點來看，具有傑出普世價值之分散或是連續的一群建築」。

圖為極具歷史、美學、藝術等傑出普世價值的聖彼得教堂內觀

文化遺產包括文化紀念物、建築群、場所及城鎮

3.場所（Sites）：係指「存在人造物或者兼有造物與自然，並且從歷史、美學、民族學或人類學的觀點來看，具有傑出普世性價值之地區」。

4.城鎮（Downtown）：係指目前已無人類居住的城鎮、歷史城鎮（目前仍然有人類居住）、20世紀後所發展的新城鎮等。

(二)自然遺產

「自然遺產」（Natural Heritage），係指有突出價值的自然生物學和地質學形態，瀕危動植物種棲生地，以及具有科學、美學和保護價值的地區。包括地質地形、生態物種及自然美景等三種類別：

1.地質地形：自然界中因為地形或地質構造的演進，從美學或科學的觀點來看其具有顯著的世界價值。代表生命進化的紀

錄、重要且持續的地質發展過程、具有意義的地形學或地文學特色等的地球歷史主要發展階段的顯著例子。

2.生態物種：有關威脅物種（含動物與植物）棲息地，從科學或保育的觀點來看，具有顯著的世界價值。包含在陸上、淡水、沿海及海洋生態系統及動植物群的演化與發展上，代表持續進行中生態學及生物學過程的顯著例子。

3.自然美景：自然的地點或獨特的區域，從科學、保育；自然美學的觀點具有顯著的世界價值。包含出色的自然美景與美學重要性的自然現象或地區。例如化石遺址（Fossil Site）、生物圈保存（Biosphere Reserves）、熱帶雨林（Tropical Forest）與生態地理學地域（Biographical Regions）。如澳洲的大堡礁。

(三)複合遺產

「複合遺產」（Mixed Cultural and Natural Heritage），指兼具文化與自然遺產的價值，全世界目前僅有二十八處（WHC, 2012），為最稀少的一種遺產，如中國的黃山、秘魯的馬丘比丘等。

二、在無形文化遺產方面

此類遺產亦稱為「人類口述與非物質遺產」（Oral and Intangible Heritage of Humanity），是2001年5月新增的遺產類別，包括瀕臨失傳的語言、戲曲、特殊文化空間、宗教祭祀路線或儀式等無形的文化型式。「世界遺產公約」對人類的整體有特殊意義的文物、古跡、風景名勝及自然風光和文化及自然景觀列入世界遺產名錄。但是，此公約並不適用於一些無形（非物質）方面的遺產。

因此，在1972 年「世界遺產公約」通過之後，部分會員國提出在聯合國教科文組織內應製訂有關民間傳統文化非物質遺產各個方面的國際標準文件。

在1989年11月聯合國教科文組織第二十五屆大會通過關於民間傳統文化保護的建議。歷經十幾年的跨國國際協商溝通，1999年11月聯合國教科文組織執行委員會決定推動「宣佈人類口述和非物質遺產代表作」（The Proclamation of Masterpieces of the Oral and Intangible Heritage of Humanity）計畫。代表作的評選從2001年開始，每兩年一次，每次一國只可申報一項，鼓勵多國聯合申報，不占名額。直到2003年10月17日聯合國教科文組織大會第三十二屆在巴黎的會議通過「保護非物質文化遺產公約」（The Convention for the Safeguarding of the Intangible Cultural Heritage），國際上對於無形（非物質）文化遺產的保護才正式有具體法制化。

根據公約，無形文化遺產包括以下五個方面：

1.口頭傳說和表述，包括非物質文化遺產媒介的語言。
2.表演藝術。
3.社會風俗、禮儀、節慶。
4.有關自然界和宇宙的知識和實踐。
5.傳統的手工藝技能。

由於世界快速全球化過程中，這類遺產的傳承比具體有實質形體的世界文化或自然遺產更為不易傳承，也都因為傳承漸少而有面臨失傳之虞。2001年聯合國教科文組織（UNESCO）首度公布了十九種無形文化遺產，例如中國崑曲、日本能劇、西西里島提線木偶戲等。2003年第二批公布二十八種，2005年公布第三批四十三種；近年來，已陸續於2008年公布九十種，2009年七十六種，2010年四十七種，以及2011年新增十九種，目前總計有二百三十二種無

形文化遺產（UNESCO, 2012）。

第三節　世界遺產的條件與評估準則

　　世界遺產的設立，主要係由各締約國針對國內相關之自然文化資源先進行評估，再依一定程序向世界遺產委員會提出申請，在推薦地區或國家提出申請後，經相關的審議任務，世界遺產委員會分就不同的範圍委請專業組織執行。例如自然遺產的部分由「國際自然保育聯盟」（International Union for Conservation of Nature, IUCN）執行，文化遺產的部分則由「國際文化紀念物與歷史場所委員會」（International Council on Monuments and Sites, ICOMOS）執行，再由該兩個團體提交報告至世界遺產委員會進行最後的評估，而結果有可能接受提列於名單之內或者遭拒而提請修正。

一、申報程序

　　世界遺產的申報程序如下：

1.申報國：簽字承認「世界遺產公約」成為締約國，進行本國自然和文化遺產的保護。

2.締約國：

(1)制定遺產申報的預備名單。

(2)提出將文物列入「世界遺產名錄」的建議。

(3)向世界遺產中心提交申報文本。

3.世界遺產中心：

(1)審核申報文本。

(2)將申報文本提交給下列組織：

① 文化遺產：國際古蹟遺址理事會（ICOMOS）。

② 自然遺產：國際自然保護聯盟（IUCN）。

③ 自然與文化雙重遺產：同時呈遞給以上兩個組織。

二、評估準則

對於世界遺產設立之標準，有一般性的標準與分類的標準，茲分述如下：

(一)一般性的標準

一般性原則包括以下六點：

1.推薦的名單或地區必須從國際觀點著眼，須具備顯著世界價值。

2.推薦的地區或名單必須提供相關文件，包括地圖、幻燈片或相關的研究報告等。

3.對於推薦地區須制訂相關法令或保護計畫，並確實執行。

4.推薦的地區要和鄰近或相同資源的地區作評估與比較。

5.須取得當地居民的全力支持，同時須有NGO團體的參與。

6.範圍的劃設上，必須有緩衝區的設置，以確切提供完整精確的保護範圍。

(二)分類的標準

聯合國將文化遺產的維護保存納入考量，均須具備以下二要件：(1)在設計、材料、技術或環境／文化景觀上，具獨特的特徵與要素，並符合「真實性」考驗；(2)透過適當的法律保護文化遺產，或文化地景有受到保存維護，同時對於未來觀光的規劃與管理，也要一併加以考量。以下是評估準則：

1.文化遺產的評估準則：在文化遺產的評估指標中，有以下六項原則：

(1)表現人類創造力的經典之作。

(2)在某時期或某文化圈裡，具影響建築、技術、紀念性藝術、城鎮規劃或景觀設計的發展，展現人類價值的重大交流。

(3)作為獨特的證據，呈現一種現存或已消失的文化傳統或文明。

(4)某類型建築物、建築技術或景觀的卓越典範，足以展現人類歷史重要階段。

(5)傳統人類聚落或土地利用方式的出色範例，足以代表單一或多種文化，特別是易受不可抗力危害之文化。

(6)與具傑出普世性價值的事件或生活習慣、思想、信仰、藝術或文學作品，直接或間接相關。

2.自然遺產的評估準則：在自然遺產的評估指標中，列入名錄者須經世界遺產委員會通過，符合下列相關的條件或因子，並具有顯著的世界價值：

(1)含括的類型：

① 在地球形成的過程歷史階段中，地形、地貌或地質的發展變化有顯著的代表性。

② 陸上或海洋動植物生態系方面在演替的過程中，具有顯著的代表性。

④ 具有特殊的自然美景或重要的美學地點。

④ 重要著名受威脅的生物棲息地。

(2)在上述第(1)項第 ① 款的條件下，必須包括全部或大多數主要的內在相關，或獨立因素間的互動與相關性。例如在「冰河期」中，包括雪地、冰河切割地形、沉澱物或移植

等。

(3)在上述第(1)項第 ② 款中，含括長期保護生態系或生物多
樣性的區域中，必須是有效的範圍或包括必須的條件。例
如在熱帶雨林中須包括相當一定數量的在海平面上的物
種，或其地形、土壤的演變等。

(4)在上述第(1)項第 ③ 款中，含括著名的美學價值，也包括
維持其美學必要的區域。例如瀑布的美景須包括鄰近相關
的河流等。

(5)在上述第(1)項第 ④ 款中，須包括考量生物多樣性和生態
系中維持動、植物多樣性的棲息地。例如島嶼地形生態
系，包括維持地區性物種的棲息地，而棲地的範圍必須大
到足以維持一定數量的物種，且確保其保育。

(6)在上述第(1)項第 ① 款中，須具備研訂管理計畫。

(7)在上述第(1)項第 ① 款中，須研訂長期的保護法立法，包
括區域、物種、棲息地等；同時劃設緩衝區，避免或降低
衝擊。

(8)在上述第(1)項第 ① 款中，必須是世界生物多樣保護組織
界定的生物多樣性重要區域。

　　自從「世界遺產公約」問世以來，1978年產出第一批名錄；
2011年6月28日，法國巴黎總部舉行第三十五屆世界遺產委員會，
審議通過世界遺產名錄，收錄的遺產總數為九百三十六項世界遺
產，包括有七百二十五項文化遺產、一百八十三項自然遺產，以及
二十八個複合遺產，皆屬實體有形之遺產，不包括無形遺產。世界
遺產委員會於該次會議中指出，經本次會議審查通過新增的世界遺
產中，三處為自然遺產、二十一處為文化遺產、一處複合遺產，另
外瀕危遺產（World Heritage in danger）總共有三十五處。

在本次新增的自然遺產方面，包括澳大利亞的寧格羅海岸、日本的小笠原群島和肯尼亞東非大裂谷的湖泊係統。新增的複合遺產則為約旦的瓦迪拉姆保護區。新增的文化遺產包括中國杭州西湖文化景觀、巴巴多斯的布里奇頓及其軍事要塞等二十一處。此外，瀕危遺產原有三十四處，於本次會議審查後，則有兩處遺址（一處為洪都拉斯的雷奧普拉塔諾生物圈保留地，另一處為印度尼西亞的蘇門答臘熱帶雨林）被列入《世界瀕危遺產名錄》，一處遺址（印度馬納斯野生動植物保護區）從該名錄中刪除，瀕危遺產共計三十五處。

綜上，文化遺產的指定種類及範圍自1972年至今，隨著時間的演變而有所改變，從有形擴大到無形的文化遺產，從單點擴大到線狀或面狀的建築群，以及近年來世界遺產發展新趨勢，文化景觀的指定，將有形、無形文化遺產融合在一起，甚至結合部分自然遺產的條件等，除了須符合完整性和（或）真實性，亦須有適當的維護及管理機制，以確保文化遺產不會遭受到破壞，同時須通過「世界遺產委員會」（WHC）嚴格的審核標準才能真正成為「世界遺產」。

第四節　世界遺產的發展與課題

「世界遺產」是一門綜合性及專業領域高的科學，亦是一個有嚴格法定的概念，其所涵蓋的領域包羅萬象，諸如地理學、地形學、地質學、生物學、生態學、人類學、考古學、歷史學、民族學、民俗學、宗教學、語言學、都市計畫學、建築學、藝術學、國際關係等地球與人類之進化過程的綜合學問。「世界遺產」的概念，是指達到人類共同資產的保護作用、要如何去推廣遺產教育、

要如何加強國際間合作，以促使遺產維護工作的完善，藉以保護環境等等。

一、世界遺產的課題

「世界遺產」的概念是神聖、專業的，更是人類的重要使命。況且世界遺產尚未真正成為一門學科，相關的理論架構不足，每一處世界遺產都是唯一的，沒有兩處相同的世界遺產，所以每一處都是個案。由於涵蓋範圍過於廣泛，茲就保護世界文化遺產幾項重要觀點加以論述：

(一)具傑出普世性價值

世界遺產登錄之要件，除必須符合一個以上「世界遺產公約」所規定的世界遺產登錄標準，以及要能將世界遺產之價值傳遞給後代與未來外，首要前提就是此遺產須具有傑出普世性價值。因此，傑出普世性價值（Outstanding Universal Value）乃是在登錄為世界遺產前，須先瞭解與界定的概念。

依據「世界遺產公約作業準則」第四十九條到五十三條中的明確說明：「『世界遺產』是超越國界，是屬於全世界人類所共有，對全世界人類是有意義的，而要列入「世界遺產名錄」，必須考慮其傑出普遍性價值。」作業準則的第七十七條所列舉的文化和自然遺產共十項登錄標準，也是象徵代表遺產的傑出普遍性價值。世界遺產公約要保護的是以全世界觀點，從中選擇出最傑出的遺產，其中意謂著相似遺產的比較，而非所有提列均予以承認。

(二)具完整性與真實性

在保護世界遺產的發展過程中，從文化遺產的使用價值、藝

術價值、歷史價值，自然遺產的科學價值、美學價值、保護價值等觀點所進行的保護，到著重歷史場域、自然生態區是否完整／真實（Integrity and/or Authenticity），可以看出隨著時空環境、科技發達，保護的理論及觀點經由辨證過程不斷的修正延伸，目的只有一個，就是做好保護屬於全體人類共同價值的遺產，並接續前人留給我們的遺產，將之完整的傳給下一代子孫，代代相傳。其中屬於文化遺產部分，除接續本章之前所述及符合六項指定的標準外，「真實性」的條件，更是文化遺產指定過程中無可商榷的必備條件。此外，真實性的觀念並不難懂，可用一句話來形容，「不完整的原物」比修護過「完整的非原物」更具有真實性。所以國際上在世界文化遺產的修復過程中，對於原始歷史證物的重視，不鼓勵只求完整而忽略真實性的修復。雖然世界文化遺產中常常會出現不妨礙其主要特徵之必要的新添加物，就是因為新的添加物可以清楚的看出其為「新物」，而不會與原物混淆，所以比「容易與原物混淆之仿製品」更具真實性。

(三)具文化多樣性

聯合國教科文組織在 2001年11月2日通過了「世界文化多樣性宣言」（UNESCO Universal Declaration on Cultural Diversity），會議中各國重申文化之間的對話是促進和平的最佳保障的信念，並駁斥了各種文化或文明之間不可避免且一定要發生衝突的論調。在相互信任和理解下，尊重彼此的文化，寬容的對話及合作才是國際和平與安全的最佳保障。這份宣言是國際社會首次把文化多樣性（Cultural Diversity）視為「人類的共同遺產」（The Common Heritage of Humanity），認為對人類來說文化多樣性就像生物多樣性，對維持生態平衡同樣不可缺少，把捍衛文化多樣性與尊重人的尊嚴視為人類應盡的義務。這個宣言產生的背景與當年9月在美國

發生「911恐怖攻擊事件」有密切關係，而有鑒於此，認為文化之間彼此應該相互尊重與包容，才不會造成衝突傷害。

二、世界遺產的發展趨勢

自1972年「世界遺產公約」實施至今，歷經了四十年，遺產數目從1978年第一次指定十二處開始，至2011年11月共計有九百三十六處，而且每年約以增加二十至三十處左右的速度成長。檢視被列入「世界遺產名錄」的世界遺產地，可以發現到從1970年代世界遺產保存或保育的觀念，發展至21世紀初已有明顯的改變，例如從以歐洲、美洲為中心的保存觀念到接受亞洲、非洲不同的保存觀念；從單點建築物到以面狀的歷史中心；從有形的遺產到無形的遺產及融合兩者概念的人與土地互動關係的文化景觀，明顯展現出從單一文化朝向文化多樣性發展等，都須仰賴國際上重要的文化遺產維護規範，簡述如下：

1. 文化遺產的整體性，非只重視建築物。
2. 真實性，不臆測修復文化遺產。
3. 每一時期的整修必須被尊重，不要統一式樣。
4. 維護並遵守維護倫理。
5. 維護可依不同的狀況，採取不同的層級。
6. 允許添加新物，但必須與原物有所區別。
7. 可以應用現代技術與新建材。
8. 基本上不贊成重建，除非是原物歸位或特殊原因。
9. 在文化資產旁興建新建築，基本上不要模仿文化資產，以免價值混淆。
10. 文化遺產必須要記錄研究，並將資料保存於公開場所，供大眾查閱。

11.具有「文化景觀」的觀念，有整合性的文化遺產（自然與人造、有形與無形）。

12.具有「場域的概念」，即文化遺產周遭環境的整體性。

第五節　世界七大文化與自然奇景

一、世界七大奇景起源

「世界七大奇景」原是古代希臘人從他們當時所認識的西方世界裡面所列舉出來的七個令人嘆為觀止的名勝。整體「七大」之數是最早在公元前2世紀才出現的。長期以來，人們一直稱道的「世界七大奇景」或稱之為「世界七大奇蹟」是兩千多年前一個名叫費隆（Philon of Byzantium，公元前280-220年）的羅馬帝國藝術家和建築師評出。他們覺得自然景色是由上天所造，不足為「奇」，所以七景全都是代表人類創作力巔峰的偉大建築物。費隆當時評出的七大奇景，現今稱為古七景（或舊七景），分別為埃及吉薩金字塔（The Pyramids of Giza）、希臘奧林匹亞宙斯神像、埃及亞力山卓港法洛斯燈塔（Pharos）、希臘羅得斯島巨像（Rhodes）、土耳其阿提密斯神殿（Artemis）、巴比倫空中花園（Babylon Hanging Garden）、土耳其毛索洛斯墓廟（Mausoleum）。

二、世界七大文化奇景

全球矚目的七大文化奇景名單，在2007年7月7日於葡萄牙里斯本公布名單，中國的萬里長城果然不負眾望，成為第一個被宣布獲選的七大奇景。同樣位在亞洲的泰姬瑪哈陵，也在稍後公布，成為

亞洲第二個獲選的七大奇景。另外古羅馬競技場、約旦的佩特拉古城、巴西基督像、祕魯的印加古城以及墨西哥的瑪雅金字塔，也分別進入七大奇景名單。「世界新七大奇景基金會」是在1999年由瑞士裔探險家、加拿大籍電影製片人韋伯成立，並發起票選活動，目的是在喚醒世人注意全球人造或是天然美景所面臨的破壞，用來取代在西元前200年由羅馬建築師費隆評選的舊七大奇景，舊七大奇景僅由費隆一人評選，目前除了金字塔仍存在，其他已不復見，甚至是否存在過，都是個謎。這些奇景並非全部同時存在，其中一些是在破滅了之後才創建。

由於兩千多年前當時人類各大文明之間的接觸和認識有限，所謂七大奇景又全部集中在東地中海沿岸地區。亞洲、美洲的建築並沒有列入七大奇景之內，因而冠以「世界」二字有歷史的侷限性。相較古七景，今七景則為兩組，除埃及吉薩金字塔、中國萬里長城、印度泰姬瑪哈陵（Taj Mahal）是共有的之外，各為：(1)希臘的雅典衛城（Athen Acropolis）、印尼婆羅浮屠佛塔（Borobudur）、土耳其卡巴多奇亞奇石（Cappadocia）、柬埔寨的吳哥窟（Angkor Wat）；(2)義大利比薩斜塔、加拿大尼加拉瓜大瀑布（Niagara Falls）、智利復活島巨人群像、美國大峽谷等。

新七大奇景較為人詬病的原因，它是由私人機構主辦票選，且是經由網路和手機投票執行，被批評公正性不足。像是使用網路票選，有重複投票的可能性，如柬埔寨認為因為網路化程度比較低，可能會影響吳哥窟的得票；埃及政府則不願讓金字塔與自由女神一類的景觀相提並論，因此採取抵制的態度。聯合國教科文組織更發表聲明，與新七奇景劃清界線，指投票結果與世界遺產完全無關，僅是反映投票網友的意見，對古蹟維護和保存並沒有實際意義。

世界七大奇景中的義大利比薩斜塔（圖為主教堂和比薩斜塔）

三、世界七大自然奇景

　　由於古代的七大奇景在現代僅存埃及的金字塔，現在一般通稱為「世界新七大自然奇景」（New Seven Wonders of Nature, N7W），根據總部設在瑞士的「世界新七大奇蹟基金會」（New Open World Corporation, NOWC）於2011年11月12日透過其官網公佈了「世界新七大自然奇觀」的初步評選結果，分別為亞瑪遜雨林、越南下龍灣、阿根廷伊瓜蘇瀑布、南韓濟州島、印度科莫多、菲律賓地底河及南非桌山（Table Mountain，一種外型奇特，高高矗立於平原上的大型岩石平台）。

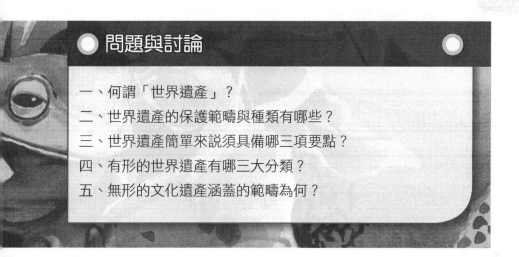

問題與討論

一、何謂「世界遺產」？

二、世界遺產的保護範疇與種類有哪些？

三、世界遺產簡單來說須具備哪三項要點？

四、有形的世界遺產有哪三大分類？

五、無形的文化遺產涵蓋的範疇為何？

Chapter

11

特殊團體處理

第一節　年長者

第二節　兒童

第三節　殘障者

第四節　外籍遊客

【關於特殊團體處理】

　　解說活動必須針對不同的遊客，考量其個別特殊的需求，提供服務，如年長的遊客需要的通常是解說員的關懷與傾聽。解說員可利用年長遊客豐富的經驗和人生閱歷，來讓其他遊客也能分享他們的知識和人生體驗。

　　兒童具有強烈的好奇心，思想較趨抽象，或具想像力，通常以嗅、觸、味、視、聽等五覺去接受環境的刺激，然後運用豐富生動的想像力加以解釋。

　　對於殘障人士，解說員應從關懷的角度進行，給予適當的幫助，經營管理者在規劃解說設施時，也得特別注意到無障礙空間設施的建立。對於外籍遊客，解說員除加強本身的語言訓練外，亦需給予善意與主動的關懷，使其留下難忘的回憶。

　　解說活動必須針對不同的遊客，考量其個別特殊的需求，提供服務才能達成目標，若對所有的遊客均採用同樣的解說主題與活動，不僅無法有效的傳遞解說訊息，更會引起遊客對解說內容或管理單位的反感，因此適當的瞭解各團體的特色，也是解說技巧中相當重要的一環。本章即針對年長者、兒童、殘障人士及外籍遊客提出其特殊的需求。

 第一節　年長者

　　在公園裡或自然區內，年長的遊客常伴隨著家人、朋友及遊伴一起參加解說活動，通常他們只是為了和同伴親人在一起，而不是因為解說節目吸引他們。他們常常希望結識一些新的朋友，並且一起進行旅遊活動，但是一般的解說活動中卻很少有機會提供此類社交的機會滿足他們的需求。

對於年長的遊客，解說員要多付出關懷的心

對於年長遊客的活動安排，通常在公園的時間比較充裕，讓年長者能夠慢慢的流覽公園中景觀，有些遊客對解說的內容相當熟悉，甚至比解說員更清楚當地的歷史、典故，他們需要的是解說員的關懷與傾聽。解說員常可利用年長者遊客豐富的經驗或人生閱歷，來幫助其他遊客瞭解一些人文或生態的自然景觀；讓遊客也能分享他們的知識和人生體驗。

對於年長的遊客，解說員要多付出關懷的心。他們常常會落在解說隊伍的後面，有時只能在外圍而無法聽清楚解說的內容，解說員應該調整行進的速度和解說的音量，盡量協助年長的遊客，讓他們也同樣得到愉悅的遊憩體驗。

第二節　兒童

在許多方面，兒童和大人有許多相似之處，例如他們每個人都是獨立的個體，有其對這世界個別的見解；他們來自各地，有不同的生活經驗，前來的目的也不盡相同；接受教育或進一步學習對他們而言，並非很重要，他們到來可能是學校所安排的戶外活動或者是由家長帶來而已。在一個新環境裡，他們不外是顯得興奮或感到害怕。當他們抵達園區時，經常會發現他們如出籠子的鴿子四處飛奔，表示對自然的喜樂與期待。

對於兒童而言，也如同大人般會受到挫折，尤其在表達之自由及機會上的限制較多。其實，智慧的增長不分老幼，更何況孩童時期的智力發展較為迅速，例如六至八歲的兒童就比二十歲到三十歲的青年成長更為顯著。通常大人接受外在的資訊機會較多且管道較多，所以探索問題會自行尋找，而小孩子卻比較好奇，只是想多獲得些可利用的消息資料。其思想世界比較趨向抽象，或具想像

力；通常是用嗅、觸、味、視、聽等識覺去接受環境的刺激（而不會用感官的識覺去經驗特定的事物，因此心靈較為自由開放），然後運用豐富生動的想像力來解釋它們，在小孩的世界中沒有不可能的事。同時，小孩子注意力集中的時間比較短暫，一旦時間過久，他們就顧不得禮貌的保持安靜。兒童想到什麼，很自然地就流於言表。站在他們身邊，很容易察覺到，雖然他們對字彙瞭解的程度不一而足，但他們最不能接受的，就是去制止他們。

對於兒童的解說教育進行規劃時，務必注意下列幾項原則：(1)兒童特性的掌握；(2)解說員心態的調整；(3)解說技巧的適當運用。

一、兒童特性方面

1. 在一個新的環境裡，當孩子感到興奮或害怕時，應設法觸發他們的好奇心，讓他們忘記害怕；解說員的自信是驅走他們害怕的重要因子，如果將活動妥善的規劃，並與兒童們分享，讓他們知道活動的活潑性與精彩性，將會減輕其浮躁的情緒，而配合無間。

2. 藉由他們興奮的情緒引發其好奇心，讓他們去探究區域內值得瞭解的相關解說資源。例如告訴他們晴朗的天氣就如同人的心情，太陽公公今天就像小朋友的心情一樣，進而告訴他們天氣方面的資訊。

3. 孩子們都是好動的，不妨提供一些可供體力發洩之體能活動，此時帶動個有意義的遊戲，或傳授一些經驗讓他們實地操作，都可以達到效果；唯須注意遊戲設計的安全性。

4. 利用孩子們個別的特性，依其個別興趣分配他們不同的工作，或看一些不同的事物，使之明瞭周遭具特色的景物及其

相互間的關係。例如可以分組讓孩子觀察在樹叢底下的昆蟲生態。

二、解說員心態方面

1. 讓自己保持童心，亦即避免將自己設定在一個權威的角色，而將孩子們的時間限定得很緊湊。不妨陪同孩子們一起玩，放鬆自己，有耐心，以鼓勵來代替責備。
2. 傾聽孩子們的話。孩子們會很高興有個成人能不帶批評，不掃其興的聽他們說話，或許解說員所說的和所進行的活動無關緊要，但並沒有關係，因為傾聽將使他們以同樣的態度來回報。

三、解說技巧方面

1. 以猜謎的方式讓孩子們瞭解或回答。例如在歷史古蹟區，讓他們看看以前的人所住的房子和現在的人所住的房子有什麼不一樣，問他們現在家裡面是使用何種生火器具，與以前人使用的爐灶有什麼不同；又生火的能源有什麼不同等等。同時，在自然方面，孩子們將可發現太陽對植物的影響，進而問及太陽與人類的關係，或者植物與人的關係為何。
2. 幫助小孩子發展其五官識覺，讓他們嚐嚐薄荷，聞一聞花香、藥草、硫磺味，也感受地熱冒出來的熱氣，觸摸部分針葉植物與闊葉植物；或者給小孩子放大鏡，讓他們觀察細微的生物世界。
3. 鼓勵他們發揮想像力，要他們運用想像力寫、說故事，或改編童謠，以作為環境教育。例如看到天空各式各樣的浮雲，

可讓他們說說看感覺像是什麼動物，然後又會變成什麼動物。

4.讓兒童扮演各種角色是解說的一種方法。必須給孩子足夠的資訊使他們的角色扮演更有意義。只要小孩子願意，可以讓他們扮演生存在森林中的各類動物、鳥類、昆蟲或礦物，而解說員可從旁誘導。

5.使用木偶、布偶戲及其他戲劇形式。小孩子喜歡聽故事，而當以布偶戲的方式進行時，更能夠加深其印象，達到效果。例如對於遊樂的安全以卡通的方式表達，會讓他們更瞭解哪些事不能去做。

兒童是天生的玩家，充滿了好奇心和創造力，而且對於解說資訊的吸收程度較強，聽從性較高；解說教學的施行，正是引領他們運用感官激發其潛能，在解說遊戲中和大自然建立和諧關係。

兒童解說導覽以實際活動的成效較高

第三節　殘障者

　　每個人的感官都有很大的差別，對某些人而言，聞起來香的東西，對其他人卻未必。同時，一個人也可能因文化或心理偏見而忽略了某些事情。因此，愈瞭解解說的對象，就愈能瞭解每一個人的殘缺，進而改善它。對於殘障者，一般人往往有漠視、害怕及隔離他們的心態，然借由親近他們，可以減低對他們的恐懼心理。想辦法接近殘障者，使他們覺得不與社會或人群脫離；或許有部分的殘障者會拒絕解說或幫助，然而至少解說員都應從關懷的角度進行。

　　對於視障的遊客可以向前問一下是否需要幫助唸給他們聽。而團體中若有坐輪椅的遊客，則因為大多數的人在相互談話溝通時，喜歡目光平視相互看著，因此如果使每一個人的視線高度都差不多，請大家在合適的地方坐下，對坐輪椅的人會公平些。

　　若團體中有重度殘障者，那麼步調應放慢一些，說話緩一些、稍微大聲點，清楚並且簡單；活動範圍則限定小一些，讓他們瞭解，不致因其殘障而變得什麼都不一樣。

　　面對聽覺障礙的遊客，應站在一適當位置，讓大家都可以看到解說員的臉，說話時不要將手指放在嘴上或別過頭去，那樣會使他們無法用讀唇術知道解說的內容。若是針對整個團體進行解說，如果能學些手語或拼字將更有幫助。另一方面，也可以用紙、筆來講述一些比較複雜的概念。

　　對視力障礙者，伸出手臂作為引導，對他們也是有益的。盲人們並不一定要水平的步道，他們也會喜歡斜坡來感觸地形的變化；對弱視團體若能提供望遠鏡尤其受益良多。

　　管理單位則在規劃解說服務系統時，亦須考量殘障者不同的需求，除了建築物必須依規定設置服務設施外，解說品或媒體的使用

也可考量其需求。一般而言，針對殘障服務設施，規劃時應考量到以下細節：

1. 盡可能在有階梯的地方加設輪椅用坡道，且坡道的斜度要小於 8%。
2. 在有危險的地方應該加設扶手或欄杆。
3. 減少易滑的坡面。
4. 解說空間或衛生設備應預留為殘障者輪椅停放的位置。
5. 為輪椅遊客提供短程解說小徑，且鋪設不易滑溜而粗硬的地面。

即使一種感官缺陷，還有其他的感官可以使用，應找出適當的感官表達方式。在鼓勵殘障者使用多種感官時，同樣地也可鼓勵團體中其他健全的人去使用其他識覺。有些殘缺使人無法很流利的表達自己的意思，此時解說員須有耐心，注意聽他們說些什麼；總之，對殘障人士的解說服務與一般人無異，只需要多付出些關心與注意。

第四節　外籍遊客

對於外籍遊客而言，所面臨的最大問題即是語言及文字上的障礙；其次的問題是對交通、食宿、當地民俗的不熟悉與陌生。解說設計規劃時也應考慮這些外籍遊客，使他們在陌生的環境中，能夠很快的找到資訊與得到遊憩訊息。

通常管理單位會在機場、港口、車站、旅館中提供外文的解說摺頁，使外籍遊客得到基本的旅遊訊息。在製作解說多媒體或錄影帶時，可考量針對部分的主題翻譯成外語，在必要時播放；或者

在觸摸式多媒體的設計時,加入外語(主要為英、日語)的選擇項目,翻譯的語句或內容必須盡量使用淺顯易懂的語詞,或使用國際上共用的譯字。在外籍遊客眾多的地方,應該適當以外文標示道路指引,提供外文的解說手冊、地圖、說明、遊園指南等,如有必要,可提供通曉外語的解說員或資訊服務人員。

運用世界共通的語言──微笑是最佳的溝通工具。外籍人士有可能一生僅到此一次,當解說員遇到他們,可以主動前往詢問是否需要解說,再運用手勢、地圖,或簡單的語彙溝通,讓外籍人士感受到善意的關懷,留下難忘的回憶。

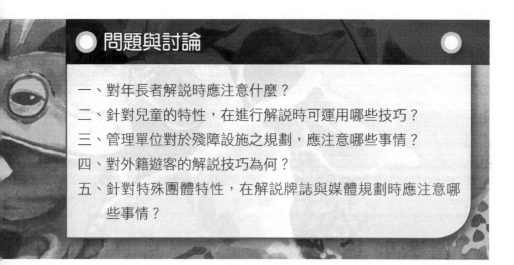

● 問題與討論

一、對年長者解說時應注意什麼?

二、針對兒童的特性,在進行解說時可運用哪些技巧?

三、管理單位對於殘障設施之規劃,應注意哪些事情?

四、對外籍遊客的解說技巧為何?

五、針對特殊團體特性,在解說牌誌與媒體規劃時應注意哪些事情?

Chapter

12

解說規劃

🦋 第一節　解說規劃的意義

🦋 第二節　解說規劃的目標與原則

🦋 第三節　國家公園解說規劃程序

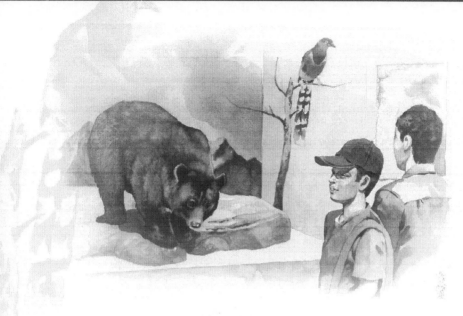

【關於解說規劃】

　　解說規劃的開始是以資源的特性與旅客的需求作為出發點。
合理的解說規劃可使遊客體驗到當地的特殊旅遊資源，並減輕遊客
對環境所造成的破壞，達到生態保育的目的。

　　解說規劃的原則分為兩大部分：一部分是指導原則，即解說
規劃綱要；另外一部分則是解說規劃的細部執行計畫；而解說規劃
之綱要則導引細部規劃之發展與執行。

　　合理的解說規劃可使遊客能體驗到當地的特殊旅遊資源，並減輕遊客對環境所造成的破壞，達到生態保育的目的。規劃作業包括許多不同的程序，管理單位在研訂解說規劃時，均宜特別注意。而在實施解說活動後，評估的程序亦屬必要，以便作為未來擬定之參考。

第一節　解說規劃的意義

　　「規劃」除了是一種有秩序的發展外，也是一種達成目標的方法與手段，規劃的過程是人類對自身行為自省的表徵，藉由有系統的準備工作以完成組織所付予的使命。

　　解說規劃的開始是以資源的特性與旅客的需求作為出發點。規劃的涵意正是管理人員將未來視為歷史的一部分所作的努力。短期的規劃中可擬定各種解說模式、解說計畫及各項解說活動，並執行之；中程的規劃中，管理人員必須接受組織既定的結構與策略，並在此結構與策略中運用人力、資源、經費，達成解說的目標；至於長期的規劃則可以使我們對深切關心的解說終極目標有所界定。圖12-1為解說服務在風景遊憩區整體經營管理系統下的結構地位。

第二節　解說規劃的目標與原則

　　成功的解說規劃系統需要整個組織成員熱烈的參與，才能得到整體的效果。解說規劃需要一群真正瞭解組織與解說意義的人員共同參與擬定。解說規劃的原則分為兩大部分：一部分是指導原則，即解說規劃綱要；另外一部分則是解說規劃的細部執行計畫；而解

高品質之觀
光遊憩體驗

資源經營管理
（Resourice Management）

1.用地取得計畫。
2.水與土壤保育計畫。
3.植被與植栽園藝計畫。
4.野生動物經營計畫。
5.天然災害監控防治計畫。
6.設施修繕維護計畫。
7.執法計畫。

遊憩活動
遊客服務業管理
（Recreation Service & Visitor
Support Service Management）

1.服務業之需求、選定、發展
　評估計畫。
2.投資、經營角色、經營主體
　合約規範計畫。
3.價格政策與監督管理計畫。

遊客之經營管理
（Visitor Management）

1.遊客之使用分配計畫。
2.遊客安全、急救、醫療計畫。
3.遊客資訊服務計畫。
4.解說服務計畫。
5.環境教育計畫。
　①遊客分散計畫。
　②遊客量管制計畫。
　③遊憩區封閉管制計畫。
　④以價制量計畫。

圖12-1　解說服務於風景遊憩區整體經營管理系統之位置

資料來源：蔡惠民（1985）。《國家公園解說系統規劃與經營管理之研究》。
　　　　　臺北：內政部營建署。

說規劃之綱要則導引細部規劃之發展與執行。如以國家公園為例，
則其解說教育的主要目標可涵蓋如下：

　　1.使遊客能瞭解國家公園設立的目的和意義。

良好的解說媒體的設立可減少遊客對自然資源的破壞

2.協助國家公園的經營與管理。

3.提供國民環境教育的場所。

4.使遊客得到不同的遊憩體驗，進而喜愛自然、保護自然。

5.減少對自然資源的破壞，以達到生態及文化資產保育的目的。

6.提供解說服務，使遊客建立資源的正確使用觀念及如何與環境和諧相處的認知。

7.藉由解說教育工作達成國家公園保育、研究、育樂三大目標。

　　上述的解說目標必須生活化、效率化、愉悅化、彈性化，並以對自然界及人文社會最低的傷害為目標。對解說員而言，須考慮到解說的設備是否足夠，及應如何操作與保養，排除故障的解說設備。同時也要注意遊客的安全，並使遊客不致破壞自然。在任何一

個生態體系中，實質上的介入均會對該地造成影響，所以為確保自然原始環境不被破壞，這些地區要避免作為解說的地區或供遊客使用，適當和避免濫用資源是解說人員應注意的地方。

國家公園中的解說對其經營管理，在資源保護、遊客服務、法令宣導中扮演相當重要的角色。以陽明山國家公園為例，蔡惠民（1985）指出，解說規劃的目標與原則如下：

1.規劃目標：

(1)公園解說經驗構想說明。

(2)針對不同解說對象團體之解說服務與活動設計說明。

(3)解說設施、媒體計畫規劃準則之說明。

(4)解說員制度與勤務執行管理之說明。

(5)義工解說員執行解說服勤構想之說明。

(6)解說與公園公共關係推廣之說明。

2.規劃原則：

(1)表現區域特色，並決定公園主題、副題、標題及內容之撰寫。

(2)解說設施媒體設計準則與解說之父泰登所揭示的解說六項原則。

(3)針對不同遊客團體、遊憩型態提供適當之解說服務。

(4)配合陽明山國家公園計畫目標，分期發展項目提出解說設施與服務發展計畫。

(5)闡釋自然演替、生態平衡、人類與環境保存之概念。

(6)設計評估公園解說實施效果之作法。

(7)規劃報告係屬實施計畫性質，應講求可行性及應用性。

第三節　國家公園解說規劃程序

　　規劃作業包括解說目標的訂定、解說架構的完成、提出解說的需求、達成解說的目標等步驟，管理單位在研訂解說規劃時，其程序多大同小異。

一、國家公園解說規劃程序

　　張明洵、林玥秀（1994）在《解說概論》中認為，國家公園解說規劃程序約略可包含下列幾項：

1.發掘並確認問題之所在及需要：
　(1)研究「國家公園計畫」與「國家公園相關法規」。
　(2)瞭解國家公園計畫目的、目標與計畫內容。
　(3)瞭解調查遊客需求與特質及其解說之偏好。
　(4)瞭解公園環境資源。
　(5)發掘解說計畫所欲克服或需要解說計畫之理由。
　(6)除應瞭解公園經理者對問題的界定外，解說規劃者應再從其他部門同仁與遊客之觀點，客觀地分析確認問題。
　(7)除了「這裡看看我們能做些什麼」之外，解說規劃者亦應聯想到：「如此做了會看見什麼結果」。
2.確定解說的方向與目標：
　(1)解說的目標應考量管理單位的政策。
　(2)解說規劃者應和經營管理部門的工作同仁與遊客交談，以訂定共同的想法，如此將有助於規劃方向的確定與目標之訂定。
　(3)解說方向確定之後，即可開始設定解決問題及解說目標，

目標之設定要能夠達到目的及解決問題。

(4)要清晰、明確與詳細的敘述解說方向與目標，使執行人員清楚的知道要作什麼、怎麼作及結果會如何。

3.收集並分析遊客資料：

(1)進行遊客解說偏好調查：包括遊憩體驗、自然、社會及經營環境特質。

(2)收集遊客資料：包括遊客特性、遊客活動、遊客態度、遊客量、國際觀光客特有資料等。

(3)確認遊客的心理與知性欲求及其特質。

(4)確認有利於遊客獲得較佳遊憩體驗與解說經驗之環境特質。

(5)確認學童、畢業旅行小學生團體；戶外教學、遠足之學校教學團體；與父母同來之幼兒；勞工團體；國際觀光客；身心障礙者等特殊遊客團體之心理需求及特殊需要。

4.收集並分析解說資源：規劃者應就學者專家的調查結果與看法，與一般社會價值取向及衡量標準進行評估後再行考量，以有效分析與確認解說資源：

(1)收集閱讀任何有關公園資源的報告與資源經營管理計畫內容。

(2)分析與確定各個解說主題，每一主題並再分為各項解說標題；並就各國家公園特色選定中心主題。

(3)資源之品質與獨特性會影響解說規劃者之選擇，諸如解說地點、媒體、內容等。

5.選擇適當之解說方案、媒體與地點：

(1)瞭解何種遊客會何時出現在何種場合與地點；瞭解與解說有關之公共設施、遊憩據點、公用設備等配備發展情形。

(2)公園內解說計畫與園外解說計畫可並行發展。

(3)儲訓解說員及編訂教材、解說資料，以供參考運用。

(4)規劃與設計解說設施系統，包括選擇設施的製作材料、規格大小、運用美工廣告設計知識與專才，並對各項解說設施予以歸類建檔，以作為定期檢查維修紀錄之用。

(5)編製各主題解說材料手冊供解說員參考使用。

(6)編印各種解說印刷品，製作各種解說多媒體、影片、解說牌供遊客觀賞。

(7)評估各種解說媒體、方法之優缺點。

(8)瞭解所擬各方案在執行上所可能發生之困難，如經費、操作維護、遊客使用率等等。

(9)解說設施之設置不應誤導遊客進入限制或管制區，或因其解說內容有誤而引起遊客不當之利用。

6.各項行動方案之綜合：研擬各項方案是否合於計畫目的與目標、解說需要之技術、財務、管理上可行性如何、考量發展最有效益的解說媒體，遊客對解說的需求偏好強弱、管理機關之政策、計畫、臨時業務的需求等可能影響之因素，每種影響因素可視解說計畫總目標之重要性分別訂定優先秩序，以利決策者參考評選，配合各期發展階段的所需經費與人力需求，分期實施。

7.解說計畫評估：

(1)從遊客對解說之反應、解說員自我評估、管理單位評估三項，擬訂評估計畫或方法，以作為回饋修正的參考。

(2)解說方法與媒體之效果在評估中可予以量化，並提供有用及可用的資訊，作為修正或改變原解說計畫的方針。

(3)參考解說計畫目標以決定評估目標，並決定衡量解說效果之依據因子。

(4)決定評估因子之標準及衡量尺度，決定如何觀察紀錄、收

集遊客資料，並製作評估問卷。

(5)解說效果良窳可由遊客對解說活動與題材之偏好，以及
解說活動執行之優劣去評斷。從前者可以得知何種解說
活動、解說主題是遊客感到興趣及滿意的，並找出其影響
正負因素；而後者則可以從某一特定解說活動中，評估遊
客對解說內容記憶與瞭解之程度，並找出其影響的正負因
素。

二、國家公園解說規劃案例之介紹

大自然的資源與生態，無論是動、植物與礦物，或人類生存發
展所遺留下來的痕跡，都是解說規劃的重點，我們要用虔誠尊重的
心去體會，而解說員身為大自然的保護者，所要傳達的理念不僅是
要為管理單位站在第一防線，也要在遊客與大自然之間搭起溝通的
橋樑。

(一)案例一　美國哈波斯渡船口國家歷史公園案例研析

本案例為中國文化大學景觀系郭育任教授所提供，其研析內容
如下：

■環境區位與設立緣起

哈波斯渡船口國家歷史公園（Harpers Ferry National Historical
Park）位於美國東部著名的藍脊山脈（the Blue Ridge）中的兩
條河：波多馬克河（Potomac River）和雪楠多河（Shenandoah
River）的交會處；國家歷史公園的範圍跨越西維吉尼亞州、維吉
尼亞州，及馬利蘭州的局部區域。（如**圖**12-2）哈波斯渡船口由於
挾兩條河流交會之氣勢，因此自早昔以來，即是風景壯麗及水利豐
沛之著名據點，尤其是1747年羅伯特‧哈波斯（Robert Harpers）在

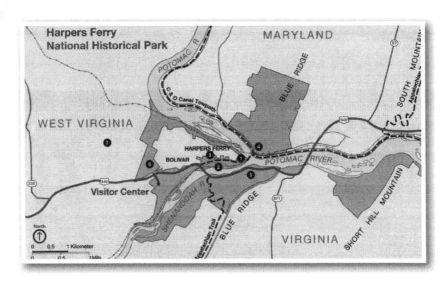

說明：1.Lower Town; 2.Virginius Island; 3.Camp Hill; 4.Maryland Heights; 5.Loundoun Heights; 6.Bolivar Heights; 7.Schoolhouse Ridge

圖12-2　哈波斯渡船口國家歷史公園圖示

資料來源：National Park Service, USA；永續研究室重新繪製。

此設立了渡船服務後，從此更開始了它在美國城鎮歷史裡的重要地位。二百多年來，哈波斯渡船口不論在美國人文歷史、軍事戰爭、反黑奴運動、鐵路設置或者工業發展，甚至是水禍等國家事件上，都曾有過令人難忘的事蹟，因此1963年美國國家公園署將之設立為歷史國家公園，以提供社會大眾對它重要歷史地位的瞭解。

■面積範圍

哈波斯渡船口國家歷史公園在2004年的總面積約為1,013公頃（2,504英畝），比起2002年的949公頃（2,344英畝）增加了64公頃；其範圍主要由The Lower Town Historic District, Virginius Island, Camp Hill, Maryland Heights, Loudoun Heights, Bolivar Heights等分區所組成。

■資源特色

　　「哈波斯渡船口國家歷史公園」是美國少數除自然景觀外，仍兼具豐富人文歷史資源的區域。美國開國元老湯瑪斯·傑弗遜（Thomas Jefferson）就曾描述，園區內奔騰的波多馬克河和雪楠多河兩條河，及其所環繞的藍脊山脈所含括的驚人景緻，值得每個人航越大西洋來欣賞（Worth a Voyage Across the Atlantic）。

　　因為此區澎湃的水資源造就商業利機，哈波斯渡船口的工業亦十分發達，紡織、造紙及軍火業等均為盛極一時的當地產業。其中較著名的工業遺址有美國國父──喬治·華盛頓（George Washington）在1796年選定設立興建的聯邦政府第二彈藥製造廠區，該廠區後來曾被提倡解放黑奴論者──約翰·布朗（John Brown）等人在1859年時短暫占領，另外尚有多間18及19世紀時期非常先進的工業廠房（其利用水資源的新式渦輪機帶動當時商業的興盛繁榮，因此形成商家及住宅的聚集），還有歷經多次水患後修復及殘存的古蹟。

　　由於哈波斯渡船口兼具富饒與地利之便，使其成為長年以來的兵家必爭之地，尤其是在1861至1865年的南北戰爭期間，該區曾歷經八度易手，其戰略地位之重要性可見一斑。南北戰爭後，此地又由於倡導黑人教育，設置了史多勒學院（Storer College），以不分宗教、種族一律都能接受平等教育為宗旨，提升當時黑人的人權，自然也就成為日後非裔美國人爭取平等的重要歷史紀念地（African American Historical Site）。

■經營管理計畫與分區

　　為確立哈波斯渡船口國家歷史公園的整體發展方向，管理處整合了國家歷史公園的全體工作人員、國家公園署的規劃專家、國家歷史公園的鄰近社區團體及協力團隊，一起進行國家歷史公園經

營管理計畫（General Management Plan）的研擬。將所有的意見、方案彙總整理，配合法令及政策，制定成經營管理計畫，作為未來十五至二十年內國家歷史公園執行的依據。

哈波斯渡船口國家歷史公園的經營管理計畫，將國家歷史公園規劃成下列七種不同分區，期望更有系統地進行具體的規劃管理工作，並適度地引導旅客有效的走訪哈波斯渡船口國家歷史公園：

1.自然景觀保護區（Scenic/Natural Preservation Zone）。

2.文化地景區（Cultural Landscape Zone）。

3.歷史建築區（Historic Structure Zone）。

4.考古保存區（Archeological Preservation Zone）。

5.旅客入園區（Visitor Portal Zone）。

6.歷史古蹟改造再利用區（Adaptive Use Zone）。

7.國家公園管理設施區（Facility Management Zone）。

■生態旅遊發展策略與推動機制

哈波斯渡船口國家歷史公園設立的目的，為保育及傳承國家公園的資源，以留予後代子孫欣賞及體驗，為求希望社會大眾更能參與，並為保存當地特有的自然與人文資源而共同努力，管理處特別透過生態旅遊發展策略，加強大眾對歷史場所的認知與瞭解。茲將其運用策略與機制分析如下：

1.規劃導覽動線與分區遊程，提供生態旅遊地圖、景點解說及交通接駁，以適切引導遊客：由於哈波斯渡船口國家歷史公園含括了六大主要參觀區域，且各區擁有不同的特色與參觀主題，因此管理處透過參觀動線及分區遊程的規劃，配合細緻的生態旅遊地圖製作與景點標註解說，並運用接駁巴士與人員、語音及影視的導覽，提供遊客全區的體驗。如此的生態旅遊規劃，不僅可以減少遊客不必要的摸索，讓遊客在計

畫時間內，盡興暢遊園區，也能有效地控制遊客流量，讓影響甚至破壞環境的因素降至最低。

2. 透過歷史環境的保存及生活化的解說扮演，提供遊客回溯歷史場景與人物的機會：哈波斯渡船口國家歷史公園的最大特色，在於其含括了多個不同時期的歷史人文風情，而非僅是單一歷史事件的發生處。為得以讓遊客可以瞭解哈波斯渡船口各個時期的環境特色，國家公園不僅盡可能保存了城鎮早期的原始風貌，還特別委託專家研究當地居民生活與工作的細節，並訓練解說員進行角色的扮演。透過城鎮歷史建築與場景的保存，以及生活解說（Living Interpretation）的方式，可以讓遊客回溯歷史的環境，並體驗昔日當地生活的狀態，而非僅僅止於書面的文字或圖片記錄，留給人難以想像的體會。

3. 設置精緻的展示館，彙整各時期歷史與代表性人物的重要事蹟：國家公園於園區內多棟的重要歷史建築中，設置精緻的展示館，透過博物館人員長期的史料研究與歷史物件蒐集，彙整設計出完整的歷史事件（如南北戰爭、「石牆」Jackson 將軍等）、軍火製造業（如聯邦第二彈藥製造廠區）、反黑奴運動（如John Brown事件、史多勒學院與尼加拉運動等）、工業發展（如18、19世紀時新式渦輪機的運用設計、紡織工業的器具等）、自然洪汜（如多次的歷史大水患與殘存的古蹟等）等不同主題的展示館，讓遊客可以清楚瞭解哈波斯渡船口各時期歷史與代表性人物的重要事蹟。

4. 透過各類型解說活動與教育體驗來增進社會大眾對歷史公園的瞭解：哈波斯渡船口國家歷史公園設計了極為多樣的解說活動，除了預約性與例行性的解說導覽外，每年亦規劃不同深度的主題活動，以提供不同團體（團客、散客或特殊團

J.E.B. Stuart
Robert E. Lee
Merriwether Lewis
George Armstrong Custer
Philip H. Sheridan
Abraham Lincoln
W.E.B. Du Bois
Frederick Douglass
Thomas Jefferson
George Washington
Thomas Jonathan "Stonewall" Jackson
John Brown

哈波斯渡船口國家歷史公園之重要歷史人物

資料來源：National Park Service, USA.

體）對環境的瞭解。此外，管理處也藉由不同教育體驗營的
舉辦，如各級學齡兒童教育活動、親子營及教師研習營，以
及網上學習，如網上幻燈片、影帶等，讓不同年紀的社會階
層學習瞭解哈波斯渡船口的歷史人文特色，進而珍惜園區內
的各項資源。

(二)案例二　龍潭鄉三水地區案例研析

隨著環境教育法的實施，政府各相關部門的政策推動均與環境
教育接軌，除了原屬於政府各部門的據點積極投入環境教育場域認
證，或者是配合進行軟硬體設施增建、活動的推動外，其他各單位
也都積極進行。以農委會水土保持局為例，除進行推動水土保持業

務外，近年來配合立法院2010年通過「農村再生條例」，也計畫將農村社區的發展朝環境教育場域發展加以規劃。在推動農村社區的環境教育過程中，桃園縣龍潭鄉三水地區以及新竹縣照門休閒農業區為農委會水保局臺北分區推動的重點，茲將協助規劃兩處環教解說內容列述如下：

■概述

　　桃園縣龍潭鄉三水地區面積700公頃，屬於店子湖台地，地勢由東北高向西南緩緩傾降，海拔300至400公尺之間，地質由紅土台地堆層組成，位於楊銅路段上的最高點乳菇山，海拔約393公尺，在稜線上可以看到龍潭鄉全景，左眺臺灣海峽，中間偏右遙望臺北101。境內起伏的山陵、池塘、翠綠綿延的茶山，以及遼闊的視野與清新的空氣等，都讓龍潭成為桃園縣觀光的重點精華區。同時氣候溫和，年平均溫為21℃，平均雨量2,000mm以上。土質為酸性，排水性良好、富鐵質，加上氣候多霧、雨量充沛，晨昏薄霧壟罩，茶葉生長於此溼氣滋潤，茶葉品質醇厚，香氣怡人。大北坑社區居民透過集思廣益為社區永續發展畫下藍圖，並於2011年3月通過農村再生計畫審查，社區不僅完成各項公共設施，也成功轉型為兼具人文、產業、生態、教育等多元的農村再生社區。

■資源特色

1. 三水水土保持戶外教室：藉由實地觀察來認識水土保持設施，再搭配解說員的專業解說，理解水土保持的重要，並學習水土保持的方法，體驗水土保育應有之理念。培養孩童能思考環境的改變與破壞可能帶來的危險，討論如何保護或改善環境，分析人類行為如何改變全球環境，並探討環境改變對人類健康的影響。

2. 地方人文風情與客家文化：探訪客家百年建築風格文化、歷

三水社區解說資源示意圖

資料來源：農委會水保局委託景文科技大學繪製。

史風情以及客家美食DIY體驗，瞭解客家文化的多元色彩，
不同族群的生活方式、文化與環境之間的關係，並學習尊重
及欣賞各地不同的特色。

3.茶產業文化體驗：經由體驗認識茶園生態、製茶過程與其他
茶產業相關文化與活動。探索由茶產業衍伸出的不同生活方
式、文化特色，學習並瞭解三水的茶產業與人和環境之間的
相互連結的關係，讓孩童產生愛護生活環境、尊重他人與關
懷生命的情懷。

■環境教育體驗活動規劃

單元	活動地點	活動項目	核心概念
1	水土保持室內教室	小小地理師 ——我在哪裡？	認識三水水土保持戶外教室的地理位置
2	水土保持室內教室	一步一腳印 ——凡走過，必留下痕跡	完成學習單元集點區
3	農塘區	水的故鄉 ——集水區及水文循環	(1)水是生命的泉源 (2)認識與觀察山坡小集水區的地形 (3)認識水循環 (4)森林的功用
4	水土保持戶外教室	頑皮的小水滴 ——土壤沖蝕觀察	(1)土壤沖蝕是我們的大敵 (2)觀察土壤沖蝕痕跡
5	水土保持戶外教室	阿土的傳奇 ——認識土壤	(1)土壤是什麼？ (2)土壤是珍貴的資源 (3)觀察土壤層次、顏色、粗細、孔隙、透水性、小動物等
6	水土保持戶外教室	綠色魔毯 ——水土保持草類觀察	(1)草也可以保護水土資源 (2)觀察茶園種草的效果 (3)水土不分家
7	水土保持戶外教室	小小工程師 ——水土保持處理面面觀	認識水土保持的方法與功能
8	水土保持戶外教室	茶園觀測站 ——水土保持怎麼做？	觀察茶園坡地水土保持的處理方法
9	水土保持戶外教室	綠意盎然的農塘	(1)認識農塘與滯洪設施 (2)觀察農塘中的生物
10	水土保持室內教室	音樂教室 ——水土保持之歌	宣誓成為水土保持小尖兵
11	水土保持室內教室	水保小義工 ——保育大地的勇士	宣誓成為水土保持小尖兵

■水土保持環境教育課程對應之國民教育九年一貫指標

對應能力指標	自然與生活科技
【1-3-1】	瞭解不同生活環境差異之處，並尊重及欣賞其間的不同特色
【1-3-3-3】	由系列的相關活動，綜合說出活動的主要特徵，予以歸納、研判與推斷
【1-3-4】	利用地圖、數據、座標和其他資訊，描述和解釋地表事項及其空間組織
【1-3-4-3】	藉由資料顯示的相關性，推測其背後可能的因果關係
【1-3-5-2】	將資料用合適的圖表來表達
【1-3-9】	分析個人特質、文化背景、社會制度，以及自然環境等因素對生活空間設計和環境類型的影響
【1-3-10】	列舉因為區域環境變遷引發的環境破壞，提出可能的解決方法
【5-3-1-3】	相信現象的變化有其原因，要獲得什麼結果，需營造什麼變因
【6-3-2-3】	面對問題時，能多方思考提出解決方法，解決問題
對應能力指標	環境教育
【1-1-1】	能運用五官觀察來探究環境中的事物
【1-1-2】	藉由身體感官接觸自然環境中的動、植物和景觀，啟發、欣賞自然之美，並能以畫圖勞作和說故事的方式表達對動、植物和景觀的感受與敏感
【1-2-1】	覺知環境與個人身心健康的關係
【1-2-2】	覺知自己的生活方式對環境的影響
【1-3-1】	藉由觀察與體驗自然，並能以創作文章、美勞、音樂、戲劇表演等形式表現自然環境之美與對環境的關懷
【2-1-1】	認識生活周遭的自然環境與基本的生態原則
【2-2-1】	能瞭解生活周遭的環境問題及其對個人、學校與社區的影響
【2-2-2】	能持續觀察與記錄社區的環境問題並探究其原因。
【2-2-3】	能比較國內不同區域性環境議題的特徵。
【2-3-1】	能瞭解本土性和國際性的環境議題及其對人類社會的影響
【2-3-2】	認識經濟制度、傳播與政治組織及環境管理行為的互動
【2-3-3】	認識全球環境議題及其背後的文化差異
【3-1-1】	經由接觸而喜愛生物，不隨意傷害生物和支持生物生長的環境條件
【3-1-2】	具有好奇心，思考存在環境中萬物的意義與價值
【3-2-1】	瞭解生活中個人與環境的相互關係並培養與自然環境相關的個人興趣、嗜好與責任
【3-2-2】	能主動親近並關懷學校暨社區所處的環境，進而瞭解環境權的重要
【3-2-3】	瞭解並尊重不同族群文化對環境的態度及行為

【3-3-1】	瞭解人與環境互動互依的關係，建立積極的環境態度與環境倫理
【3-3-2】	學習關懷弱勢團體及其生活環境
【3-3-3】	能養成主動思考國內與國際環保議題並積極參與的態度
【3-3-4】	能關懷未來世代的生存與發展
【4-1-1】	能以清楚的言語與文字，適切描述自己的自然體驗與感覺
【4-1-2】	能運用收集資料與記錄的方法瞭解與認識校園與住家環境問題，並能具體提出生活環境問題的解決方案
【4-2-1】	能歸納思考不同區域性環境問題的原因與研判可能的解決方式
【4-2-2】	能草擬一份社區環境保護行動計畫
【4-2-3】	能分析評估國內區域性環境問題發生原因，並思考解決之道
【4-2-4】	能運用簡單的科技，以及蒐集、運用資訊來探討並瞭解環境及相關的議題
【4-3-1】	在面對環境議題時，能傾聽（或閱讀）別人的報告，並且理性地提出質疑
【4-3-2】	能客觀中立的提供各種辯證，並虛心的接受別人的指正
【4-3-3】	能藉各種媒體主動積極蒐集國內外環保議題與策略
【4-3-4】	能運用科學方法研究解決環境問題的可行策略
【4-3-5】	能運用科學工具去鑑別、分析、瞭解周遭的環境狀況與變遷
【5-1-1】	能隨著父母親或老師參與社區環境保護或關懷弱勢族群生活的活動經驗
【5-1-2】	能規劃、執行個人和集體的校園環保活動
【5-2-1】	能具有參與調查與解決生活周遭環境問題的經驗
【5-2-2】	能透過校園環保活動，規劃和執行簡單的環境調查活動
【5-2-3】	執行綠色消費、環境保護節目及環境關懷行動
【5-3-1】	參與學校社團和社區的環境保護相關活動
【5-3-2】	具有參與地區性和國際性環境議題調查、研究與解決問題的經驗
【5-3-3】	組織學校及社區的環境保護、關懷弱勢族群活動
【5-3-4】	能與同僚組成團隊，採民主自治程序進行學習與規劃，解決環境議題
對應能力指標	**健康與體育**
【7-1-5】	體認人類是自然環境中的一部分，並主動關心環境，以維護、促進人類的健康
【7-2-5】	調查、分析生活周遭環境問題與人體健康的關係
對應能力指標	**綜合活動**
【1-3-6】	瞭解自己與家庭、社區環境的關係，並能說出自己的角色
【4-3-2】	探討環境的改變與破壞所可能帶來的危險，討論如何保護或改善環境

備註：九年一貫能力指標共分18類，其中與水土保持環境教育有關者歸納為自然與生活科技（第9類）、健康與體育（第6類）、綜合活動（第11類）。

(三)案例三　新竹縣照門休閒農業區

■概述

　　照門地區位於新竹縣東北方的新埔鎮，新埔照門休閒農業區包括九芎湖與箭竹窩兩大區域，為山間客家的傳統聚落。民國80年起，水土保持局結合農村計畫的推動，加上在地客家精神與創意，營造優質農村環境與旅遊景點，於96年獲選為十大經典農漁村典範。照門地區為一典型的客家庄，保留了客家村落的建築風貌，溪谷農塘密布，形成一家一口塘的特殊農村景觀。此外，照門地區生態環境資源豐富，包含水土保持解說設施、景觀農塘、落羽松群、鳥語蝶舞、獨角仙生態、健行步道等，適合作為以多元資源為基礎的環境教育場所。

■資源特色

1. 戶外（體驗）活動項目：參觀水生植物生態園區、獨角仙基地觀察、戶外蝴蝶觀察、九福路風光欣賞。
2. 室內（體驗）活動項目：愛玉DIY體驗、水黃皮種子DIY創作、劉家燜雞。

■環境教育體驗活動規劃

課程名稱	照門生態體驗探險記
課程簡介	想要一窺照門社區精彩豐富的生態系嗎？想要瞭解水土保持對環境的重要性嗎？想要親手體驗與自然環境互動的樂趣嗎？透過聽、嗅、觸、視、味覺的五覺感官體驗，一起親身探索照門社區的奧秘吧！
課程目標	瞭解自然與環境之間的相互關係；瞭解水土保持設施的功能；觀察昆蟲的生態；運用五官感受自然環境的狀態與變化。
所需時間	5.5小時
適用對象	國小中高年級

課程內容及簡介			
時間	單元	地點	內容
9:30~9:45	窺探照門	埤塘窩生態園區	人員、照門的地名由來、社區人文、環境生態介紹
9:45~10:15	生生不息	埤塘窩生態園區	認識豐富的水生植物生態系、水土保持設施與資源，瞭解大自然生物多樣性的重要
10:15~10:30	林間步道	九福路	欣賞林間步道的樹林之美，邊走邊吸取芬多精的清爽氣味，觀賞樹林漫妙的色彩
10:30~11:15	晶瑩剔透	金谷農場	「洗」愛玉？藉由愛玉DIY的身體感官接觸自然環境中的景觀，以及農村體驗樂趣來啟發自然之美
11:15~12:00	心花怒放	金谷農場	尋找獨角仙，揭開獨角仙的秘密！瞭解並實際觀察獨角仙的生活方式與生態環境之間的相互關係
12:00~13:00	吃吃喝喝	劉家燜雞	瞭解綠色消費與食物里程的環保概念，一同享受環保午餐
13:00~14:00	鳥語蝶舞	陳家農場	透過水黃皮種子DIY的創作來認識環境藝術之美，體驗創作樂趣
14:00~14:50	逍遙遊	陳家農場	認識不同種類的蝴蝶，欣賞蝴蝶飛舞的美姿，觀察蝴蝶由卵、蛹至羽化成蝶的過程，探索蟲蝶演化的生活史
14:50~15:00	離園誓詞	陳家農場	在離開之前，有些話想要對照門社區說一說，謝謝他帶給我們如此豐富美滿的一天
備註	活動內容可依現地狀況進行調整		

■水土保持環境教育課程對應之國民教育九年一貫指標

學習領域	學習主題	學習目標	學習內容
國語	透過解說員的介紹，學習對周遭的人、自然環境給予尊重與關懷，並且認識不同文化的特色	參觀埤塘、特色設施等建築風貌，探討其人文背景	1.參觀埤塘窩生態園區，認識「埤塘」客家文化的由來 2.認識九福路沿路特色建築風貌、人文景觀等

健康與體育	瞭解環境與食物之間的關係；體認人類是自然環境中的一部分，主動關心環境	瞭解綠色消費與食物里程的環保概念	品嚐劉家燜雞，瞭解享用食物的食材來源及其特色
社會	認識不同地方居民的生活方式、瞭解生活環境的地方差異、尊重及欣賞不同文化；理解自然和人文環境是如何影響人類的生活型態	參觀埤塘，以探討其歷史背景；藉由客家族群特色食物，認識客家飲食文化	1.參觀埤塘窩生態園區，認識「埤塘」客家文化的由來 2.參與陳家農場各項活動，透過搗麻糬、擂茶等活動，體驗客家文化
藝術與人文	透過藝術創作來感覺自己與他人、自然、環境之間的連結；藉由接觸各種自然生態來建立個人美感	藉由藝術創作來認識人與自然之間的關係	參加水黃皮種子的DIY活動，透過創作來認識環境藝術之美
自然與生活科技	運用五官觀察自然現象和物體的特徵，瞭解自然生態系統的運作	培養孩童能夠自我觀察與探索自然生態的能力	為全程從事自然觀察與體驗的時間
綜合活動	觀察自然生命的變化與發展歷程	從中學習自然生命現象與人的關係	觀察獨角仙以及蝴蝶的生活環境
生活課程	能夠聽取團體成員的意見、遵守規則，一起工作，完成任務	學習分組分工合作的精神	藉由參與愛玉DIY活動與劉家燜雞，透過分組合作，學習如何與人合作，以及服務他人的精神

(四)案例四　金門國家公園生態旅遊規劃

　　本案例為金門國家公園生態旅遊的整體規劃，由金門國家公園委託中華民國國家公園學會執行，其研析內容如下：

■引言

　　過去金門長期身為重要軍事陣地，讓整體生態系保存得相當完整而豐富。由於特殊的時空因素，金門亦保留眾多完整的古聚落

建築群，其中豐富的「閩南文化」及「僑鄉文化」體現在傳統建築與聚落特色之上，相當精采。因此，金門國家公園的劃設，即是以「生態」、「戰地景觀」、「閩南文化」及「僑鄉文化」等自然及人文景觀，作為主要的環境特質及保育標的。生態旅遊的發展，已由「理念」階段轉化為實際的「行動」階段，亦成為政府重大之觀光旅遊政策。過去整體金門之觀光發展，多為大眾旅遊模式，需要以生態旅遊的角度切入，使旅遊與環境保護之間取得平衡，以提供更具深度的遊憩體驗機會，並創造新的遊憩活動模式，更充分實踐國家公園環境保育及環境教育。金門國家公園針對金門地區進行整體生態旅遊之調查與分析，擬定生態旅遊之主題與路線，並藉由與當地民眾之溝通，提出明確可行之方法與策略，提供作為金門未來生態旅遊發展之參酌。

■金門生態旅遊課題規劃分析

　　金門地區雖已有一定規模的觀光發展，然而在以落實生態旅遊為前提之下，卻面臨如下一些課題：

1. 缺乏遊憩資源之分類與分級，使旅客在遊程安排上缺乏依循：在選定生態旅遊資源後，須考量旅客旅遊時間限制，並鼓勵重遊及再遊，故應對已指認的資源，依其類型特殊性、豐富性進行分類與分級，並以此結果進行遊程的安排及建議，提供遊客在不同時間及主題特色下選擇遊程配套方案，使遊客能在有限的時間下，從容的獲得最有價值的環境認知。

2. 未能整合國家公園、縣政府及軍方之資源，無法有效呈現金門地區生態旅遊發展之效益：整體性的金門生態旅遊規劃並非僅限定於國家公園範圍內，凡屬金門地區具生態旅遊資源潛力者，均應納入考量；另情境模擬、生活劇場等活動的安

315

排與執行，需要各單位與當地民眾先行溝通，並在取得共識與事前訓練後方得以完成。因此，金門國家公園、縣政府及軍方應建立良好的溝通機制，並予以資源整合，全面性的考量金門地區的生態旅遊發展。

3.季節性氣候影響航運及海運，降低旅遊活動之可及性：由於金門屬於海島，旅客旅遊常受限於天候、航班等因素，尤其於颱風季、霧季、梅雨季等惡劣氣候時節，經常造成往來交通受到阻擾。因此，在套裝行程安排上，應容許旅客調整日期或取消訂位等彈性措施。

4.缺乏完善而有趣之解說導覽系統，較難提供深入的環境資源及旅遊資訊：金門國家公園目前雖設有不同層級之遊客中心及展示館，但其僅能發揮有限的環境教育效果，遊客難對金門整體特色有深入清晰的認識與感受。因此應依據各景點的特性與適合的發展模式，設計出完善的導覽解說系統，藉由良好的遊程設計，串連解說展示室、解說員、解說摺頁、網站資訊、指示及解說牌誌系統、生活劇場、情境模擬等解說媒體，提供遊客深入之環境資訊。

■研究成果

◆生態旅遊項目與資源點之分級

　　金門可作為旅遊參訪的資源與景點眾多，但須考量其發展生態旅遊之潛力與限制層面，以採納最佳之景點作為發展主軸。（如**表12-1**）行政院永續發展委員會國土分組所研擬的「生態旅遊白皮書」中，敘明各相關機關進行生態旅遊規劃時，應針對適合發展生態旅遊的資源特色（資源潛力部分），與發展生態旅遊可能對環境、遊客及未來經營管理之衝擊（環境限制部分）進行研析。本研究即採用該評定準則，並針對鳥類、戰役紀念、軍事設施與防禦

表12-1　金門地區生態旅遊景點潛力分級表

景點名稱	推展生態旅遊之潛力分級	景點名稱	推展生態旅遊之潛力分級
金門地區賞鳥景點推展生態旅遊潛力分級表		傳統聚落建築資源分級表	
慈湖區	I	瓊林傳統聚落	I
浯江溪口區	I	水頭傳統聚落	I
金沙水庫區	I	南山與北山傳統聚落	I
慈堤外海	I	山后傳統聚落	I
湖下海堤	I	珠山傳統聚落	II
雙鯉湖及附近溼地	I	歐厝傳統聚落	II
陵水湖區	I	湖下傳統聚落	III
太湖	I	碧山傳統聚落	III
古崗區	II	西山前傳統聚落	III
青年農莊與田浦水庫	II	浦邊傳統聚落	III
太武山	II	古崗傳統聚落	III
浦邊海邊	II	軍事設施與防禦運補工事資源推展生態旅遊潛力分級表	
南山林道	II	翟山坑道	I
農試所	III	九宮（四維）坑道	I
榕園	III	瓊林地下坑道	I
中山紀念林	III	盤山坑道	I
戰役紀念資源推展生態旅遊潛力分級表		將軍堡	II
八二三戰史館	I	小金門環島車轍道	II
古寧頭戰史館	I	馬山觀測所	II
湖井頭戰史館	I	八達樓子	III
北山斷崖	II	軍事口號標語	III
北山古洋樓	II	軌條砦	III
湖南高地	II	反空降樁	III
俞大維先生紀念館	III	反空降堡	III
經國先生紀念館	III		

工事及建築聚落等資源之各景點予以分級（其他資源因分布極為分散，因此未列入景點分級比較中，此類資源可直接於遊程規劃中加入行程安排，而不在此處探討）：

1. 賞鳥據點作為生態旅遊資源之潛力分級：鳥類具有遷徙的特性，因此如以未來推展生態旅遊為考量，可以該據點鳥類資源之可見機率、種類多樣性、數量及稀有性等因子來作為賞鳥潛力等級的評量。

2. 戰役紀念資源作為生態旅遊資源之潛力分級：由於目前的戰役紀念據點多而繁雜，為求讓後續之生態旅遊發展有所依據，本研究將採用「資源完整性」及「重要性」等兩個衡量因子。

3. 軍事設施與防禦運補工事資源作為生態旅遊資源之潛力分級：針對軍事設施與防禦運補工事之資源，本研究主要以「觀賞性」、「生動性」及「重要性」等三項作為衡量因子。

4. 聚落建築資源作為生態旅遊資源之潛力分級：在評量聚落建築之發展潛力時，應考量之因素包括「觀賞性」、「多樣性」及「聚落規模」等三項因子。

◆生態旅遊點之劃設

　　經上述依據相關標準進行景點之潛力分級後，可取出其中較佳之景點（Ⅰ級或Ⅱ級），與其發展生態旅遊可能對環境、遊客及未來經營管理之衝擊（環境限制部分）進行綜合分析，即可獲得適合發展生態旅遊之建議景點：

1. 賞鳥據點部分：慈湖區、浯江溪口區、金沙水庫區、慈堤外海、雙鯉湖附近溼地、湖下海堤、陵水湖區與太湖同為較具

有潛力之賞鳥據點，因此可建議納入生態旅遊遊程中。

2.戰役紀念據點部分：八二三戰史館、古寧頭戰史館與湖井頭戰史館同為較具潛力的據點，而北山斷崖與湖南高地雖可納入生態旅遊規劃建議之中，但建議管理單位應妥善進行維護與經營事宜。

3.軍事設施與防禦運補工事據點部分：翟山坑道、九宮（四維）坑道、瓊林地下坑道與盤山坑道同為較具潛力之據點，但盤山坑道目前尚未開放，建議未來應在具有安全設施與適宜之環境整理後開放讓遊客參訪。

4.聚落建築據點部分：瓊林、水頭、南山與北山聚落較具有生態旅遊發展潛力，惟在規劃為生態旅遊之建議遊程後，需要特別考量交通設施的需求與可能形成環境衝擊課題之平衡，因此建議應加強後續的管理維護工作，並確保遊客進行參訪過程中的安全，以利未來生態旅遊活動之推動。

◆ 生態旅遊遊程規劃

經由景點指認與分級之後，可依照各類型的景點規劃不同主題的行程，亦可以為不同遊客的特性安排合適的旅遊方式。故對旅遊性質區分為組合式遊程與主題式遊程二類，另規劃特殊活動作為生態旅遊內容。

1.組合式遊程：

(1)古寧頭生態之旅：古寧頭戰役史蹟→南北山聚落→慈堤賞鳥。

(2)太武山區生態之旅：瓊林聚落→戰役史蹟→太武山登山之旅。

(3)馬山區生態之旅：碧山→楓香林→山后民俗村→五虎山登山步道→馬山觀測所。

(4)古崗區生態之旅：歐厝聚落→珠山聚落→翟山坑道→古崗湖→金門酒廠與水頭聚落。

(5)烈嶼區生態之旅：九宮坑道→將軍堡→貓公石海岸→湖井頭戰史館→陵水湖賞鳥→雙口戰鬥村→八達樓子→烈女廟→生痕化石與玄武岩地質。

2.主題式遊程：依景點資源類型與國家公園的觀光發展主軸可規劃出戰役、賞鳥、聚落與建築、古蹟考察等四項主題遊程，針對有興趣的團體，安排具有深度、且著重該項資源類型的深度旅遊：

(1)戰役之旅：八二三戰史館→俞大維先生紀念館→翟山坑道→古寧頭戰史館→北山古洋嘍→北山斷崖→湖南高地→瓊林地下坑道→馬山觀測所。

(2)金門西區冬季賞鳥之旅（12至3月）：南山林道→雙鯉湖→雙鯉湖溼地自然中心→慈湖→慈堤外海→浯江溪口→古崗湖→中山紀念林。

(3)金門古蹟考察之旅一日半遊：邱良功母節孝坊→清金門鎮總兵署→魁星樓（奎閣）→金門朱子祠→水頭黃氏酉堂別業→茅山塔→虛江嘯臥碣群→文台寶塔→漢影雲根碣→盧若勝故宅及墓園→豐蓮山牧馬候祠→瓊林一門三節坊→瓊林蔡氏祠堂→邱良功墓園→北山聚落→水尾塔→振威第→北山聚落→蔡攀龍墓→海印寺石門關→倒影塔→陳禎墓→陳禎恩榮坊→陳健墓→西山前李宅。

3.特殊活動：規劃有北山古洋樓模擬巷戰、瓊林地下坑道民防自衛隊演練模擬與烈嶼戰鬥營三項活動，可供作參考：

(1)北山古洋樓模擬巷戰、瓊林地下坑道民防自衛隊演練模擬：

活動名稱	活動企劃	活動內容說明
北山古洋樓模擬巷戰	活動主軸	共軍防衛組占領北山古洋樓，國軍攻擊組需要於限定時間內進入古洋樓，共軍防衛組則進行防衛。
北山古洋樓模擬巷戰	規則說明	1.被敵方以手碰觸者視同受傷，失去行動能力，友軍需以擔架將該名士兵抬至安全處。 2.可將敵軍擄獲，為該隊加分。 3.遊戲結束後，以國軍進入古洋樓之士兵數量，用雙方旅或士兵數量判定遊戲優勝單位。
北山古洋樓模擬巷戰	活動證書	參與遊戲人員均給予活動證書，優勝者並贈送獎品。
瓊林地下坑道	活動主軸	模擬國共對峙時期金門居民防衛組織，進行自我操演，並藉由地下坑道進行探查、通報、防衛、躲避演練。
民防自衛隊演練模擬	規則說明	1.民眾由解說人員引導，進行活動分組以及權責指派，於指揮所、坑道出入口與坑道周圍進行指定任務。 2.指定之任務可包含建構防禦工事、查探四周環境、任務通訊聯絡與武器警戒等。
	活動證書	參與完整活動者頒予活動證書。

(2)烈嶼戰鬥營：

活動名稱	活動企劃	活動內容說明
烈嶼雙口村戰鬥營	活動主軸	由金門防衛司令部協助活動進行，以5至6日為單元，讓旅客體驗軍中生活，如早點名、戰技操演、軍歌與行軍等活動。
烈嶼雙口村戰鬥營	活動內容說明	1.旅客於安排的軍營進行軍中生活體驗，由軍方指派參與人員擔任指導訓練的長官，報名「入伍」的人員均需服從長官之命令，並給予服裝、裝備等用品。 2.「入伍」期間的生活作息均按照既定操演行程「按表操課」。 3.活動最後，進行戰技測驗，按照完成之時間排名。 4.活動期間所發之服裝、裝備等用品均列於活動費用中，可自行收藏。
	活動證書	參與人員均給予活動證書，戰計測驗前三名者並贈送獎品。

(3)水頭傳統聚落生活劇場：

活動名稱	活動企劃	活動內容說明
水頭傳統聚落生活劇場	活動主軸	由當地民眾、解說志工、民宿業者與解說員依據水頭傳統服裝、傳統生活工具於水頭聚落進行角色扮演，並提供旅客詳盡之解說。
	活動內容說明	1.旅客可於水頭重要建築（酉堂別業、黃濟古厝、蔡開盛宅第、黃廷參三落大厝、黃廷宙銃樓、黃永遷黃永鑿兄弟洋樓）觀看教學、買賣、防衛警戒與傳統烹煮等活動，並與喬裝成黃濟、蔡開盛等工作人員交談、拍照。 2.旅客所見之傳統服裝、用具、餐飲與裝飾品等均可以於指定商店購買。
水頭傳統聚落生活劇場	活動內容說明	活動內容會隨金門特有節慶、季節與特殊歷史事件而有所更改，旅客需於網路與電話事先查詢報名，並繳交費用，每項劇場活動的參觀者均有參與證明書。
	活動證書	凡完整參加水頭所有活動且有參與證明書者，可與主辦單位兌換獎品。

(4)金門傳統建築修復解說活動：

活動名稱	活動企劃	活動內容說明
金門傳統建築修復解說活動	活動主軸	配合目前於金門修復中的傳統建築工程，指派解說員於現場進行講解，對於傳統工法、建材、機具與工程進度等訊息均有細部介紹，適合愛好傳統建築人士參與。
	活動內容說明	旅客先由網站查詢整年度公布之傳統建築興建工程，並報名與繳交費用，學校教學等團體報名另有優惠。
	活動證書	凡完整參加水頭所有活動且有參與證明書者，可與主辦單位兌換獎品。

■結論與建議

　　本案例係依據研究之目標進行研析，針對金門地區生態旅遊資源進行深度調查與分析，具有獨特意義且為國內其他國家公園少見

者，劃分為賞鳥、潮間帶生物、植物、地質地形、戰役紀念、軍事設施與防禦工事、聚落建築、人文史蹟、飲食與厭勝物等項列入，並考量以資源之內涵為出發點之生態旅遊型態，進行資源比較分級，最後將分級的結果，以國家公園區域為主，規劃出不同類型的生態旅遊行程。

為確實達到落實生態旅遊之宗旨，並有效率的運用現有之資源，茲提出下列幾項建議供參考：

1. 建議一　生態旅遊整合平台之建構：為使金門生態旅遊相關經營業者儘早獲得發展共識，並擁有單一之多向流通窗口，因此建議儘早開啟協商機制，建構整合平台與網站，並與國家公園、金門縣政府之網站相連結。

2. 建議二　持續推動聚落之維護與再利用：目前金門國家公園輔導聚落建築整修的工作已頗具成效，故應以聚落整體為考量，持續維護聚落整體風貌。

3. 建議三　持續進行環境監測，並確實落實專家建議：除了進行生態環境的監測之外，亦須記錄各旅遊景點之遊客數量、遊客基本資訊（如居住地、國籍、年齡與建議等），以作為後續生態旅遊經營與修正之依據。

4. 建議四　維護戰地遺跡：戰役紀念為金門國家公園生態旅遊的一大特色，然而目前尚缺乏確實維護整理之措施，部分珍貴的戰地遺跡已遭受破壞，如口號標語、防禦工事等。因此建議積極將軍方移交給金門國家公園之相關戰役紀念資源列入維護修繕工作中，並與相關單位協商生態旅遊營運事宜。

5. 建議五　解說導覽工作的推動：解說導覽工作可說是旅客體驗生態旅遊中最重要的一環，本研究亦提出解說導覽工作及期程安排等建議，然而關於解說導覽員的培訓工作及相關書

冊之製作，應以金門整體為推動考量，建議協商縣政府等相關單位，以合作的方式共同進行。

6.建議六　加強醫療軟硬體建設與環境衛生之管理：由於金門位於生物遷徙之中繼站，且在未來之旅遊、產業發展扮演重要角色，是兩岸三地人口流通的樞紐，因此對於跨國性的疫情之預防與監控作業尤其重要，建議相關單位邀集專家進行整體考量。

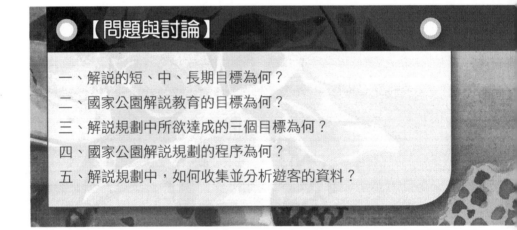

【問題與討論】

一、解說的短、中、長期目標為何？
二、國家公園解說教育的目標為何？
三、解說規劃中所欲達成的三個目標為何？
四、國家公園解說規劃的程序為何？
五、解說規劃中，如何收集並分析遊客的資料？

參考書目

一、中文部分

中華民國永續發展學會（2005）。《91至94年度國家步道成果彙編》。臺北：行政院農委會林務局。

王小龍、史嵩宇、周珂（2006）。〈我國環境教育立法芻議〉，《法學家》。97（4）：458-64。

王懋雯（1995）。〈環境傳播研究之初探〉，《環境教育季刊》。24：39-46。

王鑫（1991）。〈景觀欣賞與保護教育〉（下），《環境教育季刊》。9：26-33。

王鑫（1999）。〈永續發展專論：邁向永續發展的環境倫理〉，《應用倫理研究》。10。

交通部觀光局東部海岸國家風景區管理處（2011）。「東部海岸國家風景區各類型牌示系統規劃」。臺東：東部海岸國家風景區管理處。

任孟淵、許世璋（2007）。〈培力社區之農村環境教育：一個社區型自然教育中心的初步發展歷程〉，《環境教育研究》。4（2）：23-58。

何華仁圖文（2007）。《灰面鵟鷹的旅行》繪本。屏東：內政部營建署墾丁國家公園管理處。

余紫瑛（2000）。《探索教育活動影響國中學生自我概念與人際關係之實驗研究》。臺北：國立臺灣師範大學公民訓育研究所碩士論文。

吳兆田（2006）。《探索學習的第一本書》。臺北：五南。

吳忠宏譯（2000），Larry Beck及Ted Cable著。《21世紀的解說趨勢──解說自然與文化的15項指導原則》。臺北：品度。

吳鈴筑（2010）。《國內外環境教育法比較之研究》。臺北：國立臺灣師範大學環境教育研究所碩士論文。

呂建政（1993）。〈戶外教育課程與教學之探討〉，《童軍戶外活動設計與實施》。臺北：中國童子軍教育學會。

李桂密譯（2005），Steve Watkins及Clare Jones著。《40個驚奇之旅此生不

可錯過的探險》。臺北：時報文化。

李義男（1996）。《童軍自然教育思想之探討》。臺北：公民訓育學報第五輯。

杜玉蓉譯（2004），Steve Davey著。《40個天堂此生不可錯過的美景》。臺北：時報文化。

汪靜明（2009）。「陽明山國家公園形象識別意象創意圖紋徵選活動之概念分析及其在環境教育推廣應用之初步規劃成果報告」，頁7。

汪靜明（2011）。「深耕厚植國家公園──環境教育新作為期中報告」，頁26。

汪靜明（2011）。「陽明山國家公園環境教育課程方案發展」。臺北：陽明山國家公園管理處，頁26。

沐桂新（1995）。〈休閒治療──休閒活動的醫療及心理輔導效能之探討〉，《學生輔導通訊》。臺北：教育部，第39期。

周儒（2011）。《實踐環境教育：環境學習中心》。臺北：五南。

周儒、建政譯（2000）。《戶外教學》。臺北：五南。

周儒、張子超、黃淑芬譯（2002）。《環境教育課程規劃》。臺北：五南。

張怡萱、林喻東、鄧書麟、劉癸君（2011）。〈新環境典範態度與負責任環境行為關係之探討──以嘉義樹木園的遊客為例〉，《林業研究季刊》。33（2）：13-28。

張明洵、林玥秀（2002）。《解說概論》。臺北：揚智，初版一刷。

張鏡湖（2002）。《世界的資源與環境》。臺北：中國文化大學出版部，頁66。

郭育任（2005）。「解說設施軟、硬體之設計與施工」。臺北：森林遊憩設施規劃設計與施工研習會。

郭為藩著（1992），伍振鷟主編。《教育哲學》。臺北：師大書苑。

郭實渝（1999）。〈以生態文化教育的觀點看環境教育〉，《環境教育季刊》。40：15-23。

陳玉釧（1997）。「解說點線面體」，《玉山國家公園生態研習手冊》。

陳昭明（1983）。「解說設施規劃」。屏東縣：墾丁國家公園解說員訓練講義。

黃文雄、黃芳銘、游森期、田育芬、吳忠宏（2009）。〈新環境典範量表之驗證與應用〉，《環境教育研究》。6（2）：49-76。

黃琪瑩譯（2011）。《Get out！帶孩子去玩耍：150種親近自然&愛地球的好方法》。臺北：大好書屋。

楊冠政（1998）。《環境教育》。臺北：明文。

楊冠政（2011）。《環境倫理學概論》（上冊）。臺北：大開資訊。

瑞秋·卡森（Rachel Carson）著（1962）。《寂靜的春天》（Silent Spring）。

蔡居澤（2001），中國童子軍教育學會編。〈探索教育活動領導討論技能之探討〉，《童軍探索教育設計與實施》。臺北：教育部。

蔡居澤（2005）。〈國民中學綜合活動學習領域活動課程課程設計：以探索教育活動為例〉，《公民訓育學報》。臺北：臺灣師範大學公民訓育學。

蔡居澤、廖炳煌（2001）。《探索教育與活動學校》。臺南：翰林。

蔡居澤、廖炳煌（2005）。《將探索教育帶回學校》。臺北：中華探索教育發展協會出版。

蔡惠民（1985）。《國家公園解說系統規劃與經營管理之研究》。臺北：內政部營建署。

鄭燿忠（2005）。《解說牌誌規劃設計之理論與應用——以嘉義縣奮瑞古道為例》。臺北：中國文化大學景觀學系碩士論文。

錢麗安（2011）。《你不知道的森林：240個非知不可的森林秘密》。臺北：遠足。

謝智謀、王怡婷譯（2006），Clifford E. Knapp著。《體驗教育帶領反思指導手冊》。二版，臺北：幼獅。

羅元駿（2004）。《以體驗學習為本之戶外教育活動對個人生活效能的影響與影響因素之研究》。臺北：國立臺灣體育學院體育研究所碩士論文。

二、外文部分

Dewey, J. (1938). *Experiential and Education.* New York: Collier.

Donaldson, G. W. & Vinson, R. (1979). William James, Philosophical Father of Experience-based Education-'The Knower is an Actor'. *The Journal of Experiential Education*. 6-8

Ellmo, W., & Graser, J. (1995). *Adapted Adventure Activities: A Rehabilitation Model for Adventure Programming and Group Initiatives*. Dubuque, IA: Kendall/Hunt.

Gass, M. A. (1993). *Adventure Therapy: Therapeutic Applications of Adventure Programming. Dubuque*, IA: Kendall/Hunt.

Hines, J. M., H. R. Hungerford, & A. N. Tomera (1986). Analysis and synthesis of research on responsible environmental behavior: A Meta-Analysis. *Journal of Environmental Education*, 18(2): 1-8.

John Locke (1632-1704), An Essay *Concerning Humane Understanding* (London, 1690).

Kolb, D. A. (1984). *Experiential Learning: Experience as the Source of Learning and Development*. Englewood Cliffs, NJ: Prentice-Hall.

Kraft, R. J. & Sakofs, M. (1985). *The Theory of Experiential Education*. Boulder, CO: Association for Experiential Education.

McGough D. J. (1992). Exploring the foundations of philosophy of natural education. In G. Hanna (Ed.). Celebrating our tradition, charting our future: proceeding of the international conference of the Association for Experience Education. Boulder, CO AEE.

Schoel, J., Prouty, D., & Radcliffe, P. (1988). *Islands of Healing: A Guide to Adventure Based Counseling*. Hamilton, MA: Project Adventure.

三、網站資料

UNESCO（2012）。http://www.unesco.org/new/en/，檢索日期：2012年1月11日。

World Heritage Centre（2012）。http://whc.unesco.org/，檢索日期：2012年1月11日。

上順世界遺產 遊中心（2012）。世界遺產名，355世界遺產景點總覽。網址：http://70wh.com/UN_world_heritage.html。檢索日期：2012年1月11日。

山水米有機稻場（2012）。山水米有機稻場－實踐綠色健康的生活，http://www.organicrice.com.tw/，檢索日期：2012年5月20日。

內政部營建署（2012）。國家公園｜分眾導覽｜營建署全球資訊網，http://www.cpami.gov.tw/chinese/index.php?option=com_content&view=frontpage&Itemid=156。

世界遺產-維基百科，自由的百科全書。檢索自：http://zh.wikipedia.org/wiki/%E4%B8%96%E7%95%8C%E9%81%97%E4%BA%A7，檢索日期：2012年6月10日。

交通部觀光局行政資訊系統（2005）。「觀光局行政資訊系統2005年8月份統計報表」，http://admin.taiwan.net.tw/。

行政院永續發展委員會。臺灣永續發展指標系統。http://theme.cepd.gov.tw/sustainable-development/graph.htm，檢索日期：2012年4月11日。

行政院永續發展委員會。臺灣永續發展指標系統。http://theme.cepd.gov.tw/sustainable-development/graph.htm，檢索日期：2012年4月11日。

行政院農委會水土保持局（2012）。后番子坑溪生態工法教學園區生態資訊網，http://ecoeng.swcb.gov.tw/，檢索日期：2012年4月11日。

行政院農業委員會水土保持局臺北分局（2011）。水土保持義工訓練與宣導活動，http://eng1.swcb.gov.tw/swcb5_2.asp?onclick_menu=5，檢索日期：2012年4月11日。

行政院環境保護署（2010），http://www.epa.gov.tw/。檢索日期：2012年1月11日。

旅人行腳（2012）。溫泉國家公園，http://tw.traveleredge.com/USNP/Hot_Springs/，檢索日期：2012年1月11日。

雪霸國家公園管理處（2012）。雪霸國家公園，http://www.spnp.gov.tw/，檢索日期：2012年4月11日。

陽明山國家公園管理處（2011）。陽明山國家公園環境教育資源網頁，http://www.ymsnp.gov.tw/nweb/index.php?option=com_content&view=article&id=33&gp=0&Itemid=230，檢索日期：2012年4月11日。

農委會水土保持局（2012）。政院農委會水土保持局－出版品，《臺灣水土保持》（季刊）。網址：http://www.swcb.gov.tw/form/index.asp?m=&m1=15&m2=377&page=1，檢索日期：2012年1月11日。

臺灣國家公園（2012）。臺灣國家公園－藝文專區出版品，國家公園
　　季刊。網址：http://np.cpami.gov.tw/chinese/index.php?option=com_
　　dl&view=type2&Itemid=126&gp=1。檢索日期：2012年8月2日。

臺灣國家公園（2012）。臺灣國家公園－藝文專區出版品，影音出版品。
　　網址：http://np.cpami.gov.tw/chinese/index.php?option=com_efpublication
　　&view=video&Itemid=50&gp=1，檢索日期：2012年7月11日。

墾丁國家公園管理處（1994）。政府資訊公開—行政服務，http://www.ktnp.
　　gov.tw/cht/govopen.aspx，檢索日期：2012年4月11日。

休閒遊憩系列

解說教育

著　　者／楊明賢

出 版 者／揚智文化事業股份有限公司

發 行 人／葉忠賢

總 編 輯／閻富萍

主　　編／范湘渝

地　　址／台北縣深坑鄉北深路三段 260 號 8 樓

電　　話／(02)8662-6826・(02)8662-6810

傳　　真／(02)2664-7633

E-mail ／service@ycrc.com.tw

印　　刷／鼎易印刷事業股份有限公司

I S B N ／978-986-298-055-2

三版一刷／2012 年 10 月

定　　價／新臺幣 450 元

國家圖書館出版品預行編目資料

解說教育／楊明賢著. -- 三版. -- 新北市：揚
智文化, 2012. 10
　　面；　公分. --（休閒遊憩系列）

　ISBN　978-986-298-055-2（平裝）

　1. 解說　　2. 環境教育

541.84　　　　　　　　　　　101015367